Antonio Carlos de Azevedo Ritto

# Conhecimento Pessoalmente Relevante

EDITORA CIÊNCIA MODERNA

***Conhecimento Pessoalmente Relevante***



**Editor:** Paulo André P. Marques
**Produção Editorial:** Dilene Sandes Pessanha
**Ilustrações e Arte da Capa:** Gabriel Santos
**Diagramação:** Daniel Jara
**Copidesque:** Equipe Ciência Moderna



**FICHA CATALOGRÁFICA**

***RITTO,*** **Antonio Carlos de Azevedo.**

***Conhecimento Pessoalmente Relevante***

Rio de Janeiro: Editora Ciência Moderna Ltda., 2022.

1. Consciência, Ciência e Espiritualidade
I — Título

ISBN: 978-65-5842-137-5 CDD 213

**Editora Ciência Moderna Ltda.**
**R. Alice Figueiredo, 46 – Riachuelo**
**Rio de Janeiro, RJ – Brasil CEP: 20.950-150**
**Tel: (21) 2201-6662/ Fax: (21) 2201-6896**
**E-MAIL: LCM@LCM.COM.BR**
**WWW.LCM.COM.BR**

**01/22**

"Antes do compromisso
há hesitação, a oportunidade de recuar,
a ineficácia permanente.
Em todo ato de iniciativa (e de criação),
há uma verdade elementar
cujo desconhecimento destrói muitas ideias
e planos esplêndidos:
no momento em que nos comprometemos de fato,
a Providência também age.
Ocorre toda espécie de coisas para nos ajudar,
coisas que de outro modo nunca ocorreriam.
Toda uma cadeia de eventos emana da decisão,
fazendo vir em nosso favor todo tipo
de encontros, de incidentes
e de apoio material imprevistos
que ninguém poderia sonhar
que surgiria em seu caminho.
Começa tudo o que possas fazer, ou que sonhas poder fazer.
A ousadia traz em si o gênio, o poder e a magia."

Goethe

# Dedicação

Eu não teria ânimo, equilíbrio, motivação, força para fazer as coisas que fiz se não fosse a força, a magia, a energia, o equilíbrio que emanam da minha família.

Há mais de 4 décadas Nazareth divide comigo esta vida que ela preenche com amor e encantamento.

Não bastasse isso, me deu dois filhos que transformaram minha vida; Thiago e Fabio, Engenheiro e Médico, ambos Doutores, Profissionais, Professores e Pesquisadores nas suas áreas de trabalho, que recentemente me deram duas noras Cristina e Fernanda, hoje certamente minhas filhas.

Mas, as Forças Supremas fizeram ainda melhor; me deram três netos, João, Duda e Joca que fazem a vida ter outro valor, antes imaginável, meus tesouros, fontes inesgotáveis de alegria, de aprendizado, de transformação e de um amor e um carinho nunca antes experimentados.

Dedico a estes meus amores, razão de tudo, e que fornecem as energias que estão no princípio e no fim de todas as coisas que faço.

Dedico também a meus pais, Carlos e Ismenia, e minha tia Beatriz, que não estão mais entre nós, mas que ainda hoje, todo dia, me ensinam a viver.

*A Deusa Maly e a Sua Santidade*
*Wandú, na representação*
*de todos os Mestres que permitiram e*
*iluminaram este trabalho.*

# Agradecimentos

Este trabalho não teria sido possível sem a participação de inúmeras pessoas que contribuíram para o seu desenvolvimento; a todas sou profundamente grato. Todavia, é um dever de justiça destacar e nomear algumas pessoas e organizações que tiveram participação direta e influência definitiva sobre sua realização.

Prof. Dr. Edgard Leite Ferreira Neto, Mestre e amigo, que me ajudou a definir este Projeto, foi o incentivador de seu começo, estimulador de seu desenvolvimento e quem abriu para mim os caminhos de sua possibilidade, sobretudo na sua dimensão filosófica.

Prof. Dr. Luis Alfredo Vidal de Carvalho, então Professor do Programa Interunidades de História e das Ciências e das Técnicas e Epistemologias da COPPE – UFRJ que, ao me acolher, abriu um espaço de conversas e estudos que, além de resultar no texto “Organizações Caórdicas”, publicado em livro em 2004, resultou para mim num novo campo de estudos na filosofia e na ciência.

Prof. Dr. Basarab Nicolescu, pessoa especial, mágica, Físico Teórico com profundos conhecimentos científicos e intensa sensibilidade espiritual. Ensinou-me as bases da transdisciplinaridade e uma nova, abrangente, sensível visão espiritual do mundo e das pessoas, sustentada, inclusive, nas possibilidades e nas visões trazidas pela física das partículas.

Profa. Dra. Marinilza Bruno de Carvalho pela destacada participação na minha trajetória nas últimas quase 4 décadas de parcerias, sobretudo no desenvolvimento de Projetos e na Autoria de Livros, com destaque para os Projetos na área da Tecnologia da Informação e Inovação.

Às minhas amigas e amigos da UERJ, alunos e alunas, meus orientandos e orientandas e meus estagiários e estagiárias; aprendi e aprendo muito com elas e eles. Destaco aqui a Lorena pela parceria de sempre e pelo seu trabalho na primeira revisão deste texto.

A toda equipe do Instituto de Matemática e Estatística e do Departamento de Informática e Ciência da Computação que foi o meu lugar nas últimas 4 décadas e ao pessoal do Departamento de Inovação, meu mais intenso endereço de agora, origem e destino de minhas motivações e do meu trabalho, com destaque para o Fernando, a Thayana, a Sheila, o Ismael e o Felipe.

Aos Amigos Luiz Sergio Brasil e Renato Queiroz pelas intensas e extensas conversas sobre política, filosofia e espiritualidade a respeito deste conturbado mundo e das fantásticas mudanças que estão sendo experimentadas.

Aos Amigos Alexandre Rojas e Roberto Queyroi que há meio século trocam comigo experiências de vida, desde a Chesf, passando por Furnas e pela UERJ.

Quero agradecer destacadamente aos especialistas, nas mais diversas áreas do pensamento humano, que deram uma contribuição muito especial a este trabalho participando dos encontros e de discussões a respeito de diversos temas, sempre avaliando aspectos comprometidos com a expansão da consciência, e que deixaram suas contribuições escritas e publicadas nos 4 livros editados no contexto deste Projeto e listados no Capítulo de Introdução deste texto. Eu os listo a seguir em ordem alfabética: Adelson Novaes, Adriano Emiliozzi, Alexandre Rojas, Ana Claudia Rodrigues da Silva Quirino, Andréa Camaz Deslandes, Austeclynio Pereira, Claudio Quartaroli, Écio Borgomoni Paes Leme, Edgard Leite, Eduardo Dias Wermelinger, Fernando Kaczelnik, Gloria Arieira, Helena Theodoro, Ines Cristina Di Mare Salles, Isidoro Mazzarolo, José Rubens Turci Júnior, Karla Tereza Figueiredo Leite, Luana Palmieri França Pagani. Luciano Porto Barreto, Luiz Eduardo Paes Leme, Luiz Fernando Cunha Lino, Maria José Delgado Fagundes, Marinilza Bruno de Carvalho, Paulo Cesar Fructuoso, Paulo Roberto Vilela Dias, Pedro Aurélio Ferreira Rocha, Ruth Epsztejn.

Quero agradecer à Cristina Célia Cunha Zarantoneli que, numa atitude generosa, me incluiu num campo espiritualista, novo para mim, abrindo um espaço de práticas e, sobretudo, de estudos.

Agradeço a minha irmã Elizabeth, uma pensadora profunda, leitora compulsiva e escritora e aos meus irmãos Alexandre e Paulo Cesar, que, cada um ao seu modo, fazem parte deste meu caminho.

Agradeço ao Manuel Augusto de Oliveira Aguiar, meio século de amizade me ensinando a lidar com contradições, enfrentar dificuldades e encarar adversidades. Seu nome é superação.

Agradeço, enaltecendo, ao meu preceptor nos assuntos da espiritualidade, Religião e Filosofia, o Reverendo Mariuns Yards Maurício Quintaes, a quem devo, mais do que os ensinamentos, que foram muitos e intensos, sua visão espiritual da pessoa e do mundo.

Agradeço à minha avó, Rosa Ritto, primeira influenciadora espiritual, pessoa extremamente espiritualizada, uma Maga, Filósofa, que me mostrou, eu ainda um menino, as primeiras imagens, ensinamentos e mistérios deste imenso universo de multiplicidades espirituais.

O texto deste Livro é o resultado de uma busca ao longo de uma década e meia de vários encontros de estudos e pesquisas, com publicação de livros, e finalmente estruturado e formalizado em nível de Pós-Doutoramento no Programa de Pós-Graduação em História – PPGH, na Universidade do Estado do Rio de Janeiro, conforme certificado abaixo, sob orientação do Prof. Dr. Edgard Leite Ferreira Neto.

UNIVERSIDADE DO ESTADO DO RIO DE JANEIRO
PRÓ-REITORIA DE PÓS-GRADUAÇÃO E PESQUISA
DEPARTAMENTO DE FOMENTO AO ENSINO PARA GRADUADOS

**CERTIFICADO**

*Certifico que* **ANTONIO CARLOS DE AZEVEDO RITTO** *cumpriu estágio de pós-doutoramento, sob a orientação de* **EDGARD LEITE FERREIRA NETO**, *no Programa de Pós-Graduação em* **HISTÓRIA**, *no período de* **01/12/2019** *a* **18/10/2021**, *desenvolvendo o projeto*

**CONSCIÊNCIA, CIÊNCIA E ESPIRITUALIDADE - CRIAÇÃO DE CONHECIMENTO PESSOALMENTE RELEVANTE**

*Rio de Janeiro,* **21** *de* **OUTUBRO** *de* **2021**.

L.A.C.P. da Mota

**LUIS ANTONIO CAMPINHO PEREIRA DA MOTA**
*PRÓ-REITOR DE PÓS-GRADUAÇÃO E PESQUISA*

# Resumo

A ciência, na sua forma clássica, esteve, e ainda está mais centrada nos objetos, no mundo exterior à pessoa. É assim desde os gregos e encontra um ápice em Newton. Mas observa-se uma mudança no trabalho de Jung que se dedica à pessoa, ao interior da pessoa; mudanças a partir de dentro. Diz Jung: quem olha para fora sonha, quem olha para dentro desperta. Este estudo leva em consideração as recentes conclusões da neurociência e da teoria quântica com relação à consciência humana, sobretudo a importância da matéria e da mente como instrumento da consciência e da percepção humana, e busca relação da filosofia ocidental com a filosofia oriental na discussão de instrumentos e práticas que favoreçam a ampliação da consciência e a evolução da pessoa nos domínios espirituais, da vida e da construção de futuros mais solidários, fraternos e generosos. O objeto de estudo são os processos de produção e utilização de conhecimentos e a ampliação da consciência que sustentam as relações da pessoa com sua realidade, na percepção e entendimento do mundo, suas decisões e as transformações que provoca e que sofre nas relações cotidianas com o mundo real comprometida com sua evolução material e espiritual. A abordagem do modelo cartesiano não atende a muitas aplicações sociais. A abordagem social depende de componentes culturais diversos, mutantes, sobretudo locais. Depende de conhecimentos da cultura e da história, de entendimentos, de acordos e acertos com as pessoas e com grupos de pessoas. Assim, podemos considerar que um Conhecimento Socialmente Robusto pode ser definido como um conhecimento culturalmente inspirado e socialmente construído. Esta abordagem não está em conformidade com as bases do Modelo Científico. Não é objetiva, não se pode repetir experimentos e obter necessariamente os mesmos resultados. Neste estudo queremos cogitar mais um avanço, através de mais uma abordagem e estudar o que é um Conhecimento Pessoalmente Relevante. Que tipo de conhecimento conspira para a integridade da pessoa, sua independência e interdependência no contexto dos diversos grupos com os quais interage, seu protagonismo e sua colaboração na produção e na reprodução de sua existência e felicidade, em equilíbrio e com cumplicidade com o universo?

# Uma Motivação

*A verdadeira viagem de descobrimento não consiste em procurar novas paisagens e sim em ter novos olhos.*

(Marcel Proust)

Em meados do Séc. XIX, com o surgimento da teoria da evolução, a construção de máquinas dotadas de uma variedade de componentes de origens diferentes e novas observações no campo da biologia e da psicologia, a ciência deparou-se com a fragilidade de seus modelos mecanicistas e determinísticos lineares. Iniciava-se, então, uma nova fase na ciência na qual constatou-se que certos fenômenos eram resultantes da interação de um número muito grande de elementos com comportamentos diferenciados entre si. O fato de serem estes elementos em número muito grande, adicionado à observação de que as interações entre eles eram fundamentais para a ocorrência do fenômeno, desafiou os modelos analógicos existentes na época. Tais fenômenos de origem coletiva, até então incompreensíveis, passaram a ser denominados "complexos". Foram necessários muitos anos, quase um século, para que novos modelos analógicos, denominados genericamente de "Teoria da Complexidade", surgissem. Paulatinamente, os modelos da Teoria da Complexidade foram mostrando-se cada vez mais isomorfos com os seres vivos superiores já que estes são organismos pluricelulares.

Afinal, não são os organismos pluricelulares evoluídos a expressão de elementos diferenciados que interagem fortemente entre si? Em que outro sistema complexo pode-se observar o surgimento de comportamentos sofisticados como aprendizado, adaptação, criação, autonomia, volição, autoconsciência, entre outros? Em resposta a estas perguntas podemos dizer que os organismos vivos, com seu alto grau de complexidade, podem servir de modelo analógico para uma série de fenômenos coletivos, complexos, sejam eles culturais, sociais, físicos, químicos, eletromagnéticos, econômicos ou organizacionais. Os organismos passam a ser modelos analógicos para os mais variados fenômenos complexos uma vez que qualquer fenômeno complexo da natureza possui seu análogo em alguma instância do organismo vivo.

Provavelmente por conta destas características o desenvolvimento tecnológico nos Séc. XIX e XX não é compreendido pela maioria das pessoas. Atualmente, a complexidade da tecnologia, com destaque para o poder crescente dos instrumentos das redes, e mais especificamente, redes socais, proporciona que um único sujeito, com domínio do complexo tecnológico, detenha uma capacidade de destruição com abrangências cada vez maiores, extensas, globais mesmo.

Mas estas mesmas tecnologias podem ser instrumento para a criação de um mundo melhor.

*Para Platão uma sociedade existe para desenvolvimento dos cidadãos e para enaltecimento dos mais preparados. Sócrates era para Platão o cidadão mais preparado e com capacidade para preparar cidadãos e ainda assim, e provavelmente por causa disso, a sociedade matou Sócrates. A conclusão de Platão foi a de que a sociedade não estava preparada para um Sócrates; Platão fundou a ACHADEMIA* uma manifestação no sentido da necessidade da educação das pessoas.

São mandatórias iniciativas para o desenvolvimento de conhecimentos pessoalmente (e socialmente) relevantes fundados em valores, aí incluídas as dimensões éticas e morais, sobretudo princípios espiritualistas que possam animar as reflexões e governar as pessoas nos seus pensamentos, sentimentos e, sobretudo, as suas ações e reações, no contexto das responsabilidades sociais e consequências decorrentes de cada iniciativa, para si e para todos.

# Prefácio

Um dos desafios de nosso tempo, talvez um dos mais relevantes, é o de encontrar nossa essência, fazer as pazes com ela, realizarmo-nos naquilo que somos. Não naquilo que desejamos ser.

Uma sociedade que pretende ser construída apenas sobre o mundo, sobre os desejos humanos, como é a nossa, não pode entregar tudo o que promete. Falta-lhe a dimensão da eternidade. Afunda o ser numa sucessão infinita das experiências dramáticas do transitório.

É certo que a dúvida é questão humana essencial. Mas a ideia de que podemos viver apenas na dúvida, e a partir dela, é pura distância da *certeza* que preside nossa condição. Daí que vivemos num vazio profundo.

Vamos nos perdendo na crítica ao que existe, quando é, exatamente esta crítica, a essência desoladora e destruidora do mundo. Não conseguimos mais sentir a presença e a força daquilo que permanece.

De fato o pensamento científico sempre nos abriu a lógica própria do mundo, para que a utilizássemos a nosso favor. E, ao longo dos séculos, nos dedicamos até a exaustação, e encantamento, a descobrir, pelos números, pela misteriosa relação entre as quantidades, os processos pelos quais as coisas se transformam, morrem e ressurgem, nessa realidade.

E isso nos permitiu quer as primeiras seleções genéticas dos grãos, quer as clonagens. Quer o controle do fogo, quer a manipulação dos átomos para produzir energia, ambos servindo à vida e à morte.

A profundidade infinita desses processos de transformação não apenas nos distanciou daquilo que não desaparece e não se decompõe, mas, também, treinados nos números e naquilo que vemos, tornou o espírito absolutamente invisível, tanto pela razão quanto pela imaginação.

Mas a excessiva especialização não resolveu o problema, apenas o aprofundou. Nos faz falta, hoje, a experiência do nexo das coisas. Tudo se tornou incerto e apavorante. Os elos com a essência foram sendo considerados menores. E a vivência do mundo é cegueira, tropeço.

E, depois de tudo, ainda há o mistério dos genes. O mistério da energia. O mistério da morte. Insolúveis pela matemática. Realidades eternas.

Toda a tecnologia desenvolvida em séculos permite o nosso avanço, certamente. Podemos voar, por exemplo. Mas, permite também nossa liberdade? Nossa consciência possui os elementos necessários para atuar no mundo de forma pertinente? Para escolher entre o certo e o errado?

O livro do Prof. Antonio Carlos Ritto lida com essa inquietude. O que ele busca é "o conhecimento pessoalmente relevante", aquele que conspira para que "a pessoa seja protagonista em sua relação com o seu universo".

Os elementos que fundamentam nossa capacidade de decisão não podem, de fato, ser extraídos deste mundo, onde tudo é efemeridade. Mas de um outro, que todos os seres humanos sempre pressentiram existir, e que se revela ao ser, quando este aposta na certeza, na confiança, na articulação da tradição com sua razão e imaginação.

Só assim, de fato, o humano pode ter, como afirma Ritto, "o controle da sua vida" e o "poder de decisão", autêntica liberdade, porque entregue ao mundo só há escravidão à lógica perversa desse contínuo ir e vir dos desejos.

O Prof. Ritto conclui que "talvez a ciência não precise da espiritualidade, talvez a espiritualidade não precise da ciência. Entretanto, a pessoa precisa das duas".

Me parece que essa sua afirmação é correta. O processo de conhecimento deste mundo visível precisa conter em si a aceitação do mistério essencial das coisas. O equilíbrio necessário entre a vivência desse mundo transitório e o sentimento da eternidade.

Prof. Dr. Edgard Leite Ferreira Neto
Presidente da Academia Brasileira de Filosofia
Professor da Universidade do Estado do Rio de Janeiro

# Sumário

# Capítulo 1 – Introdução

*Se quiser ir rápido, vá só, se quiser ir longe, vá junto.*

(Provérbio Africano)

Este projeto é centrado na pessoa e na evolução da consciência e dos modelos de produção de conhecimento. Considera o modelo científico de produção de conhecimento – centrado principalmente em objetos –, o modelo de produção de conhecimento socialmente robusto – centrado principalmente nos grupos sociais, comunidades -, e cogita a produção de conhecimentos pessoalmente relevantes, aqueles que estejam centrados, principalmente, na pessoa, com destaque para a ampliação da consciência e da percepção e de sua constituição como sujeito, protagonista na sua relação com o mundo.

A ciência, na sua forma clássica, esteve, e ainda está mais centrada nos objetos, no mundo exterior à pessoa. É assim desde os gregos e encontra um ápice em Newton. Mas observa-se uma mudança a partir de Jung que se dedica à pessoa, ao interior da pessoa; mudanças a partir de dentro. Diz Jung: quem olha para fora sonha, quem olha para dentro desperta.

Uma nova visão pode entender que para a pessoa o importante, ou o também importante, pode ser avançar mais no sentido do protagonismo pessoal de sua vida do que no sentido da fama ou do sucesso financeiro, que podem ser alienantes.

O projeto leva em consideração as recentes conclusões da neurociência e da teoria quântica com relação à consciência humana, sobretudo a importância da matéria e da mente como instrumento da consciência e da percepção humana, e busca relação da filosofia ocidental com a filosofia oriental na discussão de instrumentos e práticas que favoreçam a ampliação da consciência e a evolução da pessoa nos domínios espirituais, da vida e da construção de futuros mais solidários, fraternos e generosos.

Queremos pensar na produção de conhecimentos da forma mais abrangente possível, reconhecendo diferentes propósitos, especificidades, métodos e rigores, mas cogitando que todas as formas existentes de produção de conhecimento são necessárias, são complementares e úteis para as pessoas que buscam entendimento da totalidade. Além do conhecimento objetivo, científico, a pessoa que entende que tudo está ligado a tudo tem necessidade de pensar na dimensão espiritual, não como dogma ou estratégia de controle, mas como instrumento de entendimento de ser no mundo e que façam de cada um o protagonista da sua vida, sua existência, sua evolução.

Nesse contexto espiritualidade remete a um sentido de significado e propósito, um sentido do ser. É uma busca pessoal de compreensão de aspectos fundamentais da vida e está ligada a sentimentos de totalidade, de alegria, de significado e de sentido que impulsionam a experiência de transcendência que resulta num sentimento de conexão com as pessoas e com o universo.

Espiritualidade é um fenômeno humano ligado a condições históricas e sociais. A ciência é um importante caminho na busca de significados. A separação entre Espírito e Matéria só é cogitada na modernidade, ocorre junto com a proposta do modelo científico cartesiano como a forma de estabelecer verdades.

O modelo científico ocidental, cartesiano-newtoniano, adquiriu matriz positivista, centrado no realismo materialista. Estabelece que para um resultado ser considerado verdadeiro precisa ser provado segundo a lógica estabelecida por, basicamente, cinco princípios; (1) objetividade forte, (2) determinismo causal, (3) localidade e (4) materialismo. Considera que tudo é matéria e trabalha com o(5) epifenomenalismo - tudo emerge da matéria (Goswami, 2002).

No universo de Newton o mundo funciona como uma grande máquina e é determinístico. É o Modelo mais bem-sucedido no estabelecimento de verdades universalmente aceitas e compartilhadas.

Mas decorre dessa abordagem a dificuldade de capturar o sujeito, de tratar a incerteza, de cuidar do singular. A cogitação de paradigmas diferentes para abordagem da realidade já havia sido estabelecida no próprio seio da abordagem científica quando os físicos quânticos demonstraram outras dimensões e outras bases no estabelecimento de outro paradigma para observar a realidade, diferente das bases de Newton, sem contrariá-las, entretanto.

A dialética propõe um exame mais cuidadoso, mais subjetivo da realidade; pretende alcançar harmonia. Dialética é diálogo, argumentação, antagonismo. É um modo de percepção da realidade que se desenvolve sustentado pela percepção e tratamento de situações opostas. Considera a contradição como algo que existe e permanece. O método dialético percebe elementos conflitantes entre dois ou mais fatos para encontrar um novo posicionamento a partir do conflito. Os elementos básicos do método dialético são a tese, a antítese e a síntese. A tese é uma afirmação ou situação inicialmente dada, a antítese é uma oposição à tese. Uma síntese emerge do conflito entre tese e antítese estabelecendo uma situação nova que carrega elementos da tese e da antítese. A síntese torna-se uma nova tese, que contrasta com uma nova antítese gerando uma nova síntese, em um processo de permanente evolução e de aprofundamento na realidade sob observação.

A dialética promove uma evolução do pressuposto das leis imutáveis a partir da matéria para a transformação permanente. É mais centrada em processos de evolução do que na análise de objetos estáticos. Os elementos da contradição estão em sinergia, em complementaridade, se interdefinem, são mutuamente dependentes, determinam o movimento, são a transformação.

A produção de conhecimentos pode ter diversos objetivos, diferentes lógicas, específicos compromissos.

A abordagem do modelo cartesiano não atende a muitas aplicações sociais. A abordagem social depende de componentes culturais diversos, mutantes, sobretudo locais. Depende de conhecimentos da cultura e da história, de entendimentos, de acordos e acertos com as pessoas e com grupos de pessoas. Assim, podemos considerar que um Conhecimento Socialmente Robusto pode ser definido como um conhecimento culturalmente inspirado e socialmente construído. Esta abordagem não está em conformidade com as bases do Modelo Científico. Não é objetiva, não se pode repetir experimentos e obter necessariamente os mesmos resultados.

Neste trabalho queremos cogitar mais um avanço, através de mais uma abordagem e estudar o que é um Conhecimento Pessoalmente Relevante.

Que tipo de conhecimento conspira para a integridade da pessoa, sua independência e interdependência no contexto dos diversos grupos com os quais interage, seu protagonismo e sua colaboração na produção e na reprodução de sua existência e felicidade, em equilíbrio e com cumplicidade com o universo?

**Pequeno relato da evolução dos estudos e pesquisas que culminaram neste texto**

A partir da década de 1990, meus interesses, que se concentravam havia 4 décadas, na área da Ciência da Computação, foram contaminados pelos estudos da física quântica e do caos, temas que eu já vinha estudando desde o começo da década de 1980.

A emergência das redes, a partir de 1995 com o surgimento da Internete e o início do que rapidamente seriam as Redes Sociais, e toda sua influência numa rápida e intensa mudança na forma de nos relacionarmos, determinaram o aprofundamento dos meus estudos sobre a consciência.

Pensar a consciência a partir das revelações da neurociência e das alterações que a tecnologia provocava no cotidiano das pessoas, foi determinando minhas atenções. Soma-se a isso uma preocupação muito antiga com espiritualidade, tema que me interessa desde menino.

No início de 2000, uma aproximação com um grupo da UFRJ criou a oportunidade de aprofundamento destes estudos o que resultou num período de intensos trabalhos (em âmbito de pós-doutoramento), que produziu o texto Organizações Caórdicas, caos e ordem na organização do trabalho e da vida. Este esforço resultou, em 2005, no Livro Organizações Caórdicas – Modelagem de Organizações Inovadoras.

A primeira década dos anos 2000 foi de grandes mudanças e, por conta de várias emergências, intensificamos, na área de tecnologia e inovação da UERJ, o desenvolvimento de soluções na área social, sobretudo centrados na busca de caminhos para a tecnologia contribuir mais diretamente com desenvolvimento social, num contexto de Inovação e tecnologia e na criação de trabalho e renda.

Foi nesta aproximação que algumas dificuldades emergiram e nos levaram a cogitação de distinguir conhecimento cientificamente relevante, conhecimento socialmente robusto e, na sequência, conhecimento pessoalmente relevante.

Em linhas gerais entendemos conhecimento cientificamente relevante aquele desenvolvido segundo o modelo cartesiano-newtoniano, de matriz positivista, centrado no realismo materialista, o conhecimento socialmente robusto, um conhecimento culturalmente inspirado e socialmente construído e o conhecimento pessoalmente relevante àquele que esteja centrado, principalmente, na pessoa, com destaque para a ampliação da sua consciência e da percepção e de sua constituição como sujeito, protagonista na sua relação com o mundo.

Neste contexto foi produzido o texto Metodologia para Produção de Conhecimento Socialmente Robusto que resultou na publicação de um livro em 2010.

Desde o final a década de 2000 até os dias de hoje, no Departamento de Inovação da UERJ, é estimulado o estudo e as práticas de inovação através de vários mecanismos e considerando mudanças de comportamento e de consciência decorrentes da utilização dos contemporâneos instrumentos tecnológicos, com destaque para encontros onde são discutidas alternativas e caminhos, desenvolvimento de projetos e produção de textos para disseminação de conhecimentos.

Assim, durante a segunda década do ano 2000 foram realizados Seminários e produzidos textos que foram formalizados nos 8 livros abaixo apresentados.

2009

2010

2010

2011

2018

2018

2020

2021

Foi em paralelo a estas iniciativas e produções, e por elas alimentados, que foi desenvolvido o Projeto "Consciência, Ciência e Espiritualidade - Conhecimento Pessoalmente Relevante".

## Objeto

No cotidiano as pessoas se valem de várias fontes de conhecimento para tomar suas decisões: o mito, o senso comum, a arte, a filosofia, a ciência. O acesso e as relações com estas fontes dependem de vários fatores que interatuam sinergicamente e, no fundamento, as escolhas e decisões são função do conhecimento, do nível de consciência e da percepção de cada pessoa.

Ao longo da vida a pessoa tem acesso aos conhecimentos do senso comum, fonte primária e primordial de conhecimento e relações com o cotidiano; pode ter acesso aos conhecimentos científicos, fonte de produção de verdades segundo um modelo formal e oficial de produção de conhecimentos; e tem acesso a fontes não formais, do espírito, ligadas à intuição, às artes, aos sentimentos, à meditação, dentre outros.

É com base nesse grande espaço de conhecimentos – senso comum, intuição, ciência e espírito - que as pessoas percebem o mundo e tomam decisões na vida.

O objeto deste trabalho são os processos de produção e utilização de conhecimentos e a ampliação da consciência que sustentam as relações da pessoa com sua realidade, na percepção e entendimento do mundo, suas decisões e as transformações que provoca e que sofre nas relações cotidianas com o mundo real comprometida com sua evolução material e espiritual.

**Objetivo**

Apresentar histórica e espiritualmente formas de produção de conhecimento, a evolução e a ampliação da consciência e identificar o que são conhecimentos pessoalmente relevantes para a evolução espiritual da pessoa.

O objetivo geral deste trabalho é estudar a produção e usos de conhecimentos pessoalmente relevantes sob a ótica da ampliação da consciência. Visa ao alargamento da percepção face à realidade e ao aumento da capacidade de tomada de decisões nas situações cotidianas, assim como lidar equilibradamente com prazeres e adversidades, mas sempre em busca de preservação da vida e da evolução, objetivos dos seres vivos, dos mais simples aos mais complexos.

**Metodologia adotada**

Este trabalho se desenvolveu através de uma extensa pesquisa bibliográfica e documental, por um lado, e, por outro lado, de interação com pensadores em diversas dimensões de conhecimento e práticas de abordagem da vida, do humano e, sobretudo, da consciência humana.

Como uma base para o estudo, foram realizados seminários para discussão de temas e com registro em Livros considerando os conhecimentos de várias fontes– espiritualismo, judaísmo, cristianismo, espiritismo, africanismo, neurociência, vedanta, tecnologias da informação, mormente redes, ética, fragmentação provocada pelas redes e reintegração através de processos de concentração e meditação. Com isso se pretende avançar a respeito do que sejam conhecimentos pessoalmente relevantes e a evolução da consciência. Estes Seminários foram realizados e produziram quatro livros, abaixo apresentados:

2017

2017

2019

2020

O centro destas cogitações é o pressuposto de que a consciência humana está em evolução e sua presença e ampliação são fatores fundamentais para a preservação da vida, para a evolução da humanidade, para lidar com a realidade.

## Apresentação das Questões do Estudo

De início, para abordar a pessoa e os conhecimentos relevantes, o estudo apresenta como, historicamente, foi considerada a evolução da pessoa:

- Qual o objetivo da pessoa? É evolutivo? Se sim, o que favorece a evolução? O que prejudica? Que comportamentos são preconizados? Quais são condenados?

- Níveis de necessidades além de Maslow: Quais necessidades? Quais os valores éticos, materiais, espirituais?

- Como se relacionam os conhecimentos técnico, filosófico, científico e espiritual na satisfação de necessidades além das materiais?

- Qual a importância do conhecimento do senso comum e do conhecimento mitológico?

- Que tipo de conhecimento sustenta a vida comum, cotidiana, das pessoas? Como se relaciona com o conhecimento científico e com a espiritualidade?

- Qual o lugar da consciência? Qual a sua relevância? Como é tratada? Quais diferentes níveis de ser e de consciência?

- Como a vida é explicada por Sistemas Espiritualistas, sobretudo orientais, desde o surgimento da vida, seu desenvolvimento e seus fins?

- O que é um conhecimento pessoalmente relevante? Como pode ser entendida a evolução humana?

O mundo é do tamanho de nosso conhecimento e de nossas dúvidas. O modelo científico de acesso à verdade inclui cooperação, complementaridade e sinergia. Todavia, o sucesso deste modelo tem proporcionado a ilusão da visão única de mundo que fortalece e é fortalecida pelo processo de globalização e sufoca a diversidade cultural com grande empobrecimento da vida, principalmente nos lugares distantes dos grandes centros onde a globalização elimina um conjunto de características sem acrescentar algo que sustente a vida local, comum.

A emergência da Física Quântica, que propõe evolução em muitos dos axiomas e conceitos da Física Clássica, sobretudo a objetividade, a continuidade, o determinismo e a localidade que, mais que sustentar o modelo científico, contaminaram o pensamento político e social.

Saberes tradicionais de ordem espiritual, religiosa, filosófica que compõem paradigmas multilógicos de organização do sentimento e do pensamento foram marginalizados como não verdadeiros, assim como princípios culturais não formais que governam nossa visão do mundo, controlam e comandam a seleção de dados significativos e recusam não significativos para os propósitos de cada um.

O Modelo Científico Ocidental cartesiano-newtoniano trata de objetos. Tem dificuldade para tratar de sujeitos.

A formalização do conhecimento sobre o mundo social lida com a precariedade, a dinamicidade, a transitoriedade, a mudança. No cotidiano as pessoas se valem de várias fontes de conhecimento para tomar suas decisões.

Há outros paradigmas e outras formas de olhar e perceber o mundo e as pessoas - psicologia transpessoal, neurociência, meditação, abordagem de níveis de consciência e de ser, visão holística e, dentre outras, a visão oriental de conhecimento e de acesso à verdade.

Poder-se-ia pensar em um novo contrato social entre a sociedade e a Ciência que pudesse considerar a presença do sujeito e representar a abertura das ciências para os contextos de aplicação dos conhecimentos, tanto nos objetos de pesquisa, como nos seus resultados, com grande participação no mundo real para a produção de conhecimento socialmente robusto e pessoalmente relevante?

## Conteúdo dos demais Capítulos

### Capítulo 2 - Uma História do Modelo Científico Ocidental

A Teoria do Conhecimento é uma área que investiga os problemas decorrentes da relação entre sujeito e objeto do conhecimento, bem como as condições primordiais do saber verdadeiro. Estas questões, inicialmente tratadas junto aos textos de metafísica, tornam-se independentes apenas na Idade Moderna, moldadas de forma sistemática a partir de Descartes, Newton, Locke, Hume e chegando à teoria crítica de Kant. Foram diversas as correntes filosóficas questionando a validade do conhecimento – nos limitamos aqui a citar aspectos gerais das mais difundidas. Os principais problemas da Teoria do Conhecimento referem-se à sua veracidade, formas de apreensão do objeto, totalidade do conhecimento e fontes. O que é conhecimento e como se constrói o conhecer? Como a realidade pode ser percebida? Como chegar à verdade? Como separar fé e razão na percepção da realidade? O conhecimento depende do sujeito? A realidade é acessível?

## Capítulo 3 - Do Clássico ao Quântico - Do Determinismo Racional ao Emergente Espiritual

Um relevante momento do mundo científico no séc. XX foi o advento da Física Quântica e a nova forma que estabeleceu para compreender o Universo e sobretudo o Humano.

A ruptura entre ciência e religião ocorre com Descartes e Newton com a proposta do modelo científico ocidental de base positivista.

A filosofia do dualismo dividiu o mundo em uma esfera objetiva de matéria, o domínio da ciência, e outra, subjetiva, da mente, o domínio da religião. Dessa maneira Descartes libertava a investigação científica da ortodoxia de uma Igreja poderosa. Descartes tomou emprestada de Aristóteles a ideia de objetividade. A ideia básica era que objetos são independentes e separados da mente, ou consciência.

No início do séc. XX acontece Einstein que estabelece novas bases para se pensar o universo e entender a realidade criando as bases para o desenvolvimento da teoria quântica que, dentre outros fenômenos, ergue uma ponte entre a Ciência e a Espiritualidade.

A espiritualidade a que nos referimos não está necessariamente comprometida com dogmas, é reflexiva, estuda a realidade e mantém com ela uma relação de permanente aprendizado e evolução.

O problema da verdade e do conhecimento sempre envolve crenças e valores, paradigmas e princípios, que dependem da cultura, mudam ao longo do tempo e se apoiam em várias lógicas, muitas vezes contraditórias entre si. Há várias possibilidades de perceber a realidade e tratar a verdade – todas lógicas.

## Capítulo 4 -Transdisciplinaridade – da fragmentação a uma nova síntese

Quando se estuda o mundo como um sistema complexo, os sistemas filosóficos que mantêm a divisão de conhecimentos em disciplinas, com toda a coerência interna que alcancem, ou com a validade e confiabilidade que mostrem na construção de conceitos e realidades, perdem uma grande parte da significação que tinham antes. Não há mais certezas a respeito da realidade, é difícil o entendimento das formalizações científicas fora do círculo restrito dos especialistas. A cada ano, mais de um milhão de comunicações científicas são publicadas apenas em língua inglesa e isso desde os anos cinquenta. A grande maioria dessas publicações só pode ser compreendida por um pequeno grupo de especialistas. Portanto, ninguém mais está à altura de analisar a enorme massa de conhecimentos acumulados pela ciência contemporânea. Um saber exponencial que contém, talvez, novas ciências e conhecimentos inimagináveis (Edgard Morin, in Random, 2000).

Dos muitos valores que as novas ciências trazem ao conhecimento dos fenômenos complexos, talvez um dos mais importantes seja reconhecer que os sujeitos cognitivos que se interdefinem são quem determinam as regularidades a identificar e os sistemas em que operam. O novo das novas ciências é a combinação de saberes, conhecimentos e atuações para a identificação de funções que um indivíduo, organização ou subsistema cumpre ao se inserir nas relações sinérgicas e contraditórias que caracterizam a natureza e a humanidade (Casanova, 2006).

O novo paradigma de sistemas complexos dá às relações humanas, sociais, organizadas, interativas, um lugar epistêmico essencial – inclui contradições e determinação recíproca, interdefinição. Nenhuma posição alternativa poderá escapar às contradições internas. A inteligência não consiste apenas na capacidade de resolver problemas, mas também na capacidade de inserir-se em um mundo compartilhado.

## Capítulo 5 - Neurociência e a História da Formação da Consciência

O corpo é o repositório do saber e da consciência.

A neurociência avançou passos gigantescos nos últimos anos e, hoje, traz revelações e explicações que permitem novas visões do ser humano e, sobretudo, descortinam um universo de possibilidades de mais desenvolvimento, sobretudo agora que somos dotados de mente, de self capaz de reflexão, de consciência. É na consciência que a neurociência coloca o caminho da evolução. À luz da neurociência estudamos o processo histórico que criou e desenvolveu a consciência humana, seu estado atual e as perspectivas para o desenvolvimento da humanidade e de cada pessoa.

A homeostase é o grande mistério que sustenta a vida e o desenvolvimento dos organismos vivos. "O fato de a homeostase ter começado inadvertidamente, no nível dos organismos sem consciência, mente ou cérebro, traz a questão de onde e como a intenção homeostática se instalou na história da vida" (Damásio, 2011). A vida de um organismo humano individual é construída com multidões de vidas simultâneas e bem articuladas.

**Capítulo 6 - Morfogênese - Uma Nova Ciência da Vida**

Objetos físicos obedecem a leis causais, e isso é tudo que precisamos saber para que possamos analisar o comportamento deles. Podemos dizer que seu comportamento é como uma lei. Os sistemas biológicos obedecem às leis da física, mas também realizam algumas funções com propósito, como a autorreprodução, a sobrevivência, a manutenção da integridade do self no ambiente, o amor, a autoexpressão, a evolução e o autoconhecimento. Por exemplo, o medo é um sentimento ligado ao nosso instinto de sobrevivência, mas será que podemos imaginar um grupo de moléculas sentindo medo?

Nós surgimos como embriões unicelulares que depois se dividem e criam réplicas idênticas, dotadas de DNA e genes igualmente idênticos (Damasio, 2011). Mas o funcionamento celular depende das proteínas feitas nas células. Potencialmente, todas as células podem fazer todas as proteínas, mas não é assim. Em vez disso, as células se tornam diferenciadas e, dependendo do órgão ao qual a célula pertence somente alguns genes são ativados para fabricar determinadas proteínas, associadas ao funcionamento daquele órgão em particular. Se é assim, devem existir programas que ativam os genes adequados. Como é que a célula sabe onde está no corpo ou a que órgão pertence? Essa proposta nos revela a não localidade?

Sheldrake sugere que os programas de diferenciação do funcionamento dos órgãos exigem campos morfogenéticos ***não locais (portanto, não físicos). O corpo vital é o repositório dos campos*** morfogenéticos, os moldes para a constituição da forma. A tarefa do corpo físico é criar representações dos campos morfogenéticos do corpo vital. A tarefa das representações é executar as funções de viver, manter a vida, reproduzi-la etc. A tarefa dos moldes vitais é ajudar a programar o corpo físico para que execute suas funções biológicas. O corpo vital tem os moldes originais, os campos morfogenéticos, que os órgãos do corpo físico representam (Sheldrake, 2013).

## Capítulo 7 – Tecnologia e a Emergência de uma Nova Pessoa

Vivemos um momento de inovação radical, de muitas e intensas transformações com base na tecnologia. Estas transformações estão no nível daquelas que decorreram da invenção da imprensa por Gutemberg. Imprimir para quem, se poucos sabem ler? Por outro lado, aprender a ler para ler o quê, se o acesso é restrito? Mas a partir da imprensa uma grande quantidade de pessoas, inimaginável para a época, passou a ler, se informar, se transformar e transformar suas percepções, alargando suas consciências a respeito do mundo; Gutemberg mudou a realidade das pessoas, provocou uma expansão na consciência; novos conhecimentos fazem isso.

Os instrumentos da tecnologia estão promovendo mudanças paradigmáticas intensas e com grande velocidade. Novas estruturas de produção e novos modelos de negócios se utilizam cada vez mais intensamente de inteligência cognitiva.

Já não são apenas as pessoas que estão conectadas e participando de trocas nas redes. Os computadores, os carros, as roupas, as construções etc. estão conectados trocando informações, informando e sendo informados. Em pouco tempo, com a Internet das Coisas, quase tudo estará trocando informações com quase tudo.

## Capítulo 8 - Consciência – Ciência e Espiritualidade

A consciência tem sido estudada por cientistas e espiritualistas de diversas linhas de pensamento. Nas últimas décadas, mormente na década de 1990, a década do cérebro, houve um grande aprofundamento no conhecimento científico a respeito do cérebro, com destaque para os estudos da consciência. Destaquem-se, sobretudo, os estudos e resultados superlativos publicados pelos pesquisadores neurocientistas.

No campo espiritualista, estudos se aprofundam a respeito de filosofias e práticas africanas, orientais e europeias, seus princípios, metáforas e significados.

Estes avanços não diminuíram muito as distâncias entre ciência e espiritualidade na concepção e no desenvolvimento da consciência, mas intensificaram as discussões e os estudos a respeito de suas origens e seus desenvolvimentos.

A consciência cria a matéria ou a matéria cria a consciência? Esta é uma questão que anima estudiosos de ambos os lados e o aprofundamento desta questão pode trazer benefícios para todos.

**Capítulo 9 - A Consciência nas Grandes Tradições de Sabedoria**

As conclusões oferecidas pelos pré-modernos em sua fenomenologia introspectiva – meditação, contemplação - pressupunha que a matéria constituía o nível inferior do ser. Para as grandes tradições de sabedoria os níveis mais sutis da Grande Cadeia do ser, mente, alma e espírito foram percebidos como níveis transcendentes ao ser humano e desta forma, eram concebidos como além do campo físico, portanto, metafísicos. Como decorrência, quando formularam o Grande Ninho, posicionaram estes níveis após a matéria, desenhados como círculos externos ao corpo (Smith, 2001).

Para os antigos, todas as revelações interiores não pareciam físicas, nem materiais, nem conectadas à natureza, pareciam metafísicas em todos os seus aspectos, como dados externos ontológicos verdadeiros por toda a eternidade, pairando, à espera de serem capturados através de introspecção - meditação ou contemplação. Na medida em que se consideram propostas das Tradições de Sabedoria e tratamos de conhecimentos da ciência moderna, e mesmo pensamentos e postulados da pós-modernidade, é relevante destacar, desde logo, os extremos cuidados necessários sempre que lidamos com comparações interculturais.

Uma notável característica da filosofia/psicologia perene é o fato de ela apresentar o ser e a consciência como uma hierarquia de níveis dimensionais, movendo-se a partir dos domínios mais baixos, mais densos e mais fragmentários até os mais altos, mais sutis e mais unitários. Todavia, para incluir as propostas da grande cadeia do ser nas nossas considerações precisamos estudá-las no caminho da tradução de uma visão metafísica a uma visão pós-moderna.

## Capítulo 10- A Formação da Consciência e a Espiritualidade – a visão Teosófica

O que diferencia o humano dos demais seres vivos é a consciência. Todavia, a maioria de nós é movida pelas reações instintivas que comandam comer, beber, dormir e reproduzir. Viver consciente significa prestar a atenção nas coisas e focar no presente, é ficar atento a sua postura diante das coisas, das pessoas, dos acontecimentos, é estar atento ao corpo físico, às suas mensagens que manifestam seus desejos e necessidades. Viver Consciente é observar o fluxo de pensamentos que passa pela mente.

A mente, se deixada solta, nos foca no passado, nas experiências que não deram certo, nos sofrimentos, ou no futuro, fazendo planos e construindo controles. É fundamental tomar consciência dos pensamentos para que a pessoa se torne senhora da sua mente, ao invés de sua escrava. Viver consciente é conhecer a natureza dos sentimentos. Observar qual o sentimento está por trás de cada atitude ou reação *vis a vis* aos acontecimentos cotidianos.

Ter consciência dos próprios sentimentos e daquilo que os motiva, é um passo essencial para conhecer a si mesmo e libertar-se do estado de adormecimento em que se encontra a maior parte dos seres humanos.

A borboleta é um símbolo poderoso para aqueles que estão fazendo ou consideram fazer uma grande mudança em suas vidas. É também um dos símbolos mais inspiradores do mundo animal, pois sua energia sabe precisamente o tempo para deixar o conforto e a limitação de seu casulo e voar livremente para o mundo.

Para nós, seres humanos, o casulo dos nossos pensamentos e medos pode ser tão limitante quanto seguro e familiar. Por isso ficamos com medo do que possa estar fora de nossos pensamentos, do nosso controle e dos sistemas de crenças limitantes, prendendo-nos e nos aprisionando a nós mesmos, o que faz com que sabotemos nossos sonhos e desejos, nos separando de nosso potencial ilimitado.

## 11- Conhecimento Pessoalmente Relevante - Ciência e Espiritualidade

O processo evolutivo dos seres vivos na terra tem cerca de 3,5 bilhões de anos; há cerca de 200 mil anos nossos ancestrais humanos mais diretos andavam pela Terra (Damásio, 2011)[1].

A consciência é qualidade recente, ainda em busca de adequada e completa definição.

A consciência é um diferencial humano e o conhecimento a seu respeito avança em velocidade acelerada, agora sob a influência da tecnologia e sob os estudos aprofundados da neurociência.

Nestas áreas de estudo é intensa a conexão entre ciência e espiritualidade; a ciência tradicionalmente concebe a natureza como um mecanismo enquanto a espiritualidade a percebe como um organismo.

A explosão tecnológica neste início de milênio obriga mudanças significativas na vida de todas as pessoas e desafios aos seus protagonismos, muitas delas ficando apartadas e próximas da alienação; certamente no mundo do trabalho, mas, sobretudo, no campo da reflexão a respeito da atualidade e dos atores e papéis neste mundo pós-moderno.

A evolução, em muitos aspectos, desenvolve-se da alienação ao protagonismo. Para o humano conhecimento relevante deve levar cada pessoa a se revelar como protagonista de sua existência. Todavia, é difícil ser protagonista, é difícil exercer livre arbítrio.

Mas há estudos e propostas a respeito de níveis de desenvolvimento e de níveis de ser que sugerem modelo de desenvolvimento humano, agora sustentados pela cooperação entre ciência e espiritualidade para evolução da pessoa.

No Capítulo 12 são apresentadas proposições finais e uma conclusão deste trabalho, e no Capítulo 13 estão listados os livros, documentos e sites consultados e referenciados neste texto.

---

[1] Assunto desenvolvido no Capítulo 5.

# Capítulo 2 – Uma História do Modelo Científico Ocidental

*Às vezes encontramos nosso destino pelo caminho que tomamos para evitá-lo. Desistir ou não desistir? Você está muito preocupado com o que foi e com o que será.* ***Ontem é história, o amanhã é um mistério. Mas o hoje é uma dádiva****, é por isso que se chama presente. Se você só fizer o que sabe, nunca será mais do que é agora. Para fazer algo especial só tem que acreditar que ela é especial. Eu fiz uma cicatriz incurável. A questão é essa, as cicatrizes se curam. Sua história pode não ter tido um começo muito feliz, o que define quem você é, é o restante da sua história, quem você escolhe ser.*

(do filme Kung Fu Panda)

## Uma Introdução

Em que pesem as constatações atuais a respeito de violência contra as pessoas, é irrefutável que no passado as coisas foram piores; a história da humanidade é uma história de crueldade. Nos últimos séculos se observa uma evolução nos hábitos, que têm se desenvolvido no sentido de um crescimento intelectual e num intenso avanço nos conhecimentos, sobretudo no que respeita às técnicas, no saber fazer.

Emergiu uma elite técnica, mas um contingente grande de pessoas ainda continua submetido à violência, provavelmente porque a evolução técnica e material não foi acompanhada de uma evolução espiritual que provocasse mais humanidade, sobretudo nos beneficiados pelas melhores inserções, tanto no mundo do trabalho e da produção, como nos ganhos financeiros decorrentes da evolução no mundo dos negócios.

O tempo atual se caracteriza por muita complexidade e muita fragmentação, com destaque para o plano das instituições.

Nos últimos 500 anos, apesar das guerras, e em alguns casos, por causa delas, as técnicas, os instrumentos, as máquinas, o conhecimento humano rompeu fronteiras e alcançou patamares inimagináveis para uma pessoa do Séc. XIV; isso em praticamente todas as áreas de conhecimentos.

Conhecimento tem natureza diversa, acompanha a vida de cada pessoa e depende de sua cultura, de sua história e do ambiente em que viveu e vive. Não é exagero supor que a maioria das pessoas vive, percebe o mundo e toma decisões sustentadas apenas em conhecimentos do senso comum.

Assim, e de forma apenas introdutória, podemos cogitar que a robustez de determinado conhecimento é função dos critérios estabelecidos e da natureza e do ambiente de sua aplicação.

De forma preliminar podemos cogitar três ambientes de abordagem e de trabalho para produção de conhecimentos:

1. **Ambiente da CIÊNCIA** – Conhecimento verdadeiro (aprovado), **cientificamente robusto**, busca da verdade; é verdade se for provado - Método Científico de **raiz positivista**. Muito eficiente no campo das exatas, tem dificuldade para tratar sujeitos e grupos sociais, de difícil definição nas suas complexidades e multiplicidades.

2. **Ambiente SOCIAL** – Conhecimento **socialmente robusto**. Busca de entendimento, soluções e de evoluções em trabalhos com grupos específicos de pessoas. Neste caso a abordagem é levantar/produzir propostas e conhecimentos **culturalmente inspirados e socialmente construídos**. Não é reprodutivo, é comprometido com cada espaço e cada grupo social.

3. **Ambiente da PESSOA** - Conhecimento **pessoalmente relevante.**

Este trabalho considera que é pessoalmente relevante um conhecimento que amplie a Consciência e a Percepção da pessoa e a sua participação no mundo em que vive.

Portanto este trabalho é centrado na pessoa e na evolução da consciência e dos modelos de produção de conhecimento.

Considera o modelo científico de produção de conhecimento – centrado principalmente em objetos –, o modelo de produção de conhecimento socialmente robusto – centrado principalmente nos grupos sociais, comunidades -, e cogita a produção de conhecimentos pessoalmente relevantes, aqueles que estejam centrados, principalmente, na pessoa, com destaque para a ampliação da consciência e da percepção e de sua constituição como sujeito, protagonista na sua relação com o mundo.

O Modelo Científico ocidental, cartesiano-newtoniano, adquiriu matriz positivista, centrado no realismo materialista.

No universo de Newton a matéria é sólida composta de átomos, partículas pequenas e indestrutíveis que constituem blocos de construção. O mundo funciona como uma grande máquina e é determinístico. Para análises e conclusões não valem revelações iluminadas, não vale persuasão, que caracterizam uma abordagem metafísica, valem demonstrações. O que não pode ser verificado não tem sentido. É o Modelo mais bem-sucedido no estabelecimento de verdades universalmente aceitas e compartilhadas.

Mas decorre desta abordagem a dificuldade de capturar o sujeito, de tratar a incerteza, de cuidar do singular.

O Modelo Científico Positivista busca uma verdade comprovada por métodos explicitados e reconhecidos; produz Conhecimento Cientificamente Robusto. É reconhecidamente a estratégia de disseminar conhecimentos universalmente aceitos. Afasta-se de mitos religiosos e de todo tipo de cogitação espiritualista, além de se estabelecer como uma linguagem comum na produção e no reconhecimento do conhecimento que produz.

Mas esta abordagem não atende a muitas aplicações sociais. A abordagem social depende de componentes culturais diversos, mutantes e locais, sobretudo locais. Depende de conhecimentos da cultura e da história, de entendimentos, de acordos e acertos com as pessoas e grupos de pessoas. Assim, podemos considerar que um Conhecimento Socialmente Robusto pode ser definido como um conhecimento culturalmente inspirado e socialmente construído. Esta abordagem não está em conformidade com as bases do Modelo Científico. Não é objetiva, não se pode repetir experimentos e obter necessariamente mesmos resultados.

Neste trabalho queremos cogitar uma outra abordagem e estudar o que é um Conhecimento Pessoalmente Relevante.

Que tipo de conhecimento conspira para a integridade da pessoa, sua independência e sua interdependência no contexto dos diversos grupos com os quais interage, seu protagonismo e sua colaboração na produção e na reprodução de sua existência e felicidade em equilíbrio e com cumplicidade com o universo?

A Teoria do Conhecimento é uma área que investiga os problemas decorrentes da relação entre sujeito e objeto do conhecimento, bem como as condições primordiais do saber verdadeiro. Estas questões, inicialmente tratadas junto aos textos de metafísica, tornam-se independentes apenas na Idade Moderna, moldadas de forma sistemática a partir de Descartes, Locke, Hume e chegando a seu apogeu com a teoria crítica de Kant.

Foram diversas as correntes filosóficas questionando a validade do conhecimento – nos limitamos aqui a citar aspectos gerais das mais difundidas. Os principais problemas da Teoria do Conhecimento referem-se à sua veracidade, formas de apreensão do objeto, totalidade do conhecimento e fontes. O que é conhecimento e como se constrói o conhecer? Como a realidade pode ser percebida? Como chegar à verdade? Como separar fé e razão na percepção da realidade? O conhecimento depende do sujeito? A realidade é acessível?

## A busca do conhecimento - De Sócrates a Kant

Os problemas na teoria do conhecimento referem-se à sua veracidade, formas de apreensão do objeto, totalidade do conhecimento e fontes. A verdade depende do sujeito, no juízo, como aparece para este.

Os pré-socráticos tratavam de um conhecimento revelado. Período neolítico, fetichismo, misticismo religioso: ali prevalecia a ética da revelação. As leis sociais e o próprio conhecer eram revelados por iluminação e transmitidos por profetas. Prevalecia o mágico, o mitológico.

A verdade é encontrada no mito que é o instrumento de entendimento da natureza e de relacionamento com os aspectos da realidade. A mente transcendental dirige o mundo que está sujeito ao acaso – conhecimento revelado.

Em Mileto, Séc. V aC, configura-se um centro de comércio que propicia o encontro de várias linhas mitológicas, usando vários e diferentes caminhos, todas explicando, cada uma a seu modo, a verdade.

A dúvida, agora colocada diante de múltiplas verdades, precisa encontrar um método mais seguro que possa instrumentar o filósofo na busca do conhecimento. Isso transforma-se no berço da ciência – busca de um método onde o conhecimento inclua, em alguma forma ou medida, uma garantia da própria validade.

**Sócrates – a conversa provocadora**

Dois modelos complementares permitiam a Sócrates abordar as situações: *a Maiêutica,* processo dialético e pedagógico em que se multiplicam as perguntas a fim de obter, por indução, a partir dos casos particulares e concretos, um conceito geral do objeto em questão, empregada por ele quando tratava com homens simples, que pensavam nada saber, e a *Ironia* – ação de interrogar simulando ignorância (Lalande, 1999) – empregada por ele quando tratava com sofistas. Sócrates nada escreveu, mas Platão relata seus pensamentos e sua visão de conhecimento. Para Sócrates e Platão o conhecimento está ligado à virtude.

**Platão – as hipóteses e as ideias**

Método hipotético dedutivo usado por Platão é baseado em:

- Dedução (Lalande, 1999): é a operação pela qual se conclui, rigorosamente, de uma ou de várias proposições tomadas como premissas, uma proposição que é a sua conclusão necessária, em virtude de regras lógicas;

- Dialética: arte do diálogo ou da discussão. Desenvolvimento de processos gerados por oposições em busca de unidades;

- Idealismo: as ideias ficam acima da observação da natureza que por utilizar os sentidos é necessariamente imperfeita, conforme relatado por Platão em "A República";

- Hipotético: parte de hipóteses que não precisam necessariamente ser verdadeiras, estando sempre sujeitas a contestações, seja por meio da lógica – redução ao absurdo – da inconsistência ou da contradição.

Platão acreditava em uma realidade autônoma, por trás do mundo dos sentidos. A esta realidade ele deu o nome de mundo das ideias. Nele estão as "imagens padrão", as imagens primordiais, eternas e imutáveis, que encontramos na natureza. Essa concepção é chamada de "Teoria das Ideias de Platão" (Gaarder, 1996).

**Aristóteles – a indução, a lógica**

Método indutivista usado por Aristóteles tem como base:

- Indução, em seu sentido filosófico, é a operação mental que consiste em remontar, de um certo número de proposições dadas, geralmente singulares ou especiais, chamadas *indutoras*, uma proposição ou um pequeno número de proposições mais gerais, chamadas *induzidas*, tais que implicam todas as proposições indutoras (Lalande, 1999);

- A indução leva a uma lei geral, partindo de um grande número de fatos.

- A indução é chamada *amplificadora* porque afirma, além daquilo que é verificado, em dizer mais do que foi visto (Huisman, 1964);

- Observação da natureza para chegar à verdade – aqui conhecimento é busca da verdade – por meio da indução;

- Sob a perspectiva da lógica, a indução não passa de um raciocínio falso. Passar da observação de alguns fatos a uma lei geral é "concluir todos por alguns", ou seja, é cometer um erro lógico. Hume (in, Pinguelli, 2001) mostrou que a indução era muito mais uma ilusão psicológica do que um raciocínio lógico. Bertrand Russel (in, Pinguelli, 2001) ironiza a indução do frango que descobre uma relação constante entre a mão do granjeiro e os grãos de ração que o alimentavam. Até o dia em que a mão do granjeiro lhe torce o pescoço (Huisman, 1964).

O arco do saber de Aristóteles começa com a observação. Depois, usando a indução descobre as verdades universais e, por dedução explica a natureza.

## Os comentadores

Os conhecimentos gregos e sua visão de mundo ficaram submersos durante a idade média quando a Igreja a tudo dominava segundo o conhecimento colocado na Bíblia, única fonte legítima do saber. Os escritos aristotélicos caíram em mãos árabes onde sobreviveram e prosperaram. São conhecidos como comentadores e são importantes na nossa história, já que foi através deste caminho que a visão aristotélica de mundo alcançou o pensamento ocidental no final da escolástica.

## Escolástica – a fé e a razão

Escolástica é a filosofia ensinada nas escolas (Padovani, 1978). Cobre do começo do século IX ao fim do século XVI. "A antiga necessidade da cristandade de distinguir e reforçar-se por meio de uma exclusão mais ou menos rígida da cultura pagã perdeu parte de sua urgência. A maioria do continente europeu estava agora cristianizada; a autoridade espiritual e intelectual da Igreja era suprema. O clero encontrava mais tempo para investigar os interesses intelectuais, que por sua vez eram estimulados pelo contato maior com os velhos centros orientais de aprendizado – os impérios bizantino e islâmico" (Tharnas, 1999). O princípio da escolástica é agostiniano e, portanto, não vê na razão uma capacidade ou uma função autônoma da fé. A escolástica é platônica durante todo o período agostiniano e só em São Tomás de Aquino esta tendência cede e o mundo ocidental retoma uma visão aristotélica que São Tomás resgata dos comentadores árabes.

## São Tomás de Aquino – a conversão da razão ao cristianismo

Para São Tomás, a astronomia está sob a ótica aristotélica. O cosmo é regular e ordenado, sujeito a princípios metafísicos para explicar o movimento dos corpos no céu, na terra e a própria estrutura da matéria. O sistema planetário grego tomava a Terra como centro do Universo, mas era bastante sofisticado, a ponto de explicar desvios da trajetória circular de planetas, vistos da Terra. São Tomás de Aquino fez com que a astronomia aristotélica se tornasse oficial para a Igreja Católica: a Terra era uma coisa vasta e sólida em repouso e o céu era etéreo e se movia. O Universo era visto como finito, fechado, e relativamente pequeno, aconchegante, regular, ordenado pela vontade de Deus, com o homem em seu centro. O esforço para mudar esta visão de mundo causou a primeira revolução científica e levou muita gente boa para a fogueira.

## Copérnico – o universo heliocêntrico

"Copérnico buscava uma nova solução para o antiquíssimo problema dos planetas: explicar os aparentemente extravagantes movimentos planetários com uma fórmula matemática simples, clara e elegante" (Tharnas, 1999). As soluções propostas por Ptolomeu e seus sucessores, baseadas no cosmo geocêntrico aristotélico, haviam exigido o emprego de um número cada vez maior de artifícios matemáticos – diferentes, epiciclos maiores e menores etc. na tentativa de dar sentido às posições observadas e ao mesmo tempo manter a antiga regra do movimento circular uniforme.

O cosmo geocêntrico era artificialmente mantido e sorrateiramente explicado. "Ele (Copérnico) descobriu que muitos filósofos gregos, especialmente os de formações pitagórica e platônica, haviam proposto uma Terra em movimento". Munido desta sensação de parentesco com a antiga tradição e inspirado pela exaltada concepção neoplatônica dos escolásticos da universidade sobre a física aristotélica, Copérnico partiu da hipótese de um universo centrado no Sol com uma Terra planetária e elaborou matematicamente as possíveis implicações (Tharnas, 1999).

"Copérnico era um cânone consagrado numa catedral católica e um apreciado consultor da Igreja em Roma" (Tharnas, 1999). Ele relutou em publicar suas conclusões, cuja primeira versão circulou entre amigos já em 1514. Vinte anos depois, Copérnico fez uma palestra para o Papa, que a aprovou. As reações religiosas às ideias de Copérnico vieram com mais vigor dos protestantes. Copérnico ia contra diversas passagens da Sagrada Escritura e a Escritura era a única autoridade absoluta do Protestantismo. "Lutero chamara Copérnico de 'astrólogo vigarista' que ridiculamente pretendia revirar toda a ciência da astronomia em flagrante contradição à Bíblia Sagrada" (Tharnas, 1999).

Em 1609, mesmo ano em que foram publicadas as leis do movimento planetário de Kepler, Galileu voltou seu novo telescópio para os céus. Suas impressionantes observações permitiram que a astronomia tivesse a primeira comprovação de boa qualidade, que jamais se conhecera. Com o telescópio de Galileu, a teoria heliocêntrica já não poderia ser considerada um conjunto de cálculos simples.

Agora estava provida de materialização física visível. A decisão de proibir o copernicanismo causou dano irreparável para a Igreja. "A Igreja manteria grande poder e reteria a lealdade nos séculos seguintes, mas não mais podia reivindicar ser representante da aspiração humana voltada para o pleno conhecimento do universo" (Tharnas, 1999).

Toda a cristandade institucional sofreu com o triunfo copernicano, o que ia contra duas bases religiosas: a Bíblia literal do protestantismo e a sacramental autoridade do catolicismo. "Com Lutero, a independência intelectual do ocidente afirmava-se no campo da Religião; com Galileu ela deu um passo totalmente para fora da Religião, estabeleceu novos princípios e abriu um novo território" (Tharnas, 1999). Galileu rompeu com a maneira contemplativa de se fazer ciência, que vinha dos tempos de Aristóteles e procurava explicar os fenômenos tal como são vistos na vida cotidiana. Galileu, em seus "*Discursos sobre duas Novas Ciências*" – onde tratava da mecânica e da resistência dos materiais – defendia que o objeto de estudo deveria ser selecionado com base em alguma questão e ser respondida suscitando hipóteses que deviam ser testadas pelo experimento preparado com esse fim específico. A famosa experiência de arremessar corpos do alto da Torre de Pisa, para explicar a força da gravidade, é um exemplo clássico da metodologia científica introduzida por Galileu.

Essencialmente, os métodos e os resultados científicos modernos apareceram com Galileu. Aos métodos antigos de indução e dedução, Galileu reuniu a verificação sistemática, por meio de experimentos planejados, nos quais empregou instrumentos científicos, de invenção então recente, como o telescópio, o microscópio e o termômetro. Galileu simboliza a defesa da investigação científica sem interferências filosóficas e teológicas.

Com a queda do geocentrismo, o homem sai do centro do universo e com a abolição da "causa final" e o advento da ciência matemática, deixa de ser o objeto final de todos os processos da natureza, passando a mero espectador desses processos. Deus, a metafísica e a religião não são negados por essas teorias, mas separados da natureza que agora revela-se à experiência sensorial e à elaboração teórica.

Sobre isso, Galileu afirmava: "Parece-me que na discussão dos problemas naturais não deveríamos começar pela autoridade das passagens das Escrituras, mas, sim, por experiências sensatas e por demonstrações necessárias. Pois, do Mundo Divino provieram tanto a Sagrada Escritura quanto a natureza... Sendo a natureza inexorável e imutável e nunca ultrapassando os limites das leis a ela impostos. Não é menos admirável a maneira como Deus se revela a nós nas ações da Natureza que nos ditames da Escritura Sagrada" (Burtt, 1983).

Galileu é uma figura emblemática exatamente porque está no epicentro não apenas de uma revolução científica, mas dessa mudança de valores culturais onde a ciência gradativamente desempenhará um papel social central, na medida em que passa a ser o instrumento de maior acuidade na revelação da realidade. Sua nova ciência e seus ideais sobreviveram e encontraram prosseguimento com outros cientistas.

## Bacon – uma nova lógica, uma nova indução

Bacon propôs no *Novum Organum* um novo método científico para substituir a teoria dos silogismos de Aristóteles. Considerando que os silogismos não tinham valor, só restava a verdadeira indução. Com base nisso, Bacon elaborou uma nova versão para o método indutivo. Em si, a ideia da indução não era nova, pois Aristóteles já a utilizara. Mas, até então, a indução fora praticada sob a forma de simples enumerações de exemplos. Bacon propunha em primeiro lugar um método para limpar a mente, preparando-a para o exercício da observação dos fatos da natureza.

Essa limpeza serve para eliminar o que ele chama dos "ídolos da tribo", da caverna, do fórum e do teatro, que impedem a busca da verdade. Uma vez limpa desses preconceitos e dogmas, a mente poderia, então, dedicar-se a entender os fenômenos naturais empregando um método indutivo poderoso que consistia em elaborar listas de coisas que compartilhavam uma determinada qualidade submetida à investigação, bem como listas de coisas que não possuíam tal qualidade e listas de coisas que a possuíam em graus variados.

Assim, Bacon esperava descobrir o caráter peculiar de uma qualidade. Este método veio a ser usado em parte no século XIX por Stuart Mill. É de Bacon a concepção original da experiência crucial para comparar duas hipóteses, concluindo qual a verdadeira tendo a natureza como árbitro, como "instância crucis". Bertrand Russel (2001) afirmou que a proposta de Bacon, como procedimento prático não foi aceita pelos cientistas, além de ser equivocada como teoria para um método científico. Russell, porém, louva a obsessão de Bacon pela observação, dizendo ser um antídoto contra os excessos do racionalismo tradicional. Para Bacon, há duas vias para se chegar à verdade:

- A tradicional, de base aristotélica, que consiste em saltar dos particulares para os axiomas mais gerais, de inamovível verdade, e descobrir a partir destes princípios os "axiomas intermediários";

- A proposta de Bacon, que consiste em "recolher os axiomas dos dados particulares dos sentidos, ascendendo contínua e gradualmente até alcançar os princípios de máxima generalidade".

Para Bacon, a melhor demonstração vem da experiência bem-feita e cuidadosa, princípio básico do método empírico proposto por ele. No entanto, é necessário ter cuidado com os experimentos. É necessário que a realização dos experimentos siga uma metodologia, para evitar que sejam feitos de modo cego, vagando sem rumo, guiados apenas pelas circunstâncias e levando a uma multidão de fatos sem proveito, realizados levianamente, variando pouco os experimentos conhecidos. Bacon critica alguns experimentadores, ditos sérios, que "acabam restringindo o seu trabalho a apenas um experimento particular; assim fizeram tanto Gilbert com o magneto, como os alquimistas com o ouro". Bacon identifica dois tipos de axiomas:

- Lucíferos – em alusão à crença de que no primeiro dia de criação Deus criou apenas a luz – que devem ser buscados em primeiro lugar, pois revelam as verdadeiras causas e iluminam o caminho de descobertas;
- Frutíferos - que têm aplicação prática e não devem ser intempestivamente buscados, desvirtuando a pesquisa.

Bacon vê como imperícia a pesquisa exclusiva da natureza de uma coisa, sem considerar outras, pois o que está manifesto em uma pode estar latente e oculta em outras, o que pode ser interpretado como uma crítica antecipada ao reducionismo de Descartes. Nessa linha, Bacon propunha que os experimentos se relacionassem entre si, pois, por exemplo, a natureza do ímã, o fluxo e o refluxo do mar e o sistema celeste parecem guardar algum segredo comum.

Por esse caminho, Bacon conjectura a associação da consistência dos corpos sólidos cuja tendência é de se furtarem à separação ou solução de continuidade, com as bolhas de água que constituem películas que evitam momentaneamente que elas se desfaçam. Esse seria um exemplo de algo manifesto em uma coisa e latente em outra.

**Descartes – o racionalista**

O título do trabalho de Descartes (1596-1650), "Discurso Sobre o Método" para Conduzir Bem Sua Razão e Procurar a Verdade, já deixa claro duas coisas: a veia racionalista de Descartes e sua intenção de construir um ambicioso projeto metodológico para a busca da verdade.

Em muitos aspectos, a filosofia moderna começa com René Descartes (Descartes, 1991, Russel, 1999, Gaukroger, 1999). Suas ideias foram as primeiras, e as mais sistemáticas, a refletir a preocupação do início da modernidade e em considerar as pessoas como seres racionais e não como seres cujos destinos estão nas mãos de uma autoridade divina.

Fazendo uma aplicação metódica da dúvida, considerou como incertas todas as percepções sensoriais, todas as noções adquiridas sobre os objetos materiais. Em resumo, colocou em dúvida tudo aquilo que constitui conteúdo do pensamento. Finalmente, estabeleceu que a única verdade totalmente livre da dúvida era a seguinte: meus pensamentos existem. A existência desses pensamentos confunde-se com a essência da própria existência enquanto ser pensante. Disto decorre a célebre conclusão de Descartes: "Penso, logo existo" (Cogito ergo sum). Para ele, esta é uma verdade absolutamente firme, certa e segura que, por isso mesmo, deveria ser adotada como princípio básico de toda a filosofia.

É preciso esclarecer que o termo pensamento utilizado por Descartes tem um sentido amplo, abrange tudo o que sentimos, imaginamos, cremos e sonhamos. Assim, o ser humano era, para ele, uma substância essencialmente pensante. Da afirmação cartesiana "penso, logo existo", podemos extrair uma importante consequência: o pensamento (consciência) é algo mais certo que a existência (matéria corporal).

Note-se que é a partir do «penso» que ele conclui «logo existo». Baseando-se neste princípio, toda a filosofia posterior, que sofreu a influência de Descartes, assumiu uma tendência idealista, isto é, uma tendência para valorizar a atividade do sujeito pensante sobre o objeto pensado. Em outras palavras, uma tendência para ressaltar a prevalência da consciência subjetiva sobre o ser objetivo, «e a considerar a matéria como algo apenas conhecível, se é o que é, por dedução do que se sabe da mente».

Descartes recomendava que desconfiássemos das percepções sensoriais, responsabilizando-as pelos frequentes erros do conhecimento humano. Dizia que o verdadeiro conhecimento das coisas externas devia ser conseguido através do trabalho lógico da mente. Neste sentido, considerava que no passado dentre todos os homens que buscaram a verdade nas ciências, "somente os matemáticos puderam encontrar algumas demonstrações, isto é, algumas razões certas e evidentes". Atribuía, portanto, grande valor à Matemática como instrumento de compreensão da realidade.

## Os preceitos gerais do método cartesiano

O "Discurso" em si tem como objetivo mostrar os preceitos a serem seguidos para fazermos bom uso do nosso equipamento racional. Quanto à razão propriamente dita, afirma Descartes, na primeira parte da obra, que todos os homens são iguais neste aspecto. Diferimos apenas porque uns a utilizam melhor do que outros. No entanto, o método é algo que se adquire com a prática, ponto implicitamente admitido por Descartes, pois ele afirma não querer nos impor sua metodologia, desejando apenas mostrar que usou com sucesso a sua própria razão (Russel, 1999). O método proposto por Descartes é composto de quatro princípios básicos:

- Jamais aceitar alguma coisa como verdadeira se não a souber evidente como tal;
- Dividir cada uma das dificuldades que examinar em tantas partes quantas possíveis e necessárias para melhor resolvê-las;
- Conduzir por ordem os pensamentos, a começar pelos objetos mais simples e mais

fáceis de serem conhecidos, para, pouco a pouco, como que por degraus, chegar ao conhecimento dos mais complexos;

- Fazer em toda parte enumerações tão completas e revisões tão gerais até ter a certeza de nada ter omitido.

Descartes e seus seguidores, como bons mecanicistas, sustentaram a visão mecânica de mundo estendida a todo o mundo orgânico e inorgânico, com exceção dos seres humanos, mas enquadrando uma boa parcela da fisiologia e da psicologia humanas no modelo. Chomsky afirma que (Chomsky, 1996) Descartes considerava os animais como meros autômatos, diferentes dos relógios somente em complexidade.

Descartes em suas Meditações (1642) afirmou que "pelo poder divino, a mente pode existir sem o corpo, e o corpo sem a mente". De acordo com ele, a mente incorpórea, e, portanto, a alma imortal, residiam em algum ponto do corpo corpóreo e mortal. Sua localização sugerida era a glândula pineal, elemento minúsculo, situado na base do cérebro. No modelo neurobiológico cartesiano, o cérebro recebe informações de todo o corpo e as repassa ao centro pineal, onde, de algum modo essas informações se traduzem em pensamento consciente (Wilson, 1999). De uma forma ou de outra, essa visão permaneceu no Séc. XX.

## Newton – a força gravitacional e uma teoria abrangente

Pinguelli destacou que, (Pinguelli, 2001) na introdução da mecânica de Newton, a derivada é referida como um limite de uma relação entre variáveis. O processo de integração é apresentado como o limite de um somatório com infinitos termos. Na busca de representar os fenômenos da natureza, suas partes e suas interações, estes procedimentos e métodos apresentam falhas: se por um lado são extremamente úteis para muitos, não resolvem todos os problemas apresentados, obrigando ao uso de alguns truques. Tal é o caso do movimento planetário em que na primeira aproximação desprezam-se as interações gravitacionais entre os planetas, introduzidas como perturbação.

Assim se reduz um problema de N + 1 corpos, N planetas e o Sol, a N problemas de dois corpos, cada planeta e o Sol. É bastante esperto este truque, quando sua utilização é possível.

Na formulação da Segunda Lei de Newton, a força é definida atuando em um ponto, por exemplo, o planeta representado por um ponto com massa. Newton descreve na sua Lei de Gravitação Universal a forma como esta força decresce com a distância, dependendo da posição relativa do planeta, mas não considera como a força se propaga do Sol até esta posição. O efeito newtoniano se dá à distância e é instantâneo, nada havendo interposto entre os dois corpos que se atraem mutuamente. Pinguelli (2001) ressaltou que Newton teve dificuldade em justificar a ação à distância, negando-se a fazer hipóteses sobre o mecanismo de sua propagação, ao contrário de Descartes que as fez supondo vórtices no éter, mas não conseguiu dar conta das leis de Kepler. Foi gigantesco o trabalho de Newton.

Embora o apoio matemático de Kepler e as observações de Galileu assegurassem o sucesso da teoria heliocêntrica na astronomia, esta ainda carecia de um plano conceitual abrangente, uma cosmologia coerente. "Ptolomeu fora satisfatoriamente substituído, mas não Aristóteles. Parecia claro que a Terra e os outros planetas se movimentassem em torno do Sol, mas se não houvesse nenhuma esfera etérea circundante, como se movimentavam então os planetas, inclusive a Terra? E o que agora impedia que eles voassem para fora de suas órbitas? Se a Terra estava em movimento, eliminando assim a base física aristotélica, como é que os objetos físicos caíam em direção à superfície do planeta? Se as estrelas eram tão numerosas e distantes, de que tamanho era o Universo? Qual era sua estrutura, onde estava o seu centro? – se é que havia um centro. O que aconteceria com a divisão Céu-Terra, há tanto tempo reconhecida, se a Terra era planetária como os outros corpos celestes e se esses corpos celestiais agora pareciam ter as mesmas qualidades da Terra? E onde estava Deus neste Cosmo? Até que estas questões de peso fossem respondidas, a revolução copernicana despedaçara a velha cosmologia, mas ainda não havia elaborado uma nova" (Tharnas, 1999).

A física aristotélica, baseada em qualidades perceptíveis e na lógica verbal, ainda regia grande parte do pensamento científico contemporâneo e dominava as universidades. "Galileu argumentava que para fazer julgamentos exatos sobre a natureza, os cientistas deveriam levar em conta somente as qualidades 'objetivas' mensuráveis com precisão (tamanho, forma, número, peso e movimento); as qualidades meramente perceptíveis (cor, som, sabor, textura, cheiro) deveriam ser deixadas de lado, por serem subjetivas, efêmeras. Somente por meio de uma análise exclusivamente quantitativa a Ciência poderia obter o conhecimento seguro do mundo. Para Galileu, a livre exploração de um Universo matematicamente impessoal deveria substituir a medíocre e interminável justificação dedutiva da tradição acadêmica relativa ao Universo orgânico de Aristóteles" (Tharnas, 1999).

Galileu sustentou a teoria copernicana, iniciou a matematização da natureza, apreendeu a ideia de força como agente mecânico, lançou as bases da física experimental e da mecânica moderna, além de elaborar os princípios operacionais do moderno método científico. Descartes empreendeu a tarefa de adaptar sistematicamente o atomismo de modo a proporcionar uma expansão física para o universo copernicano.

Os princípios básicos do antigo atomismo ofereciam muitos paralelos relacionados à imagem de Descartes, em que a natureza era uma complicada máquina impessoal rigorosamente ordenada por leis matemáticas. Sua concepção básica do universo físico como um sistema atomista regido por algumas leis mecânicas tornou-se modelo orientador para os cientistas do século XVII (Tharnas, 1999).

Mas, coube a Newton completar a revolução copernicana estabelecendo quantitativamente a gravidade como força universal – uma força que poderia simultaneamente causar a queda de pedras na Terra e ser responsável pelas órbitas fechadas dos planetas em torno do Sol. A notável contribuição de Newton foi, neste particular, sintetizar a filosofia mecanicista de Descartes, as leis dos movimentos planetários de Kepler e as leis dos movimentos de Galileu numa teoria abrangente.

Estava comprovada a visão de Descartes: a natureza era um sistema-maquinário perfeitamente ordenado e regido por leis matemáticas, compreensíveis pela ciência. A cosmologia newtoniana-cartesiana estava agora estabelecida como fundamento de uma inovadora visão de mundo.

Pelo início do século XVII, qualquer pessoa instruída do ocidente sabia que Deus havia criado o mundo como um complexo sistema mecânico, composto de partículas materiais que se movimentavam num infinito espaço neutro, segundo alguns princípios básicos, como a inércia e a gravidade, que poderiam ser matematicamente analisados. Nesse universo, a Terra girava em torno do Sol, que era uma estrela entre milhares de outras, assim como a Terra era um planeta entre muitos; nem o Sol nem a Terra eram o centro do universo. Um só conjunto de leis regia o reino celeste e o terrestre que, assim, já não eram fundamentalmente distintos. O céu compunha-se de substâncias materiais e seus movimentos eram impelidos por forças mecânicas naturais. Também parecia razoável pressupor que, depois da criação deste complexo universo ordenado, Deus se retirasse de maiores envolvimentos ou intervenções na Natureza permitindo que ela prosseguisse sozinha segundo estas perfeitas leis imutáveis. Assim, a nova imagem do Criador era a de um arquiteto divino, mestre matemático e relojoeiro (Tharnas, 1999).

## Os empiristas britânicos – Locke, Berkeley e Hume

Pinguelli (2001) destaca que a percepção é definida por Locke como a primeira faculdade da mente exercida sobre nossas ideias. A faculdade seguinte da mente na direção do conhecimento é, para Locke, a retenção das ideias simples que vêm da sensação ou da reflexão sobre o que foi recebido. Liga-se à contemplação e à memória. Esse é um meio de retenção que permite reviver na mente as ideias nela impressas e que desapareceram.

Outra faculdade para o conhecimento é o discernimento, a capacidade de distinguir entre as diversas ideias que temos. São consideradas ideias complexas aquelas tais como a beleza, a gratidão, o universo - nos exemplos de Locke - que se compõem de várias ideias simples. A mente tem a faculdade de juntar ideias, variá-las e multiplicar os objetos do pensamento. As ideias complexas são compostas e decompostas, mas sempre redutíveis, segundo Locke, a modos, substâncias e relações.

O otimismo de Locke sobre o poder do entendimento humano, construído a partir das sensações, contrasta com a posição que Berkeley torna explícita nos primeiros capítulos de "Os Princípios do Conhecimento Humano". Ele fala da fraqueza natural e da imperfeição do nosso entendimento. Sendo a mente finita enquanto trata de coisas que compõem uma infinidade, não é surpresa que caia em absurdos e contradições. Ele se propõe, então, a descobrir porque isto ocorre e procura resolver este problema, chegando à paradoxal conclusão de que a matéria não possui realidade em si. Tempo, espaço e movimento isolados das qualidades secundárias em que aparecem, não passam de criações do espírito. Logo, não se pode, pelo que diz respeito à realidade sensível, distinguir as sensações em duas categorias: subjetivas e objetivas. Todas elas são igualmente subjetivas (Padovani, 1978).

## A tese da inexistência da matéria ou dos objetos reais

Berkeley era materialista, materialismo aqui se opondo a idealismo. A percepção da natureza na experiência mental do homem e consequentemente todos os elementos do sentido devem ser enfim considerados objetos do espírito e não a representação de substâncias materiais. Enquanto Locke reduzia todos os conteúdos mentais a uma base última da sensação, Berkeley agora reduzia todos os dados dos sentidos a conteúdos mentais.

A distinção lockeana entre característica da mente e características que pertencem à matéria não poderia ser sustentada; com esse desdobramento, Berkeley, que era religioso, procurava superar a tendência contemporânea ao 'materialismo ateu' que sentia haver surgido sem justificativa com a ciência moderna. O empirista afirma corretamente que todo conhecimento se baseia na experiência (Tharnas, 1999).

Em "Sobre o Entendimento Humano" título análogo ao de Locke, Hume ressalta que existe uma diferença entre a percepção da mente: 1 - quando sentimos dor ou calor ou a sensação de prazer ou de morno; 2 - e quando vêm à memória ou são antecipadas pela imaginação. Estas faculdades, por mais que reproduzam as percepções, não alcançam jamais a "força e a vivacidade do sentimento original".

Divide então as percepções da mente em duas classes: pensamentos ou ideias, de um lado, e impressões, de outro. Com Hume o fenomenismo empírico alcança todo o desenvolvimento de que é capaz, libertado do dogmatismo comum ou metafísico, moral e religioso que está presente, mais ou menos, nos filósofos precedentes. Hume realiza esse trabalho, desenvolvendo e criticando ao mesmo tempo o pensamento dos outros empiristas, particularmente de Locke e Berkeley. Hume demole logicamente as substâncias espirituais de Berkeley, como este logicamente demolira as substâncias materiais de Locke.

A alma não é objeto de uma percepção interna, mas uma construção metafísica fantástica, porque nós não percebemos senão estados de consciência. Igualmente Hume demole o conceito de causa, e, logo, de Deus. A experiência diz unicamente que de A se segue B, e não que A produz B. Por conseguinte podemos afirmar apenas a relação subjetiva (cronológica) de representação, e não a relação objetiva (necessária) de substâncias. Hume estabelece três princípios de conexões entre ideias: semelhança; contiguidade no tempo e no espaço; e causa e efeito. Se examinarmos atenta e concretamente a relação causal, vemos que a assim chamada causa não contém de modo nenhum o efeito. Isto é, não se pode derivar, analiticamente, do fenômeno chamado causa, o fenômeno chamado efeito (Padovani, 1978).

Não se pode, por exemplo, deduzir do fenômeno chama de uma vela, que esta deva queimar o papel seco, quando posto em contato. Unicamente o sei pela experiência e depois da experiência.

Sem a experiência e antes da experiência poderia eu também pensar que o papel não queimasse, ou se realizasse um fenômeno diverso, ensinava Hume. "Para Hume a mente jamais poderia derivar de uma impressão direta e simples. Mesmo a experiência de uma substância continuamente existente era apenas uma crença produzida pela recorrência regular de muitas impressões, que produzia a ficção de uma entidade duradoura. Indo mais adiante nessa análise psicológica da experiência humana, Hume concluiu que a mente era em si apenas um apanhado de percepções desconexas, que não poderia reivindicar unidade real, existência interna e, muito menos, conhecimento objetivo" (Tharnas, 1999).

Hume enfim, pergunta: como chegamos ao conhecimento da causa e do efeito? Como proposição geral aventura-se a afirmar que não é por um raciocínio a priori. Causa e efeito são descobertos não pela razão, mas pela experiência.

### A não validade lógica da causalidade

Para Hume a descoberta da lei em si pertence meramente à experiência e todo o raciocínio abstrato no mundo não nos pode levar um passo na direção do conhecimento em si. "Para Hume todo o conhecimento humano devia ser considerado opinião" (Tharnas, 1999).

Hume afirma que um homem pode ser muito sagaz, mas não descobriria, pelo raciocínio, que o cristal é o efeito do calor e o gelo do frio, sem ter prévio conhecimento de origem empírica. Qual a natureza de todo o nosso raciocínio concernente à matéria de fato? Qual o fundamento de todas as conclusões da experiência? Estas são as perguntas que faz Hume. Responde negativamente que, mesmo após termos experiência das operações de causa e efeito, nossas conclusões a partir de experiência não são fundamentadas na razão.

"Hume assim articulou o argumento cético paradigmático da filosofia, que por sua vez estimularia Kant a desenvolver a posição filosófica central da era moderna" (Tharnas, 1999).

Empirismo é o nome de todas as doutrinas filosóficas que negam a existência de axiomas enquanto princípios do conhecimento logicamente distintos da experiência (Lalande, 1999). O empirismo não aceita a possibilidade de ideias espontâneas ou pensamentos a priori e baseia todo o conhecimento na experiência. Racionalismo é a doutrina filosófica segundo a qual nada existe que não tenha a sua razão de ser, de tal maneira que por direito, senão de fato, não há nada que não seja inteligível (Lalande, 1999). O racionalismo acentua o papel da razão na aquisição do conhecimento.

Assim, do ponto de vista da aquisição do conhecimento, o racionalismo – que privilegia a razão – opõe-se ao empirismo – que ressalta o papel da experiência. Na figura 2.1 (Pinguelli, 2001) são mostrados os principais filósofos empiristas e racionalistas, em uma linha para o tempo e outra para o grau de empirismo de cada um. Platão foi considerado por Pinguelli como o mais racionalista e Francis Bacon o mais empirista dos filósofos citados. As raízes do racionalismo podem ser encontradas na filosofia de Platão sobre o conhecimento, associada ao idealismo; as bases do empirismo remontam a Aristóteles e relacionam-se com o indutivismo no estudo da natureza.

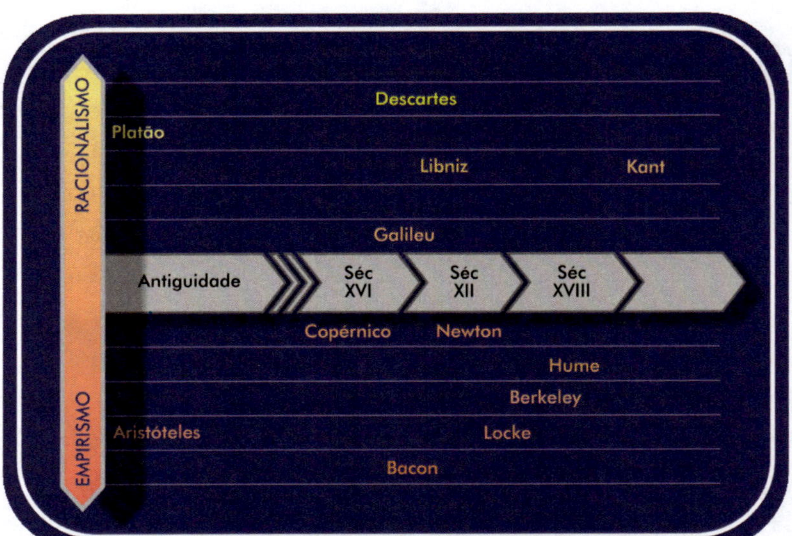


**Figura 2.1** - Empiristas e racionalistas no tempo.

(Fonte: adaptado de Pinguelli, 2001).

## Kant – a impossibilidade de apreender a coisa em si

Kant desenvolve sua teoria na Crítica da Razão Pura (CRP) seguindo um plano, cujo conteúdo Pinguelli resume na apresentação da Tabela 2.1, na qual indica que a CRP é invariavelmente referida hoje como o marco da teoria do conhecimento, tanto pelos que veem na ciência empírica moderna o modelo do saber metódico e válido, como pelos críticos do cientificismo na filosofia. "Não se pode duvidar que todos os nossos conhecimentos começam com a experiência..." parece tratar-se de uma incondicional adesão de Kant ao empirismo. Mas não revela a complexidade do problema do conhecimento tal como Kant o teoriza.

| Partes do Livro | Assunto | Conteúdo |
|---|---|---|
| Introdução | Colocação dos problemas | Conhecimento "a priori" X empírico<br>Conhecimento analítico X sintético<br>Problema da causalidade de Hume |
| Estética Transcendental | Espaço Tempo | Formas "a priori" da sensibilidade |
| Lógica Transcendental | Analítica | Juízos sintéticos "a priori" da matemática<br>Juízos sintéticos "a priori" da física |
| | Dialética | Crítica da metafísica |

**Tabela 2.1** - As partes do Livro de Kant. (Fonte: adaptado de Pinguelli, 2001).

Na verdade Kant prossegue, afirmando: "... como haveria de exercitar-me a faculdade de conhecer, se não fosse pelos objetos que, excitando os nossos sentidos, de uma parte, produzem por si mesmo representações e, de outra parte, impulsionam a nossa inteligência a compará-las entre si...". Kant coloca o problema da distinção entre o conhecimento puro e o empírico.

Para Kant, temporalmente, nenhum conhecimento antecede a experiência e todos começam a partir da experiência, entretanto há alguns que não se originam apenas e exclusivamente da experiência. Para ele nosso conhecimento empírico não se restringe ao que recebemos das impressões pelos sentidos, mas se compõe disto e daquilo que é acrescentado pela nossa "faculdade cognoscitiva".

Questiona então Kant: será possível um conhecimento independente da experiência? Kant entende que sim e chama tal tipo de conhecimento "a priori" para distingui-lo daqueles empíricos por definição "a posteriori" com respeito à experiência. Kant (1980) ensina que conhecimentos "a priori" são os que ocorrem, não independente desta ou daquela experiência, mas, absolutamente independente de toda a experiência. Prossegue Kant: dos conhecimentos a priori, denominam-se puros aqueles aos quais nada de empírico está mesclado.

Kant criticava os racionalistas por acreditarem que a razão por si, sem a experiência dos sentidos, pode calcular o universo – argumentava Kant que o conhecimento requer o trato dos particulares – e também criticava os empiristas por acreditarem que sozinhos, sem os conceitos axiomáticos do entendimento, as impressões dos sentidos poderiam levar ao conhecimento – os particulares são desprovidos de sentido sem os conceitos gerais pelos quais são interpretados. O pensamento sem a sensação é vazio, a sensação sem o pensamento é cega. Nem o empirismo puro, sem as estruturas axiomáticas, nem o puro racionalismo sem a evidência sensorial, constituíam uma estratégia viável.

Na CRP, Kant considera que a experiência nos mostra como as coisas parecem ser, mas nada diz sobre as possibilidades de elas serem assim ou diferentes do que se apresentam em um dado caso.

A "coisa em si" não é acessível - será uma conclusão fundamental da teoria kantiana. Hume afirmou que nada pode ser conhecido sem experiência e que precisamos fazer julgamentos sobre nossa experiência para compreendê-la. Porém esses julgamentos não são confiáveis, pois não advêm da experiência, mas do hábito, da convenção e da natureza humana.

Esses julgamentos dependem da posição de que são vistos. Eles não são verdadeiros, independentemente de quem os vê e de como são vistos. Os empiristas disseram que o conhecimento deve se conformar aos objetos do mundo real. Hume, embora empirista, argumentou que a mente tem de contar com associações que não se baseiam completamente em objetos reais. "Kant tentou solucionar esse problema invertendo a atitude empírica em relação ao conhecimento. Em vez de dizer que o conhecimento deve se conformar aos objetos, ele disse que os objetos (o mundo numênico[2]) devem se

[2] A filosofia kantiana concebe o homem como um ser bipartido. Ele pode ser entendido sob um duplo ponto de vista. Enquanto eu fenomênico, o homem é um ser sensível. Enquanto eu numênico, o homem é um ser inteligível. Enquanto eu fenomênico, o homem é um ente sensorial. Enquanto eu numênico, o homem é um ente racional. Enquanto eu fenomênico, o homem é objeto. Enquanto eu numênico, o homem é sujeito. Ora, a interrogação que fica é a seguinte: quais são as implicações do homem como fenômeno e como númeno?
Para Kant, o homem é fenômeno porque está radicado no domínio da experiência. Por causa da sua natureza empírica, as suas ações são condicionadas por leis biológicas. Isto é, ele é determinado pelo mecanicismo natural. Assim, uma vez que o homem en-

conformar ao conhecimento (o mundo fenomênico) – os objetos são organizados pela mente" (Stevenson, 2001).

Stevenson apresenta um interessante exemplo (Stevenson, 2001), os "*pãezinhos do entendimento*". "Podemos imaginar o mundo numênico como massa de farinha e os fenômenos que experimentamos como pãezinhos. Kant diria que jamais podemos experimentar a massa de farinha diretamente, tudo que podemos conhecer diretamente são os pãezinhos, que foram cortados por nosso entendimento. Os cortadores de pãezinhos do entendimento são conceitos como espaço, tempo, substância e causalidade. Kant denominou esses cortadores de pãezinhos de 'categorias de conhecimento'. Não temos nenhuma experiência destes conceitos. Mas é através deles que experimentamos as coisas que dizemos terem substância, existirem no tempo, serem causadas e assim por diante".

Kant toma a matemática como "um brilhante exemplo do que poderíamos fazer independentemente da experiência através do conhecimento a priori", reconhecendo, entretanto, que os objetos do conhecimento de que trata a matemática podem ser representados pela intuição. Esta é uma diferença essencial entre este tipo de objeto da razão pura e os temas da metafísica naquilo que Kant a denomina de dogmática.

---

quanto fenômeno tem a sua vida regulada por uma legislação natural, ele não é livre. A sua vontade é afetada por impulsos físicos. As suas escolhas são impelidas por componentes orgânicos.

Contudo, Kant afirma que o homem está submetido aos ditames sensíveis somente como fenômeno. Considerando que o homem também é número, ele pode recusar as prescrições naturais através da razão. Isso significa que o homem como número é autônomo – livre das imposições da ordem natural. Dotado de intelecto, ele pode conformar a sua vontade com as leis práticas da razão pura. Ou seja, ele pode agir baseado nos conceitos universais e necessários da pura moralidade.

Como podemos aplicar a bifurcação kantiana ao binômio ser humano/ente urbano? Ora, como ser humano, o homem é fenômeno (objeto); como ente urbano, o homem é número (sujeito). Sendo ser humano, as suas ações ocorrem no plano da natureza. Sendo ente urbano, as suas ações ocorrem no campo da liberdade. Devido ao seu caráter empírico, o homem enquanto ser humano é coagido pela causalidade natural. Os seus atos obedecem ao determinismo físico. Em vista da sua dimensão racional, o homem enquanto ente urbano tem uma vontade autônoma – independente de fatores externos. Ele é autodeterminado na medida em que os seus atos são livres e espontâneos.

Assim, é o estatuto racional que permite a passagem de ser humano (fenômeno) para ente urbano (número). Sem a condição de agente racional, o homem permaneceria escravo da tirania da natureza. Condicionado pela sensibilidade, ele não poderia agir moralmente – escolher partindo dos princípios puros e a priori da razão prática – posto que seria constrangido a acatar os decretos da natureza. Por isso, o caráter racional confere dignidade ao homem. Com uma vontade independente das normas empiricamente condicionadas, o homem adquire valor absoluto. Promove a harmonia urbana na medida em que trata as pessoas com fim em si mesmas e não como meios.

Extraído de: https://serurbano.wordpress.com/2010/11/05/ser-humano-eu-fenomenico-ente-urbano-eu-numenico/, em 24/02/2020.

Critica também (Kant, 1980) o entendimento puro buscado por Platão ao abandonar o mundo sensível que confina a inteligência em limites tão estreitos, lançando-se, entretanto, nas asas das ideias pelo espaço vazio do entendimento puro; considerava faltar um ponto de apoio como uma espécie de base em que pudesse firmar-se.

Coloca-se contra este descolamento da realidade: a maior parte do trabalho da nossa razão consiste na análise de conceitos que já temos formado sobre os objetos. Logo na introdução da CRP é estabelecida a diferença entre juízo analítico e sintético. Pinguelli ensina que esta denominação foi feita por Leibniz e é também encontrada nos ensaios de Locke. Em todos os juízos em que há uma relação entre um sujeito A e um predicado B, isto pode se dar de dois modos. No primeiro, B está contido em A e nada acrescenta ao conceito A, apenas o explica ou o analisa - por isso o chamamos de juízo analítico.

Sua fundamentação é puramente lógica, logo independe da experiência; é um juízo sempre "a priori". Quando, por exemplo, dizemos que "um corpo A é extenso a B, nada acrescentamos a A ao lhe atribuir o predicado B, pois a extensão é inerente ao conceito de corpo; não podemos conceber corpos sem extensão. Já no segundo modo de relacionamento do sujeito A com o predicado B, em um juízo, B acrescenta à A uma qualidade, estende o que sabemos de A. Por isso o chamamos de juízo sintético, que em geral provém de experiência. Assim, quando dizemos que um corpo A é pesado B ou que um corpo A' é leve B' ou ainda que um corpo A", é branco B", estamos acrescentando uma qualidade B a A, B' a A' e B" a A" pois os corpos não são intrinsecamente pesados, nem leves nem brancos, mas podem variar de peso ou ter variadas cores conforme o caso particular examinado. Por isso os juízos sintéticos, em geral, são experimentais ou "a posteriori".

Os juízos de experiência são todos sintéticos e os juízos analíticos são todos "a priori". Para Kant "seria absurdo fundar um juízo analítico na experiência, pois, para formá-lo não é preciso sair do conceito de que já dispomos, prescindindo-se do testemunho da experiência" (Pinguelli, 2001).

Mas o salto de Kant foi a ideia de juízos sintéticos "a priori", nos quais acrescenta-se conhecimento novo, atribui-se pelo predicado uma qualidade que não está intrinsecamente no sujeito, sem recorrer à experiência. Para Kant os juízos matemáticos são todos sintéticos "a priori". Além disso, a física contém alguns juízos sintéticos "a priori", bem como a metafísica os contém, ainda que esta última seja considerada por Kant apenas como ciência em ensaio. "O problema fundamental na CRP é o das formas, dos princípios constitutivos da ciência, isto é, o problema da possibilidade dos juízos sintéticos a posteriori, universais e necessários".

Kant exclui do conhecimento verdadeiro e próprio os juízos sintéticos a posteriori, empíricos, experimentais, que são contingentes e particulares, bem como os juízos analíticos, aos quais reconhece necessidade e universalidade, mas sem fecundidade, julgando-os exclusivamente, mas erroneamente, tautológicos. "Os juízos sintéticos a priori, ao invés, teriam a necessidade e a universalidade dos juízos analíticos e, ao mesmo tempo, a fecundidade dos juízos sintéticos a posteriori" (Padovani, 1978).

| Quanto à lógica<br>*Quanto à experiência* | *Analíticos* | *Sintéticos* |
|---|---|---|
| A priori | Lógica | Matemática<br>Física Pura |
| A posteriori | Não há | Física experimental |

**Tabela 2.2** - Classificação do Conhecimento em Kant. (Fonte: adaptado de Pinguelli, 2001).

A mais complexa e rica em consequências é a ideia kantiana dos juízos e conceitos "a priori" da física como causalidade espaço e tempo. Esta ideia revolucionária de Kant liga-se à sua autodenominada revolução mental copernicana, em que ele postulou ser a causalidade uma relação de determinação entre representações dos objetos reais. Estas são formadas pela combinação de impressões dos sentidos ("a posteriori") com componentes "a priori" do pensamento, Tabela 2.2. Assim, a relação de causa e efeito não se dá entre coisas que permanecem inacessíveis "em si mesmas", embora provoquem as sensações pelas quais as representações formam-se na mente. Estas representações, sim, são obedientes ao princípio da causalidade "a priori".

O espaço e o tempo não vêm da experiência, mas estão pressupostos na experiência em que todos os eventos são observados. Epistemologicamente, espaço e tempo baseiam-se na natureza da mente, não ontologicamente na natureza das coisas. Pinguelli constrói uma tabela para classificação esquemática do conhecimento em Kant (Pinguelli, 2001).

Kant promoveu uma "virada" na discussão sobre conhecimento e aquisição de conhecimento a partir do problema de Hume[3]. "Copérnico explicou o movimento observado nos céus pelo movimento real do observador, Kant explicou a ordem percebida no universo pela ordem real do observador. As consequências epistemológicas da 'revolução copernicana' de Kant tiveram alguns aspectos perturbadores. Kant juntara o conhecedor ao conhecido, mas não o conhecedor a qualquer realidade objetiva, ao objeto em si. Conhecedor e conhecido estavam, por assim dizer, unidos em uma prisão solipsística. Não havia agora nenhuma garantia divina para as categorias cognitivas da mente, como à luz do intelecto atuante de Tomás de Aquino".

As revoluções copernicana e kantiana despertaram o homem para uma nova realidade; uma (copernicana) deslocou-o do centro do universo e a outra (kantiana) do legítimo conhecimento deste cosmo. À alienação cosmológica de Copérnico juntou-se a alienação epistemológica de Kant. O homem estava novamente no centro do Universo, mas este agora era apenas o seu universo, e não o Universo (Tharnas, 1999). "A Revolução copernicana de Kant colocou no centro do mundo cognoscitivo, não o objeto, como era na metafísica tradicional, mas sim o sujeito" (Padovani, 1978).

Kant considera que os elementos de todo o conhecimento são intuições e conceitos. Pelas intuições nos são dados os objetos graças à capacidade que temos de receber impressões pela sensibilidade e assim ter representações dos objetos. Pelos conceitos, os objetos são pensados através das suas representações. Não existe, então, conhecimento por conceitos sem intuição, nem por intuição sem conceitos. O entendimento é a faculdade de pensar o objeto da intuição sensível: "sem sensibilidade não nos seriam dados os objetos e sem entendimento eles não seriam pensados. Pensamentos sem conteúdo são vazios e intuições sem conceitos são cegas" (Pinguelli 2001). Somente quando a sensibilidade se une ao entendimento resulta o conhecimento. A lógica é a ciência das leis do entendimento. A lógica geral abstrai a matéria do conhecimento e toda a diversidade dos seus objetos. Ela ocupa-se da forma do pensamento. Para Kant:

- A lógica geral pura estuda os princípios "a priori";
- A lógica geral aplicada estuda as regras de uso do entendimento sob condições empíricas e subjetivas;

[3] *Qual a natureza do nosso raciocínio concernente à matéria de fato? Qual o fundamento de todas as conclusões da experiência? (Tharnas, 1999, P 366).*

- Finalmente, denomina de lógica transcendental a ciência por ele desenvolvida, que determina a origem, a extensão e o valor objetivo dos conhecimentos, sem tratar da relação desses conhecimentos com seus objetos especificamente. Divide-a em analítica e dialética. A segunda é uma crítica da razão em seu uso hipertrofiado para limitar a ambição e as ilusões sofísticas. A primeira cuida dos elementos do conhecimento puro. É a lógica da verdade.

## O Problema da Verdade e do Conhecimento

Pinguelli (2001) resgata uma questão fundamental de Kant no sentido da verdade. Kant pergunta: o que é verdade? Começa a resposta definindo verdade como sendo a conformidade do conhecimento ao objeto. Formula então a pergunta: qual o critério geral e certo de todo o conhecimento? Para se ter uma resposta geral deve-se fazer a abstração de todo o conteúdo do conhecimento particular e de sua relação com o objeto. Para considerar o conhecimento na forma, abstraindo todo conteúdo, a lógica deve expor regras gerais e necessárias do entendimento para fornecer o critério da verdade. Este critério lógico da verdade é o da concordância de um conhecimento com as leis universais e formais do entendimento e da razão.

A pedra de toque da verdade é a parte da lógica chamada por Kant de analítica, que controla e julga a forma de todo o conhecimento sem examinar seu conteúdo. Isto é feito na analítica transcendental, que trata do entendimento, tal como a estética transcendental tratou da sensibilidade. Começa por uma dissecação do entendimento, definido como uma faculdade do conhecimento juntamente com a intuição. Como a intuição jamais é independente da sensibilidade, por exclusão, resta aos conceitos terem papel no entendimento. Logo, o entendimento é não intuitivo, mas discursivo.

Os conceitos fundamentam o pensamento. O entendimento por meio dos conceitos faz julgamentos. Aqui intervém o juízo, tomado por Kant como o conhecimento mediato do objeto. O juízo é a representação de uma representação do objeto. Em todo o juízo há conceitos aplicados.

Esta aplicação tem sempre caráter geral, refere-se a muitas coisas, a uma classe de coisas e não só a um caso particular. Kant dá o exemplo: todos os corpos são divisíveis e a divisibilidade refere-se a todos os corpos. Assim, as operações do entendimento são reduzidas por Kant a juízos, e o entendimento é representado como a faculdade de julgar. O pensamento é o conhecimento por conceitos; estes são predicados possíveis nos juízos, que os relacionam com representação de algum objeto indeterminado.

**Figura 2.2** - Percepção da Realidade.
(Fonte: Adaptado de Kant, 1980).

A perspicaz crítica de Kant realmente puxou o tapete das pretensões da mente humana quanto ao conhecimento seguro das coisas em si, em princípio eliminando qualquer cognição da base do mundo, Figura 2.2. Posteriormente, os progressos da cultura ocidental – os relativismos introduzidos por Einstein, Bohr, Heisenberg; por Darwin, Marx e Freud; por Nietzsche, Dilthey, Werber, Heidegger e Wittgenstein; por Saussure, Lévi-Strauss e Foucault; por Godel, Popper, Quine, Kuhn e uma legião de outros cientistas e pensadores – amplificaram de modo radical este efeito, eliminando totalmente as bases da certeza subjetiva ainda sentida por Kant.

Toda a experiência humana era realmente estruturada por princípios, em grande parte inconscientes, que não eram absolutos e atemporais, ao contrário, fundamentalmente variavam em diferentes eras, diferentes culturas, diferentes classes, diferentes línguas, diferentes pessoas e em contextos existenciais diferentes. Na esteira da revolução copernicana de Kant, a ciência, a religião e a filosofia teriam de encontrar suas próprias bases para a afirmação, pois nenhuma delas poderia reclamar um acesso axiomático à natureza intrínseca do Universo.

"De Hume a Kant, passando por Darwin, Marx e Freud, tornava-se inevitável uma perturbadora conclusão: o pensamento humano era determinado, estruturado e muito provavelmente distorcido por uma enormidade de fatores que se sobrepunham – categorias mentais inatas, mas não absolutas, hábito, história, cultura, classe social, biologia, linguagem, imaginação, emoção, o inconsciente individual e o inconsciente coletivo. No final das contas, não se podia confiar na mente humana como juiz preciso da realidade. A certeza cartesiana original, que servira de fundamento para a moderna confiança na razão humana, já não merecia mais defesa" (Tharnas, 1999).

## Em Busca de uma Síntese – a relevância da Pessoa

Esteves de Vasconcellos destaca momentos marcantes no desenvolvimento do pensamento científico conforme colocado na figura 2.3.

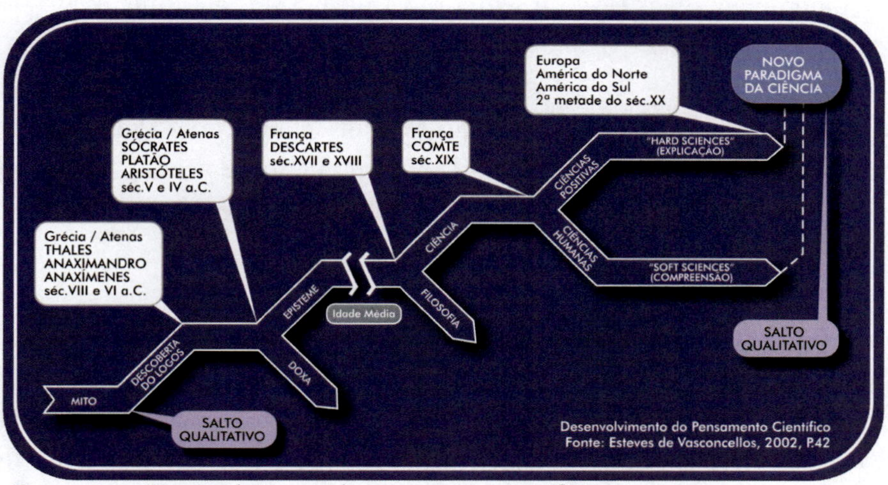


**Figura 2.3** - Desenvolvimento do pensamento científico.
(Fonte: Adaptado de Esteves de Vasconcellos, 2002).

O mito (*mythos*) é uma forma de conhecimento cuja narrativa é inspirada pelos deuses e em que se fala sem nenhuma preocupação de prova dos acontecimentos. Os atores dessa narrativa são os deuses ou as forças naturais que intervêm e instalam a ordem no mundo. As verdades reveladas são obtidas por inspiração divina e, portanto, é uma forma de conhecimento que se instala *ex-abrupto* e a qual têm acesso apenas uns poucos iniciados.

A descoberta do *logos* é um momento relevante da *episteme* ocidental - a emergência da racionalidade ou pensamento racional, argumentação a partir da razão, e não mais a partir da autoridade como no mito.

A opinião (doxa) também é desconsiderada pelos gregos como forma legítima de conhecimento, sendo rotulada como própria do senso comum. Embora não seja um conhecimento revelado, apoia-se nas sensações e não no raciocínio exercido sobre elas. Baseia-se nas informações que chegam aos sentidos e, portanto, fica colada na aparência das coisas, não sendo um conhecimento seguro sobre o ser das coisas.

A doxa abre caminho entre a ignorância – ou ausência de conhecimento – e o conhecimento, no sentido forte, que seria a ciência. Essa oposição, entre o *logos*, ou *episteme*, e a opinião, está representada pela segunda inflexão da linha de tempo. É a esses traços do mito e da opinião que o *logos* vai se opor, permitindo instalar uma forma de racionalidade própria da ciência e da filosofia.

Diferentemente do mito e da opinião, a *episteme* apresenta-se com alguns traços característicos. O discurso do *logos* (do sujeito do conhecimento) é pensado como separado da realidade (o objeto do conhecimento), da qual deverá apropriar-se, por intermédio da mediação do pensamento ou da ideia.

O argumento é seu fio condutor; seu elemento próprio não é nem a sensação (da doxa), nem a fabulação (do mito), mas a ideia ou pensamento; seu objeto não é nem a aparência (da doxa), nem o sobrenatural (do mito), mas a essência das coisas; seu fim não consiste em instalar toda a verdade (mito), nem se contentar com o comum dos sentidos (doxa), mas em atingir a verdade por meio da demonstração, por meio da constituição da prova.

Para a racionalidade ocidental existe uma forma melhor de conhecer o mundo, uma forma correta, válida, aceitável: o conhecimento é relativo ao objeto e a verdade é relativa a uma ordem transindividual e supratemporal. As consequências, ou preço a pagar, da adoção dessa racionalidade são o sacrifício do sujeito: exclui-se o subjetivo e submete-se tudo à razão; expurgo do sensível: não às sensações e percepções; eliminação do tempo histórico: busca-se apenas a essência sem olhar as circunstâncias.

O processo prossegue e na Idade Média ficam incertas as fronteiras entre a filosofia e a teologia. Para o homem medieval, o conhecimento é graça, iluminação, irrupção de Deus no mundo dos mortais. Continuando com Esteves de Vasconcellos (2002), em Descartes o espírito científico, no sentido moderno, é entendido como matematismo e não simplesmente como logicismo reduzido a seus elementos mensuráveis; buscam-se as leis que governam a natureza segundo a linguagem do número e da mediação. São afastadas as causas finais na explicação dos fenômenos, concentrando-se os esforços na identificação das causas eficientes.

Diferentemente do ideal contemplativo da antiguidade clássica, essa ciência nova é profundamente associada com a técnica, com o fazer, e pretende oferecer os meios para o homem superar a ignorância e tornar-se senhor e possuidor da natureza, exercendo o controle sobre ela. Descartes funda a ciência nos pressupostos da simplicidade, estabilidade e objetividade.

O pressuposto da *simplicidade*: a crença em que, separando-se o mundo complexo em partes, encontram-se elementos simples, em que é preciso separar as partes para entender o todo, ou seja, o pressuposto de que "o microscópio é simples". Daí decorrem, entre outras coisas, a atitude de análise e a busca de relações causais lineares.

O pressuposto da *estabilidade* do mundo: a crença em que o mundo é estável, ou seja, em que "o mundo já é". Ligados a esse pressuposto está a crença na determinação – com a consequente previsibilidade dos fenômenos – e a crença na reversibilidade com a consequente controlabilidade dos fenômenos.

O pressuposto da *objetividade*: a crença em que "é possível conhecer objetivamente o mundo tal como ele é na realidade" e a exigência da objetividade como critério de cientificidade. Daí decorrem os esforços para colocar entre parênteses a subjetividade do cientista, para atingir o *universo*, ou versão única do conhecimento.

Destas bases surgem o positivismo e toda uma forma de ver o mundo e procurar a verdade. Mais recentemente, e este é o interesse deste trabalho, vindas de várias fontes de reflexão, vai-se instalando a consciência de uma mudança cujos avanços Esteves de Vasconcellos destaca em três dimensões:

1. Do pressuposto da simplicidade para o pressuposto da *complexidade*: o reconhecimento de que a simplificação obscurece as inter-relações de fato existentes entre todos os fenômenos do universo e de que é imprescindível ver e lidar com a complexidade do mundo em todos os seus níveis. Daí decorre, entre outras, uma atitude de contextualização dos fenômenos e o reconhecimento da causalidade recursiva;

2. Do pressuposto da estabilidade para o pressuposto da *instabilidade* do mundo: o reconhecimento de que "o mundo está em processo de tornar-se". Daí decorre necessariamente a consideração da indeterminação, com a consequente imprevisibilidade de alguns fenômenos, e da sua irreversibilidade, com a consequente incontrolabilidade desses fenômenos;

3. Do pressuposto da objetividade para o pressuposto da *intersubjetividade* na constituição do conhecimento do mundo: o reconhecimento de que "não existe uma realidade independente de um observador" e de que o conhecimento científico do mundo é construção social, em espaços consensuais, por diferentes sujeitos / observadores. Como consequência, o cientista coloca a "objetividade entre parênteses" e trabalha admitindo autenticamente as múltiplas versões da realidade, em diferentes domínios linguísticos de explicações.

É interessante o momento em que nos encontramos na busca de conhecimento. Desde os gregos procura-se uma forma segura de definir a verdade e os conhecimentos. A matemática, desde os primeiros momentos, apresentava-se como a linguagem adequada.

Em Newton parecia ter chegado a um porto seguro. "Newton empregou sistematicamente uma síntese prática do empirismo indutivo de Bacon e do racionalismo matemático dedutivo de Descartes, levando à plenitude o método científico iniciado por Galileu. Depois de Newton, a ciência passou a imperar como autoridade definidora do universo e a filosofia definiu-se em relação à ciência. A obra de Newton determinou a moderna compreensão do Universo físico – mecânico, matematicamente ordenado, concretamente material, desprovido de propriedades humanas ou espirituais" (Tharnas, 1999).

Mas, as profundezas da natureza e a própria realidade parecem não se deixar capturar completamente por nenhum sistema formal. A realidade não se deixa perceber inteiramente, é complexa, por vezes surpreendente. Quanto mais conhecemos mais respeitamos os segredos não revelados e nos convencemos que ao adotar o caminho do conhecimento andamos do simples para o complexo. Oscilamos do específico para o geral, daí para o específico, agora redefinido na nossa percepção, para buscarmos outra vez o plano geral, também redefinido, e assim progressivamente numa espiral evolutiva que se alimenta de intuição e de razão para nos levar permanentemente a novos saberes e a novas indagações.

## Para concluir

Este trabalho quer se aproximar da construção do seu objeto, qual seja, é pessoalmente relevante um conhecimento que seja libertador, desalienante e que faça de cada indivíduo um protagonista de sua existência.

De Sócrates a Newton e a Kant, a humanidade venceu um percurso glorioso na busca de entender o universo, as coisas do universo e as pessoas com suas percepções e fez isso de forma surpreendente apoiada em pessoas especiais que trabalharam e pesquisaram em condições precárias, venceram dificuldades gigantescas e foram exitosas por suas persistências, mas que seguiram, em momentos decisivos de suas trajetórias, suas intuições, suas visões que dirigiram seus passos e suas cogitações na busca de provar coisas que, antes de tudo, nasceram dentro de cada um.

Estas pessoas nasceram protagonistas, livres e com riqueza interior suficiente para vencer dificuldades e, até mesmo, fracassar e sofrer na busca da realização de seus projetos. Um pesquisador no laboratório persegue a prova de suas crenças e faz isso com fervor espiritual; é movido por isso, seja empirista ou racionalista. A pesquisa é um compromisso com resultado pensado, cogitado, que se busca no laboratório, seja num prédio, na natureza, no espaço, a sua comprovação. Mas esta é a ordem, as cogitações e a busca pelas comprovações.

Para felicidade de muitos, há as descobertas por serendipidade[4] quais sejam, descober-

[4] Serendipidade - Se refere às descobertas afortunadas feitas, aparentemente, por acaso. A história da ciência está repleta de casos que podem ser classificados como serendipismo. Forma especial de criatividade que alia perseverança, inteligência e senso de observação. Aportuguesamento de Serendipity (do árabe Sarandíb), antigo nome do Sri Lanka, palavra criada por Horace Walpole a partir do conto de fadas "Os três príncipes de Serendip", cujos heróis sempre faziam descobertas acidentalmente ou por sagacidade de coisas que não procuravam. Encontrar surpresas ao se abrir para o desconhecido, ao deixar de lado o controle e permitir que a vida surpreenda. Há abundância de Serendipidade ao redor; abra seus olhos, ajuste a percepção.

tas e provas a que se chega por acaso, de modo imprevisto, inesperado; procurávamos provar algumas coisas e nos deparamos com situações interessantes que se constituem em extensões, em outras hipóteses que conduzem a outras descobertas. Mais das vezes, é dentro de si que um pesquisador busca os objetos e objetivos de suas pesquisas. Evidentemente que quanto mais maduro, com mais conhecimentos e experiências for um grupo de pesquisa e suas lideranças, mais abertas estarão as portas do acaso para guiar desejos e visões.

Estas pessoas serão mais efetivas na medida em que se sintam protagonistas propositivos nos seus ambientes de trabalho. E sempre atentos a Kant e aos processos de percepção: "O mundo em que vivemos é uma construção arbitrária de nossa percepção".

# Capítulo 3 – Do Clássico ao Quântico - Do Determinismo Racional ao Emergente Espiritual

*Só há um tempo em que é fundamental despertar. Esse tempo é agora...*

(Buda)

## Uma Introdução

Neste capítulo vamos tratar, ainda que sem aprofundamento nas técnicas matemáticas, de um relevante momento do mundo científico no Séc. XX, que foi o advento da Física Quântica e a nova forma que se estabeleceu para compreender o Universo e, sobretudo, o Humano.

Fazemos isso por conta da importância desta evolução no aprofundamento dos estudos da consciência e de tudo que se seguiu, principalmente na segunda metade do Séc. XX, que coloca as reflexões espiritualistas com destaques nas pesquisas científicas, para o aprofundamento dos conhecimentos sobre o cérebro, a mente e a consciência.

Além de abrir novos horizontes para o estudo da consciência, estabeleceu novos caminhos para a pessoa buscar conexões com as energias do cosmos no sentido de sua evolução e compreensão de si e do universo. A consciência liga o humano ao cosmos, agora percebido como um conjunto de vibrações com as quais o humano se conecta e interage.

A espiritualidade, que havia sido retirada das cogitações científicas, retorna, ainda que de forma diferente, para as observações do universo, sobretudo nos componentes de intuição e vislumbres que mostram caminhos e, mais das vezes, provocam avanços no conhecimento humano.

Uma imagem relevante é apresentada pelo Prof. Gell Mann (1996), físico quântico, Nobel de Física em 1969, no seu clássico "*O Quark e o Jaguar - as aventuras no simples e no complexo*", onde discorre sobre as relações e influências das vibrações complexas do jaguar com a mata. Quando o jaguar sai para caçar a mata percebe, e se agita, sobretudo as possíveis presas, pelo efeito da premonição, VIBRAÇÃO e ENERGIA afetando tudo o que tem vida.

O humano tem consciência deste espaço vibracional, que o humano afeta e que é por ele afetado.

**O Modelo Científico Positivista**

Durante muito tempo a religiosidade manteve a atmosfera de legitimidade no estabelecimento de verdades.

Abusos religiosos determinaram a queda deste caminho, sobretudo quando as autoridades religiosas negavam as descobertas e os avanços da ciência da época. Destaca-se o caso de Copérnico e a discussão a respeito do Centro do Universo - Terra ou Sol? A Igreja, sobretudo Lutero, fixou o conflito entre a Bíblia e a Ciência.

Emerge daí a necessidade de um modelo que impusesse limites e condições para estabelecimento das verdades.

Surge o Modelo Científico tendo como princípio que as verdades valem na medida que se exponham seus métodos de prova.

O Modelo Científico inaugura uma nova era para a percepção humana.

**Universo de Descartes e de Newton**

O Modelo Cartesiano-Newtoniano vê o mundo como uma máquina separando o objetivo do subjetivo, não levando em consideração, nas bases do seu modelo, as questões éticas, morais e espiritualistas, que foram deixadas à Igreja.

O estudo da consciência foi afastado do domínio da ciência desde o século XVII, quando Descartes separou o humano de seu espírito, relegando o assunto às discussões teológicas. Além de dividir o humano em mente e corpo, o paradigma cartesiano-newtoniano separou também a pessoa do universo e de sua fonte espiritual.

O Neurocientista Antonio Damásio relembra que "René Descartes dividiu o cosmos em dois mundos. O primeiro deles referente ao mundo das coisas, da matéria, do tempo, do espaço, onde tudo pode ser mensurado fisicamente; o outro, ao mundo do pensamento, da consciência, do espírito" (Damasio, 2011).

A opção de Descartes pelo *cogito, ergo sum*, resultou num olhar positivista do mundo e um afastamento de aspectos espiritualistas.

No Universo de Newton a matéria é sólida composta de átomos, partículas pequenas e indestrutíveis que constituem blocos de construção, o universo é uma grande máquina.

Mas os enunciados éticos são de conteúdo moral, emocional e não cognitivos e muito menos mecanicistas.

O "clássico" segue as leis deterministas e, portanto, tem forma algorítmica. O sistema clássico é necessário para formar memórias, registrar eventos em que ocorrem colapsos (escolhas) e para criar senso de continuidade. Esta é uma história conhecida e cujas bases são seguidas há mais de 200 anos.

O modelo de Descartes/Newton é racional, causal, determinístico, estruturado. O Método Científico Cartesiano tem alguma dificuldade com o sujeito.

- Cuida melhor do Objeto – deificação, coisificação;
- Pensa o mundo como uma máquina;
- Os fenômenos são estudados isoladamente;
- Não captura inteira e adequadamente o Sujeito, a Subjetividade.

Relembrando, no início do século XVII estávamos assim acertados:

- Deus criou o mundo como um complexo sistema mecânico, composto de partículas materiais que se movimentavam num infinito espaço neutro, segundo alguns princípios básicos, como a inércia e a gravidade, que poderiam ser matematicamente analisados;

- A Terra girava em torno do Sol, que era uma estrela entre milhares de outras, assim como a Terra era um planeta entre muitos;

- Nem o Sol nem a Terra era o centro do Universo;

- Um só conjunto de leis regia o reino celeste e o terrestre que, assim, já não eram fundamentalmente distintos;

- O céu se compunha de substâncias materiais e seus movimentos eram impelidos por forças mecânicas naturais;

- Depois da criação deste complexo Universo ordenado, Deus se retirou permitindo que a Natureza prosseguisse, sozinha, segundo estas perfeitas leis imutáveis;

- A nova imagem do Criador era a de um arquiteto divino, mestre matemático e "relojoeiro".

O objetivo da Ciência é a descoberta das leis. Este é o Modelo Clássico, Cartesiano-Newtoniano.

**O Universo de Einstein**

No início do Séc. XX surge Einstein e com ele a Teoria da Relatividade, que levou à teoria quântica, revelando um <u>universo repleto de vibrações</u> cujo conhecimento ainda carece de muitos estudos.

O mundo é do tamanho do nosso conhecimento e desde que Einstein apresentou sua equação $E=mc^2$ [5] ficou reconhecido que massa e energia são equivalentes. Portanto, TUDO É ENERGIA.

---

[5] E = energia, m = massa, c = a velocidade da luz no vácuo = 300 milhões de metros por segundo.

Este entendimento convoca uma espiritualidade que não cabe completamente no repertório da Ciência Positivista. Isto não é um problema, uma vez que espiritualidade e ciência positivista são de naturezas diferentes. Mas a conclusão de que tudo é energia (que é científica) estabelece uma nova era para a discussão espírito-matéria.

"Duas verdadeiras revoluções atravessaram este Séc. XX: a revolução quântica e a revolução informática" (Nicolescu, 1999).

Podemos agora falar de energias que compõem o universo, que estão em permanente movimento e que são <u>sensíveis aos movimentos da Consciência.</u>

Este passo dado na Física no início do Séc. XX, de forma cada vez mais intensa, estabeleceu novas possibilidades para tratar espírito-matéria. Esta equação proporcionou estudos e conclusões que revolucionaram a Física e a visão do mundo material. E as pesquisas e novas conclusões foram aceleradas.

"A teoria quântica mostrou-nos que o mundo não pode ser analisado a partir de elementos isolados, independentes" (Capra, 1982).

No limite, o conceito de que tudo é energia não amadureceu no contexto da ciência positivista, mas aos espiritualistas (e há cientistas espiritualistas) enseja que os pensamentos, sentimentos e ações se relacionam com elementos do universo e afetam e são afetados por estes elementos.

Somos responsáveis por nossos pensamentos, sentimentos e ações. Esta é uma fronteira na Ciência, mas esta fronteira já foi mais densa.

## Um Pouco da Teoria Quântica

*Os grandes navegadores devem sua*
*reputação aos temporais e tempestades.*
(Epicuro)

O universo de estudos da Física Quântica é ilimitado, alcança o transcendente, e suas comprovações científicas exigem domínios que não vamos aqui aprofundar. Vamos usar algumas de suas proposições e resultados, destacando aqueles que remetem à consciência e ao espírito, e apresentar uma bibliografia para aprofundamentos que forem desejados.

Nas últimas décadas tem sido cogitado o estudo de dimensões espiritualistas, com destaque para as relações da consciência humana com a consciência universal – a neurociência contemporânea tem caminhado neste sentido.

A teoria quântica mostrou que as partículas subatômicas não são grãos isolados de matéria, mas modelos de probabilidade, interconexões numa inseparável teia cósmica que inclui o observador humano e sua consciência (Capra, 1982).

Nossa abordagem está comprometida com a visão idealista, abordagem filosófica em que a ideia, a mente, a consciência, têm papel relevante na constituição do universo e no entendimento da realidade.

A teoria quântica observa fenômenos que ocorrem com partículas menores que os átomos (elétrons, prótons e nêutrons). O mundo do muito pequeno, não perceptível pelos sentidos humanos.

Os princípios da teoria quântica tornam possível questionar as suposições injustificadas do realismo materialista (Goswami, 2002).

## Suposição 1: Objetividade forte

A suposição básica na visão materialista é que há um universo material objetivo, um universo independente de nós. Esta suposição tem alguma validade operacional óbvia e frequentemente se presume que é necessária para praticar com seriedade a ciência. Mas será ela realmente válida?

A lição da física quântica é que escolhemos qual aspecto – onda ou partícula – um objeto quântico revelará em uma dada situação.

Além disso, a observação faz com que entre em colapso o pacote quântico de ondas e se transforme em uma partícula localizada.

Sujeito e objeto estão inextricavelmente misturados. Se sujeito e objeto se entrelaçam dessa maneira, de que modo podemos manter a suposição de objetividade forte?

## Suposição 2: Determinismo causal

Outra suposição do cientista clássico, que empresta credibilidade ao realismo material, diz que o mundo é fundamentalmente determinista – tudo que precisamos conhecer são as forças que atuam sobre cada objeto, as condições iniciais, a velocidade e a posição inicial do objeto.

O princípio da incerteza quântica, contudo, afirma que jamais poderemos determinar simultaneamente e com certeza, a velocidade e posição de um objeto. Haverá sempre erro em nosso conhecimento das condições iniciais, e o determinismo estrito não prevalece.

A própria ideia de causalidade torna-se suspeita e, uma vez que o comportamento de objetos quânticos é probabilístico, é impossível uma descrição rigorosa de causa e efeito do comportamento de um objeto isolado.

Em vez disso, temos uma causa e um efeito estatístico quando falamos sobre um grande grupo de partículas.

## Suposição 3: Localidade

A suposição de localidade considera que todas as interações entre objetos materiais são medidas através de sinais locais e é fundamental para ideia materialista de que eles existem basicamente independentes e separados uns dos outros.

Todavia as ondas se espalham por enormes distâncias e, em seguida, instantaneamente desmoronam, colapsam quando fazemos medições.

O Teorema de Bell da Não Localidade determina que qualquer modelo de realidade deve ser não local, obedecendo a regras vinculadas a uma informação deslocando-se mais rápido que a luz. Há emissão instantânea dos sinais apesar da distância macroscópica entre as partículas. “O Universo, a realidade e a estrutura profunda do espaço-tempo é não local e está organicamente relacionado, em todas as partes e partículas, de forma instantânea"[6] . A localidade constituiu outra contradição no realismo material (Goswami, 2002).

**Suposições 4 e 5: Materialismo e epifenomenalismo.**

O materialista sustenta que fenômenos mentais são apenas epifenômenos da matéria. Podem ser reduzidos apenas à questão de cérebro material.

Para compreender o comportamento de objetos quânticos precisamos introduzir a consciência de acordo com o princípio da complementaridade e a ideia da "mistura" sujeito-objeto.

Além do mais, não é razoável cogitar que um epifenômeno da matéria possa afetá-la: se a consciência é um epifenômeno, de que modo pode ela provocar o colapso de uma onda espalhada de objeto quântico e transformá-la em uma partícula localizada quando realizamos uma medição quântica?

Essa abordagem recebe também o nome de realismo científico, o que implica que o realismo materialista é essencial para o Modelo Cartesiano.

O Prof. Goswami destaca que é importante compreender desde o início que os princípios do realismo materialista são postulados metafísicos, ou seja, suposições sobre a natureza do ser, e não conclusões calcadas em experimentos, como estabelece o método cartesiano.

No contexto da teoria quântica todo evento de observação (escolha), de assimilação de um aspecto da realidade, é potencialmente criativo e pode desvendar novas possibilidades.

Também não se trata de mudar os objetos do mundo material, mundo grande; muda o mundo pequeno, energético, que pode mudar o mundo grande.

[6] John Clauser e equipe Alain Aspect - Universidade de Paris (Goswami,2002).

Numa observação simples, tudo físico que está ao seu redor, esteve antes na ideia, na imaginação, na mente, no intelecto do seu criador; cadeiras, computadores, copos, quadros, imagens...

A importante Interpretação de Copenhague onde dentre outros, Heisenberg e Bohr[7] estabeleceram as bases da nova Física, fixaram: (Goswami, 2002).

- Calculamos objetos quânticos como ondas, e as interpretamos probabilisticamente;
- Determinando-lhes os atributos, tais como posição e momentum, com alguma incerteza e os compreendemos complementarmente;
- A descontinuidade e os saltos quânticos são considerados como aspectos fundamentais do comportamento do objeto quântico;
- Inseparabilidade – Falar em objeto quântico sem falar sobre a maneira como o observamos é ambíguo, porque os dois são inseparáveis;
- Nos casos de macro objetos, os prognósticos quânticos correspondem aos da física clássica, que percebemos diretamente com nossos sentidos;

São estranhas para a ciência positivista algumas propostas da teoria quântica, mas são inegáveis os avanços e as provas matemáticas que se repetem a respeito da quântica. As pesquisas na teoria quântica resultaram em alguns Nobel no Séc. XX.

[7] Ganhadores do Prêmio Nobel de Física.

| Pesquisador | Contribuição para a Quântica (adaptado de: Rodriguez, 2000) |
|---|---|
| Max Plank<br>Nobel em 1918 | Pioneiro na Física Quântica, desenvolvendo a teoria dos quanta pela qual a energia emitida por qualquer corpo é sempre descontínua sob a forma de múltiplos inteiros de uma quantidade mínima básica denominada quantum. |
| Albert Einstein<br>Nobel em 1920 | A partir de Plank, demonstrou em dois artigos publicados em 1905 que:<br>• A energia é uma função da massa e do quadrado da velocidade da luz: $E = mc^2$<br>• O espaço e o tempo são grandezas relativas e não absolutas<br><br>*"... Quando a velocidade do movimento das partículas se aproxima da velocidade da luz, a descrição quântica dos fenômenos necessita incorporar o tempo às três coordenadas espaciais, como uma nova coordenada, determinada relativamente ao observador. Espaço e tempo se fundem".*<br><br>O conceito de "espaço vazio", onde a força da gravidade tem o efeito de "curvar" o espaço-tempo, colocando a Terra além da Geometria Euclidiana. |
| Heisenberg<br>Nobel em 1922 | Formula o princípio da incerteza, o qual demonstra a impossibilidade de calcular matematicamente, com precisão e em um dado instante de tempo a velocidade e posição das partículas, o que abala o determinismo.<br><br>*"... Quanto mais enfatizamos um aspecto em nossa descrição, mais o outro se torna incerto e a relação precisa entre os dois é dada pelo princípio da incerteza".* |
| Bohr<br>Nobel em 1932 | Desenvolve em 1952 juntamente com o psicanalista Carl Jung o conceito de sincronicidade, princípio de conexões acausais, o que significa que alguns eventos ocorreriam porque deviam ocorrer naquele dado momento, ainda que não seja possível associar-lhes nenhum evento causal originador. |
| Gabor<br>Nobel em 1971 | Desenvolveu em 1948 a teoria holográfica, sendo, porém comprovada somente na década de 60 com o surgimento do laser. A teoria diz que: Quando uma placa holográfica ou holograma (que é a reprodução tridimensional, no espaço, da imagem de um objeto, por meio de uma reconstrução de ondas) é subdividida em partes menores, ocorre a reconstituição da totalidade da imagem em cada uma das partes, não importando quantas partes sejam. |

Quântico é complexo: trata de um universo não material, não capturado pelos sentidos; são vibrações. Todavia, determinam a vida e a evolução da vida.

## O Clássico e o Quântico

O clássico é racional, causal, determinista, estruturado, trata do objeto. As bases da física quântica não contradizem as bases da física clássica. As leis da física clássica são um caso particular na física quântica. O "clássico" é um computador que roda programas que seguem as leis deterministas da física clássica e, portanto, têm forma algorítmica.

O quântico é emergente, probabilístico, descontínuo, alternativo, aberto, não estruturado, flexível. O "quântico" roda programas que só em parte são algoritmos. A função de onda evolui de acordo com leis probabilísticas – esta parte é algorítmica, contínua, ainda que alternativa. Mas há também a descontinuidade do colapso da função de onda, que é fundamentalmente não algorítmica. O sistema quântico trata da novidade, inovação, da singularidade, da descontinuidade, Figura 3.1.

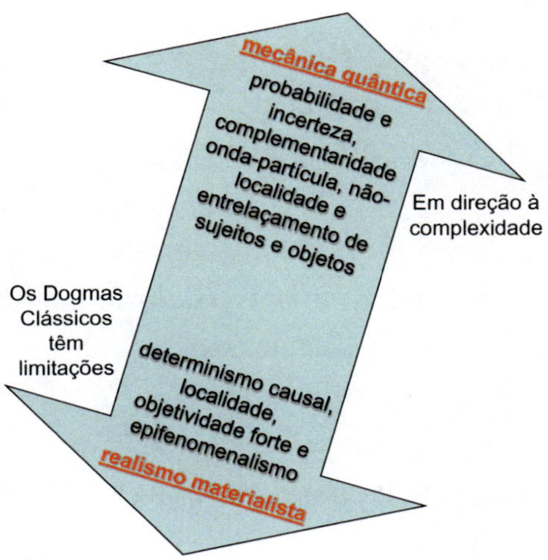


**Figura 3.1** - O Clássico e o Quântico. (Fonte: O Autor).

Objetos quânticos podem dar um salto descontínuo – salto quântico. Quando um fóton atinge um átomo e obriga o elétron a passar instantaneamente da órbita inferior para a superior, o elétron o faz sem atravessar o espaço intermediário. Um objeto quântico deixa de existir aqui e simultaneamente passa a existir ali, e não podemos dizer que ele passou através do espaço interveniente. Um objeto quântico (por exemplo, um elétron) pode estar, no mesmo instante, em mais de um lugar (a propriedade da onda). Não podemos dizer que um objeto quântico se manifeste na realidade comum espaço-tempo até que o observemos como uma partícula (o colapso da onda) (Zohar, 2000).

Salto quântico é um salto especial no qual é transposto um "abismo" de grande profundidade de significado. A descontinuidade, o salto quântico, é o componente essencial da criatividade.

"A teoria quântica mudou consideravelmente a concepção clássica da ciência ao revelar o papel crucial da consciência do observador no processo de observar" (Capra, 1982).

Destacamos estas características da física quântica porque nossos sentimentos, nossos pensamentos, nossas percepções funcionam assim (nossos sonhos, delírios, alucinações).

Acontece, sobretudo, com a consciência onde as superposições conscientes são objetos transcendentes[8].

O professor Indiano Amit Goswami questiona: se o realismo materialista não é uma filosofia adequada para a física, que filosofia pode acomodar toda a estranheza da física quântica? E propõe a filosofia do idealismo monístico.

Segundo a filosofia do idealismo monístico, a consciência, e não a matéria, é fundamental. Tanto o mundo da matéria, quanto o dos fenômenos mentais, como, por exemplo, o pensamento, são criados pela consciência.

Além das esferas material e mental (que juntas formam a realidade imanente, o mundo da manifestação), o idealismo postula um reino transcendente, arquetípico, de ideias, como origem dos fenômenos materiais e mentais.

O idealismo monista é uma filosofia unitária; está tudo junto e interligado. Quaisquer subdivisões, como o imanente e o transcendente, situam-se na consciência. A consciência, portanto, é a realidade única e final (Goswami, 2002).

A filosofia do idealismo monista teve em Platão seu proponente mais conhecido.

Platão (idealista) construiu a alegoria da caverna onde os humanos estão sentados imó-

[8] Transcendente – exterior - Superior a si mesmo - não material. Só são trazidas para o reino da imanência quando a consciência, através do processo de observação, opta por uma das muitas facetas da superposição.
Imanentes – têm em si seu próprio fim e sua própria fonte – material.

veis, sempre voltados para a parede. O grande universo no lado de fora provoca um espetáculo de sombras projetadas nas paredes; os humanos são observadores de sombras.

Veem sombras, ilusões que confundem com a realidade que está nas costas, na luz e formas arquetípicas que lançam sombras na parede. Na verdade, a luz é a única realidade, porquanto ela é tudo que vemos. No idealismo monista, a consciência é como a luz na caverna de Platão.

O Universo visto como um conjunto de energias e vibrações, tratando o singular e o sutil reintegrou o estudo da dimensão espiritualista de forma cada vez mais profunda tendo em vista as relações cada vez mais estudadas entre os pensamentos, os sentimentos e as ações e as relações que se estabelecem entre tudo que é vivo e o universo.

As vibrações só são trazidas para o reino da imanência quando a consciência, através do processo de observação, opta por uma das muitas facetas da superposição consciente, embora esta opção seja limitada pelas probabilidades permitidas pelo cálculo quântico.

Veja a Figura 3.2 – Imanência e Transcendência. A consciência é temente à lei. A criatividade do cosmos tem por fundamento a criatividade de suas leis quânticas, e não uma anarquia arbitrária; mas convive com superposições.

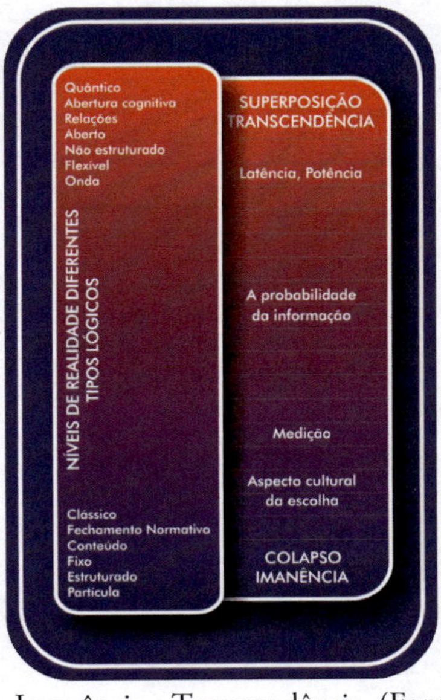


**Figura: 3.2** - Imanência e Transcendência. (Fonte: O Autor).

Na consciência, as superposições conscientes são objetos transcendentes. Só são trazidas para o reino da imanência quando a consciência, através do processo de observação, amadurecimento, opta por uma das muitas facetas da superposição consciente.

Na figura "Minha Esposa e Minha Sogra" as duas imagens estão superpostas. Quando vemos a esposa (ou a sogra), não estamos fazendo coisa alguma à figura, estamos simplesmente escolhendo e reconhecendo a opção que fazemos, Figura 3.3.

**Figura 3.3** - Minha Esposa Minha Sogra. (Fonte: Obtida na Internet).

O processo de colapso (escolha) produzido pela consciência é mais ou menos assim. Convive com descontinuidades; sabemos como é que assistimos a um filme de cinema. Nosso cérebro-mente não consegue discernir as imagens imóveis que correm diante de nossos olhos à velocidade de 24 quadrículas por segundo.

Analogamente, o que parece continuidade para um observador humano que observa a si mesmo é, na realidade, uma miragem que consiste de numerosos colapsos descontínuos. As observações devem ser consideradas como eventos separados, descontínuos. Entre eles, há intervalos que não podemos preencher.

## Consciência x Inconsciência

Quando é que a medição (a escolha, o colapso) está completa? Quando a consciência transcendente ocasiona o colapso da função de onda através de um cérebro-mente que observa com percepção (Goswami, 2002).

Temos que estabelecer uma distinção entre consciência com e sem percepção. O colapso da função de onda ocorre quando há percepção, mas não ocorre quando não há percepção. (Complexo?).

Consciência sem percepção é, na literatura psicológica, referida ao inconsciente.

Jung chama isso de inconsciente onde reside a causa comum de todos os eventos síncronos. Foi denominado inconsciente porque, normalmente, não estamos cientes da natureza não local desses eventos (sincronicidades).

A descontinuidade (o salto quântico) é o componente essencial da criatividade. O pensamento é quântico. Há de fato alguma prova de que as ideias da mecânica quântica se aplicam ao cérebro-mente? Há pelo menos prova circunstancial. Há um princípio de incerteza operando no pensamento.

- Se nos concentrarmos no conteúdo do pensamento, perdemos de vista a direção para onde ele se dirige;
- Se nos concentrarmos na direção, perdemos nitidez de conteúdo.

Além disso, há prova abundante de descontinuidade – saltos quânticos – nos fenômenos mentais, especialmente no fenômeno da criatividade (*Eureca*).

Metaforicamente, isso fica muito parecido com a navegação na internet. Quando estamos gostando do conteúdo e navegamos no sentido de seu aprofundamento; em algum momento podemos naufragar sem direção. Estávamos gostando dos conteúdos, mas agora as coisas se dissiparam; como voltamos para os pontos em que os conteúdos estavam nos agradando? Não sabemos exatamente de onde viemos, quando tentamos recuperar o caminho. Evoluímos navegantes, mas podemos terminar náufragos.

O sistema clássico é necessário para registrar eventos em que ocorre o colapso (a escolha) e para criar senso de continuidade.

O problema da verdade e do conhecimento sempre envolve crenças e valores, paradigmas e princípios, que dependem da cultura, mudam ao longo do tempo e se apoiam em várias lógicas, muitas vezes contraditórias entre si.

Há várias possibilidades de perceber a realidade e tratar a verdade – muitas são lógicas. No modelo idealista, os estados mentais experimentados surgem da interação entre os sistemas clássicos e quânticos. No idealismo, o experimentador – o sujeito – é não local e unitivo; só há um único sujeito da experiência.

Pense na Internet: onde está o centro? O centro é você e o conteúdo é o que você vai escolhendo na sua navegação, suas escolhas são "colapsos". Mas não é só aquilo, você sabe disto.

Objetos surgem, procedentes de um domínio de possibilidades transcendentes e "descem" para o domínio da manifestação, quando a consciência não local, unitiva, produz a escolha (o colapso).

O colapso tem que ocorrer na presença da percepção de um cérebro-mente, a fim de que a escolha seja completada.

Voltemos para a Internet. Está tudo lá. Mas para cada um de nós, só existe o que for "escolhido".

Quando tentamos compreender a manifestação do cérebro-mente e da percepção, contudo, entramos em um círculo vicioso causal. A medição não se completa sem percepção, e não há percepção sem a finalização da medição (escolha).

Examinamos no Capítulo 2 as propostas de Kant, sobretudo sua discussão sobre a Alienação Epistemológica.

As revoluções copernicana e kantiana despertaram a pessoa para uma nova realidade:

- A alienação cosmológica de Copérnico deslocou a pessoa do centro do universo;
- A alienação epistemológica de Kant deslocou a pessoa do legítimo conhecimento.

A Revolução de Kant colocou no centro do mundo do conhecimento, não o objeto, mas sim o sujeito. Kant nos coloca diante do problema da verdade e do conhecimento.

Kant pergunta: o que é verdade? (Kant, 1980).

- Verdade é a conformidade do conhecimento ao objeto.

E qual o critério geral e certo de todo o conhecimento? Repitamos Kant: O Mundo em que vivemos é uma construção arbitrária da nossa percepção.

Kant recoloca o humano no centro do universo, mas do seu universo.

Nos movemos da hierarquia simples para a hierarquia entrelaçada. O que existe antes do colapso (da escolha) é uma hierarquia entrelaçada – a oscilação infinita de respostas sim x não.

Nas hierarquias simples, tradicionais, nos diversos níveis, pratica-se a mesma lógica, a mesma constelação de conceitos e valores.

Nas hierarquias entrelaçadas, os níveis estão tão misturados que não podemos identificar os diferentes níveis lógicos. Uma hierarquia entrelaçada é um loop entre níveis de categorias, uma hierarquia que não pode ser causalmente atribuída sem ser encontrada uma descontinuidade. Hierarquias Entrelaçadas lidam, de forma concomitante, com lógicas diferentes, com níveis de realidade diferentes.

A Consciência está em todo o organismo (Damásio, 2011). Podemos ter consciência instantânea de muitas coisas, mas consciência é sempre um viés, não podemos ter consciência de tudo nem completa de alguma coisa.

## Como o Sistema Quântico passa a funcionar como Sistema Clássico?

> *O grande obstáculo para o avanço do nosso conhecimento não é tanto o que se desconhece, mas o que já se sabe. Porque aquilo que nós já sabemos nos impede de ir adiante, nos amortece, aparece sempre novamente diante dos nossos olhos como se fosse a verdade e obstaculiza o nosso andar.*
>
> (Lama Padma Santem)

**Com o aprendizado!**

Os bebês são "quânticos"; tudo novo recebido com criatividade. A intensidade do aprendizado nos primeiros dois anos de vida é um colosso. Nenhuma outra fase da vida se iguala; tudo é quântico, plural, transdisciplinar. Nas fases seguintes vamos ficando mais clássicos.

Numa conclusão metafórica, o bebê não sabe nada; o adulto sabe muito.

Pode ser difícil abrir mão de nossas certezas e nos entregarmos, com dúvidas, a novas descobertas, e acessar conhecimentos que há muito tempo estão à nossa disposição.

Com o aprendizado as respostas condicionadas começam gradualmente a ganhar mais peso sobre as outras possibilidades; o sistema torna-se virtualmente clássico. Sabemos, temos "certezas". Uma frase de efeito que se aplica ao fechamento cognitivo:

"A pessoa que sabe tudo, provavelmente, não aprenderá mais nada".

Com o aprendizado, a probabilidade de uma resposta condicionada é crescente até que – no limite de uma experiência muito repetida – a resposta seja totalmente condicionada, como postula o behaviorismo. Um exemplo aqui é a Trilha na Mata.

As pessoas vão passando e marcando um caminho meio aleatório que termina por se estabelecer como o caminho.

Muito cedo no desenvolvimento físico do indivíduo, numerosos programas aprendidos se acumulam e dominam o comportamento do cérebro-mente – a despeito do fato de que respostas quânticas não condicionadas estão disponíveis para novas experiências criativas, especialmente como resposta a estímulos não aprendidos, ainda.

Mas, se a potência criativa do componente quântico deixa de ser usada, a hierarquia entrelaçada dos componentes interatuantes do cérebro-mente torna-se, na verdade, uma hierarquia simples de programas aprendidos, clássicos: os programas mentais reagem entre si em uma hierarquia bem definida. Vamos perdendo as características quânticas.

## Aprofundando na dificuldade

Nesse estágio, a incerteza criativa sobre "quem é que escolhe" em uma experiência consciente é eliminada; começamos a assumir um self (ego) separado, individual, que escolhe e que tem livre-arbítrio.

Para ampliar a explicação deste conceito, suponhamos que um estímulo aprendido chega ao cérebro-mente. Em resposta, o sistema quântico e seu mecanismo clássico de medição expandem-se como superposições coerentes, mas são fortemente ponderados em favor de uma resposta aprendida.

Os programas aprendidos, que contribuem para eventos secundários, são ainda partes de uma hierarquia entrelaçada, uma vez que, seguindo-os, deparamos com um rompimento em sua cadeia casual que corresponde ao papel do sistema quântico e a seu colapso, produzidos por consciência não local.

Essa descontinuidade, no entanto, é obscurecida e interpretada como um ato de livre-arbítrio de um (pseudo) self; e é acompanhado por uma (falsa) identificação aos programas aprendidos.

É a isso que chamamos, no contexto quântico, de ego (Goswami, 2002).

A partir do ego, pouco podemos fazer para descobrir a natureza hierárquica entrelaçada de nosso sistema, alegamos possuir livre-arbítrio e com isso disfarçamos nossa assumida limitação.

A limitação decorre do fato de aceitarmos o ponto de vista dos programas aprendidos, que atuam causalmente uns sobre os outros.

Em nossa "limitação" identificamo-nos com uma versão limitada do sujeito cósmico e concluímos: eu sou este corpo-mente.

Como os vivenciadores reais (a consciência não local), operamos a partir de fora do sistema – transcendendo o cérebro-mente, localizado no espaço-tempo - por trás do véu da hierarquia entrelaçada dos sistemas do cérebro-mente.

A separatividade – o ego – emerge apenas como instrumento aparente do livre-arbítrio desse "Eu" cósmico, obscurecendo a descontinuidade no espaço-tempo, representada pelo colapso do estado quântico cérebro-mente.

Isto explica Maya (ilusão). O mundo imanente não é Maya; nem mesmo o ego o é. A verdadeira Maya é a separatividade.

Sentimo-nos e pensamos que somos realmente separados do todo, eis a ilusão. O *self* (o "Eu") não é uma coisa, mas uma relação entre experiência consciente e o ambiente físico imediato.

## Para onde vamos a partir daqui?

Como podemos assumir a responsabilidade pelo conhecimento emergente, de que somos mais do que o materialismo reconhece?

A mitologia é a história do jogo da consciência. Se nos recusamos a investigar a consciência, se não rejeitarmos a ideia de consciência como um epifenômeno da matéria, então o mito nos deixa para trás. Fixamos na lógica do ego e não alcançamos o imponderável, o possível, o herói.

Campbell (1990) discute a jornada do herói e discute os Estágios da Jornada do Herói:

1. Mundo Comum - O mundo normal do herói antes da história começar;
2. O Chamado da Aventura - Um problema se apresenta ao herói: um desafio ou a aventura;
3. Reticência do Herói ou Recusa do Chamado - O herói recusa ou demora a aceitar o desafio ou aventura, geralmente porque tem medo;
4. Encontro com o mentor ou Ajuda Sobrenatural - O herói encontra um mentor que o faz aceitar o chamado e o informa e treina para sua aventura;
5. Cruzamento do Primeiro Portal - O herói abandona o mundo comum para entrar no mundo especial ou mágico;
6. Provações, aliados e inimigos - O herói enfrenta testes, encontra aliados e enfrenta inimigos, de forma que aprende as regras do mundo especial;

7. Aproximação - O herói tem êxitos durante as provações;
8. Provação difícil ou traumática - A maior crise da aventura, de vida ou morte;
9. Recompensa - O herói enfrentou a morte, se sobrepõe ao seu medo e agora ganha uma recompensa (o elixir);
10. O Caminho de Volta - O herói deve voltar para o mundo comum;
11. Ressurreição do Herói - Outro teste no qual o herói enfrenta a morte e deve usar tudo que foi aprendido;
12. Regresso com o Elixir - O herói volta para casa com o "elixir", e o usa para ajudar todos no mundo comum.

O clímax, a volta do herói, o mais versátil de todos os mitos, está agora no palco, mas poucos entre nós podem vê-lo claramente (Goswami, 2002).

O herói sofre uma desconexão de seu mundo, parte sozinho para enfrentar forças misteriosas e, finalmente, volta coberto de glória, trazendo consigo (para uma reunião esplendorosa) o conhecimento que obteve.

Os gregos manifestaram sua apreciação pelos benefícios do fogo no mito de Prometeu: ele subiu ao céu, roubou dos deuses o segredo do fogo e doou-o à humanidade.

Na Índia, Gautama, o Buda, renunciou aos confortos de seu mundo principesco para empreender a jornada do herói, que culminou em seu nirvana. E dele voltou para pregar as verdades da Senda Óctupla.

Moisés, o herói de Israel, procurou seu Deus no Monte Sinai, recebeu os Dez Mandamentos e voltou com eles para unificar seu povo.

Em todos os casos, a reunião trouxe à luz um ensinamento de integração – uma nova maneira de manifestar o espírito na experiência da vida comum.

A separação cartesiana de mente e matéria foi historicamente inevitável, para que a ciência pudesse seguir um curso livre, sem os grilhões da teologia. Era necessário estudar a matéria inconsciente sem preconceitos teológicos, a fim de obter compreensão da mecânica e das interações que modelavam toda a matéria, incluindo os vivos e conscientes.

No Séc. XX, o vento soprou o barco dos heróis em uma nova direção. Plank descobriu o quantum. Heisenberg e Schrodinger descobriram a mecânica quântica, e, juntas, essas descobertas alteraram para sempre o velho curso materialista, separatista. Prometeu trouxe de volta o fogo.

Nossa consciência é, em última análise, unitiva e se encontra no nível transcendente.

A limitação decorre do fato de aceitarmos o ponto de vista dos programas aprendidos, que atuam causalmente uns sobre os outros. Identificamo-nos com uma versão limitada do sujeito cósmico e concluímos: eu sou este corpo-mente.

Como Mudar?

Não há método, nenhum treinamento, para mudança em identidade do *self.* Esse é o motivo pelo qual esse processo é denominado de criatividade interior.

O processo é o de derrubada do obstáculo criado por um único conjunto de contextos para a vida, com vistas a permitir um conjunto expandido de contextos – "abrir a mente?"

*"Quem olha pra fora sonha, quem olha pra dentro desperta"*

(Jung).

Ovo quando quebrado de fora, termina a vida, quando quebrado de dentro, começa a Vida, Figura 3.4.

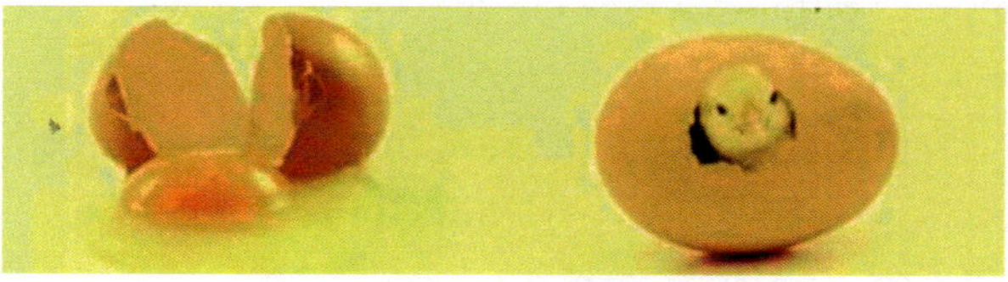

**Figura 3.4** - A Vida no Ovo. Se um ovo se romper por uma força externa a vida acaba, se romper por uma força interior, a vida começa. (Fonte: Obtida na Internet).

Não percebemos o todo porque estamos enamorados demais com a experiência, com nossos melodramas, com nossas tentativas de prever e controlar, de compreender e manipular tudo racionalmente.

Para obter liberdade em nossos atos, é importante evitar ser dominado pelo condicionamento ego/*persona* ou por nossas superposições coerentes tirânicas, internas, reprimidas, inconscientes; temos que aprender a agir sem apego ao fruto da ação. O ego quer o fruto: Macaco velho não bota mão em cumbuca[9].

## A possibilidade Quântica e o Condicionamento Clássico

Temos liberdade de opção na modalidade quântica, mas somos também seres classicamente condicionados, com tendência para reagir como se fôssemos máquinas clássicas.

A tendência para evitar opções estende-se da tendência para evitar responsabilidade. A fé que uma força superior vai resolver as questões, me salvar. Isso pode cegar até na fé como no caso da "história" do Padre numa enchente e São Jorge Salvador.

> *Conta-se que uma forte e longa chuva provocava uma enchente na cidade e em determinado momento as águas subiam demais e pessoas se refugiaram na Igreja. Oportunamente apareceu alguém com um caminhão se oferecendo para levar as pessoas para lugar mais seguro e algumas pessoas foram; o Padre disse que não havia perigo porque São Jorge os salvaria. A chuva permanecia, a enchente se intensificava e apareceu um barco para levar as pessoas, e todas foram, menos o Padre que se fixava na certeza de que São Jorge o salvaria. Já no limite do perigo um helicóptero apareceu para resgatar o Padre, que não aceitou. A chuva aumentou, a Igreja foi levada na enxurrada e o Padre morreu. Chegando ao Céu procurou São Jorge para reclamar por não o tê-lo salvo. São Jorge retrucou: "Padre, enviei um caminhão, enviei um barco, enviei um helicóptero e você não aceitou nada"!*

Queremos ser livres na modalidade quântica, mas, ainda assim, ter um mapa para essa liberdade. Não há mapa! Todo caminho mapeado é um caminho clássico – um caminho fixo – e não nos leva necessariamente em linha reta para um destino.

Compreender que é difícil aplicar princípios comportamentais, éticos, morais gerais a circunstâncias específicas infinitamente variadas, ajuda-nos a aceitar algumas incoerên-

[9] Conta-se que, no passado, uma forma de caçar macacos era colocar num pote de bojo grande e boca pequena, uma massa redonda, algo atraente aos macacos, sobretudo odor. O macaco era atraído pelo odor, enfiava a mão na cumbuca e segurava a massa que estava em seu interior. Com o objeto na mão não havia espaço para o macaco tirar a mão da cumbuca; e o macaco não conseguia soltar a "presa" e partir. E lá ficava até a derradeira chegada do caçador. Perdia a vida prisioneiro ao fruto.

cias no comportamento ético de nós mesmos e dos demais.

Ajuda-nos, sobretudo, a julgar menos os outros. (julgamos as atitudes das pessoas com base em nossas certezas. Que tal tentar entendê-las segundo o contexto delas?).

Pregar o que não se pratica pode ser perigoso. Quase todos nós podemos conjurar imagens horrendas de retidão moral, pois a história registra crueldade indizível praticada em nome da moralidade.

Gandhi compreendeu a regra cardeal da ética: a ética tem que ser uma prática espiritual, com raízes interiores puras – um caminho seguro para a espiritualidade.

*Certo dia, uma mulher trouxe a filha pequena à presença de Gandhi, com um pedido simples:*
*- Diga a minha filha para não comer bombons. Isso é ruim para os dentinhos dela. Ela o respeita e o obedecerá.*

*Gandhi, porém, esquivou-se.*

*- Volte dentro de três semanas, respondeu: - verei o que poderei fazer.*

*Quando a mulher voltou, três semanas depois, acompanhada da filha, Gandhi pôs a menininha em seus joelhos e, suavemente, instruiu-a:*
*- Não coma bombons. Eles são ruins para seus dentes, fazem mal para você.*

*A menininha, timidamente, inclinou a cabeça. Em seguida, ela e a mãe se despediram e voltaram para casa.*

*Quando elas se afastaram, um dos auxiliares de Gandhi, confuso, perguntou-lhe:*
*- Bapu, o senhor sabia que aquela mulher e a filha tiveram que andar durante horas para vir vê-lo, e as fez andar toda essa distância duas vezes em três semanas! Por que não deu aquele conselho simples à menininha quando elas vieram aqui pela primeira vez?*

*Gandhi sorriu.*

*- Há três semanas eu comia bombons. Eu não sabia se eu mesmo podia deixar de comer bombons. Com que força espiritual poderia eu defender um valor se eu mesmo não o praticasse?*

## Matéria e Consciência

Antes da física quântica uma metafísica materialista dominava a ciência: partículas elementares formam átomos, átomos formam moléculas, moléculas formam células, inclusive os neurônios, neurônios formam o cérebro e o cérebro forma a consciência.

Essa é a teoria da causação ascendente (consciência como epifenômeno da matéria): a causa vai das partículas elementares, ou micro, até a consciência e o cérebro, macro.

Na interpretação da teoria quântica - que lida com paradoxos – a causação ascendente só é capaz de produzir ondas materiais de possibilidade para a escolha da consciência – não material.

E a consciência tem o poder supremo, chamado de causação descendente, de criar a realidade manifestada por meio da livre escolha dentre as possibilidades oferecidas.

A causação descendente lida com a descontinuidade sob todos os aspectos possíveis:

- causalmente – não podemos atribuir a ela uma causa precisa
- mecanicamente – não podemos determinar um modelo para ela
- algoritmicamente – a matemática não se aplica a ela
- logicamente – sua lógica é complexa e o observador é essencial para que ocorram as escolhas (o colapso)

"A criatividade de um sistema quântico repousa na dualidade, no fato de que nem todas as características individuais (potencial de partícula) nem todas as características relacionais (potencial de onda) estão fixadas em uma posição extrema. A liberdade interna em si é a liberdade de tornar-se algo mais que nós mesmos por meio da relação com os outros ou mediante a experiência. O eu quântico se acha em um estado de constante devenir. Essa liberdade interna de tornar-se subjaz à motivação do ser quântico a entrar em relação com a comunidade ou a ter experiência. Em uma sociedade quântica seus membros hão de apresentar o mais alto grau de eficiência criativa (o mínimo de alienação) se não forem demasiadamente constrangidos por regras e procedimentos. 'Fixar' os membros de uma organização com regras burocráticas priva-os de poder sobre o resultado de suas ações – daí a 'alienação'. Uma organização mais solta e flexível há de permitir o surgimento de um 'poder grupal' ou um sentido de propósito" (Zohar, 2000).

## Para Concluir

A ciência moderna consagrou o homem como sujeito epistêmico, mas o eliminou como eliminou a Deus, como sujeito empírico. Um conhecimento objetivo, factual e rigoroso não conseguiu conviver com valores humanos elevados ou espirituais.

Cada um tem uma finalidade, algo a alcançar; somos diferentes. O universo conspira a nosso favor, mas temos que nos colocar em condições favoráveis, cuidar do nosso físico, psíquico e mental.

A teoria quântica, na medida em que nos informa o extremamente pequeno, o campo vibracional no qual estamos imersos, nos propicia buscar também na espiritualidade conhecimentos e caminhos a seguir.

Os pressupostos metafísicos, os sistemas de crenças, os juízos de valor não estão antes nem depois da explicação científica da natureza ou da sociedade. Precisam ser parte integrante dessa mesma explicação.

A incerteza do conhecimento, que a ciência moderna sempre viu como limitação técnica destinada às sucessivas superações, transforma-se na chave do entendimento de um mundo que mais do que controlado, tem de ser compreendido. E compreendido por cada pessoa. As incertezas serão maiores na medida em que avançamos; e temos que avançar.

Solitários, enquanto nossos objetivos pessoais, porém juntos e integrados numa irmandade de esforços onde cada um, no conjunto, favorece a todos e se favorece.

Estamos imersos num conjunto de vibrações que nos sustentam e é em meio a elas (vibrações) que vamos fazer nossa caminhada. Temos que buscar sintonia, sempre. Nossos corpos (físico, psíquico e mental) são nossos veículos; temos que mantê-los preparados.

A chave está no AGORA, no poder do agora, no eterno agora. Ressentimentos no passado e medos e desejos no futuro, "cortam" a conexão com o agora.

95% do universo é matéria escura: desconhecida, necessária.

Percebemos que tudo está se movendo, estamos entregues a um movimento de transformação que não controlamos. A partir de um evento qualquer, nunca podemos dizer o que é impossível, tanto na física, quanto na previsão das possibilidades de navegação para usuários da Internet. Tudo está ligado a tudo, interconectado, interdependente.

Na ação, na busca, qual é a intenção, a motivação? Intenção e motivação são marcadores do acesso quântico, da escolha, tanto na dimensão física, como na espiritual.

A modernidade nos afasta de reflexões espiritualistas e nos promete clareza e racionalidade. A pós-modernidade nos fragmenta em múltiplas identidades; onde encontrar a unidade, perdida já na modernidade?

Temos que distinguir argumentos e convicções. O cotidiano e, sobretudo, o mundo politico, nos infesta de argumentos, de narrativas e precisamos confrontá-los com convicções; se ainda as tivermos, se não estiverem também nossas convicções entregues a fragmentações.

Muitas vezes o que importa não é o ato em si, mas nossas motivações na relação com o cotidiano. A motivação é que precisa ser purificada e pode nos libertar das amarras do ego. A menos que a conveniência de obedecer já seja mais forte que a vontade de ser livre.

Nós somos o nível mais elevado que a consciência ousou alcançar.

# Capítulo 4 – Transdisciplinaridade - da Fragmentação a uma Nova Síntese

*Quantas vezes me pediram uma "religião que conforte"! Poucos são os homens que pedem a verdade, menor número ainda ousa estudar a verdade, e ainda mais insignificante é o total dos que ousam segui-la em todas as suas implicações práticas.*

(Swami Vivekananda)

## Uma Introdução

A Transdisciplinaridade é uma abordagem científica, cultural e social para percepção da realidade, para criação e uso de conhecimento. Remete à babelização do conhecimento provocada pela proliferação das disciplinas científicas e às dificuldades enfrentadas pelos especialistas na percepção da realidade, decorrente da hiperespecialização.

O prefixo trans diz respeito àquilo que está ao mesmo tempo entre as disciplinas, através das diferentes disciplinas e além de qualquer disciplina.

Seu objetivo é a compreensão do mundo presente o que requer unidade do conhecimento e, a todo o momento, reivindica alargamento da percepção para melhores intervenções. Os desenvolvimentos disciplinares da ciência trouxeram as vantagens da divisão do trabalho, mas também a hiperespecialização, o confinamento e a fragmentação do saber.

O modelo de racionalidade da ciência moderna é fundado na revolução científica dos séculos XVI e XVII e busca conhecimento profundo e rigoroso da natureza com base na observação e na experimentação. A matemática fornece o instrumento de análise, a lógica da investigação e o modelo de representação.

É importante reconhecer que a identificação dos limites do paradigma científico moderno resulta do superlativo avanço no conhecimento que ele proporcionou, o que terminou por revelar a fragilidade dos pilares em que se sustenta, quais sejam, simplicidade, estabilidade e objetividade.

Em seus lugares a complexidade, a instabilidade e a intersubjetividade provocam crises no ambiente de ordem, estabelecido pelo modelo cartesiano-newtoniano, e projetam a realidade como algo de difícil percepção, já que sempre emergente de um conjunto de fenômenos em interação interdependente.

A metodologia científica moderna, separada por disciplinas com seus hiperespecialistas, não dá conta da complexidade dos conteúdos das ciências humanas e sociais onde as relações são mais termodinâmicas que mecânicas. É neste contexto que emerge a cogitação da transdisciplinaridade.

A segmentação do conhecimento é um resultado perverso da modernidade para a qual a fragmentação das disciplinas foi sua grande força e seu grande limite. Não se pode pensar em unificar conhecimentos nem colocar obstáculos ao desenvolvimento das disciplinas, mas é mandatório tornar a utilização dos conhecimentos mais fecundos em sua pluralidade através de uma visão sistêmica, integradora e de contexto. O sujeito não pode ser capturado por nenhuma disciplina.

## Fragmentação do Conhecimento

Quando se estuda o mundo como um sistema complexo, os sistemas filosóficos que mantêm a divisão de conhecimentos em disciplinas, com toda a coerência interna que alcancem, ou com a validade e confiabilidade que mostrem na construção de conceitos e realidades, perdem uma grande parte da significação que tinham antes. Não há mais certezas a respeito da realidade, é difícil o entendimento das formalizações científicas fora do círculo restrito dos especialistas.

A cada ano, mais de um milhão de comunicações científicas são publicadas apenas em língua inglesa e isso desde os anos cinquenta[10]. A grande maioria dessas publicações só pode ser compreendida por um pequeno grupo de especialistas. Portanto, ninguém mais está à altura de analisar a enorme massa de conhecimento acumulada pela ciência contemporânea. Um saber exponencial que contém, talvez, novas ciências e conhecimentos inimagináveis (Edgard Morin, in Random, 2000).

[10] Este dado é do final da década de 1990; não encontrei dados mais atualizados. Mas, certamente, os números atuais devem ser bem maiores.

Os 'cientistas' são geralmente técnicos especializados em uma especialidade ou em uma "sub-sub-sub-especialidade", e a maior parte do tempo já não sabem ou não podem se comunicar entre si dentro de uma mesma disciplina. A pessoa torna-se assim cada vez mais isolada num saber cada vez menos comunicável e cada vez menos controlável (Edgard Morin, in Random, 2000).

Dos muitos valores que as novas ciências trazem ao conhecimento dos fenômenos complexos, talvez um dos mais importantes seja reconhecer que os sujeitos cognitivos que se interdefinem são quem determinam as regularidades a identificar e os sistemas em que operam. O novo das novas ciências é a combinação de saberes, conhecimentos e atuações para a identificação de funções que um indivíduo, organização ou subsistema cumpre ao se inserir nas relações sinérgicas e opostas que caracterizam a natureza e a humanidade (Casanova, 2006).

O novo paradigma de sistemas complexos dá às relações humanas, sociais, organizadas, interativas, um lugar epistêmico essencial – inclui contradições e determinação recíproca, interdefinição. Nenhuma posição alternativa poderá escapar às contradições internas. A inteligência não consiste apenas na capacidade de resolver problemas, mas também na capacidade de inserir-se em um mundo compartilhado.

O aprender a aprender não tem mais na escola sua única referência, seu único ponto de apoio. Adquire um caráter de centro de trabalho e fabril, de cidade e foro, de comunidade e nação ou região com culturas e civilizações distintas e universais, em que as organizações e redes pensam e atuam e criam como "coletivos" com variados jogos, autonomias e disciplinas dos componentes que os integram (Casanova, 2006).

No novo conhecimento científico da criação destacam-se as pesquisas dos chilenos Maturana e Varela com seu conceito da autopoiese como criação de estruturas e de sistemas (Maturana, 1999).

As origens aparecem como um fenômeno que ultrapassa os problemas da construção e da engenharia. Neles se revela a criação como autocriação e como autogeração. As pesquisas comprovam que, sem recorrer a uma unidade de comando central, os componentes de um sistema cognitivo articulam seus ambientes locais em cooperações globais das quais emergem – ainda sem símbolos – o que depois será um discurso. Surge uma coerência global de componentes que se identifica com a metáfora da "auto-organização" ou com a metáfora dos "atratores" característicos das propriedades emergentes de um sistema. Nessas propriedades, o que conta não são as unidades que integram o sistema, mas, sim, suas relações em "grandes conjuntos". Quando os componentes, mesmo estúpidos e simples se articulam de maneira apropriada, desempenham papéis inteligentes que tomam corpo e se expressam de forma cognitiva e ativa (Maturana, 1999).

Ciência e tecnologia foram minuciosamente divididas em disciplinas. Basarab informa que quando as disciplinas foram criadas, eram sete; no meio do Séc. XX eram 50; no fim do Séc. XX, nos EUA, havia 8000 disciplinas acadêmicas registradas e a respeito das quais há especialistas e são publicados artigos científicos específicos (Nicolescu, 1999). Cada especialidade pode se transformar em uma gaiola epistemológica. A crescente verticalização na direção de níveis cada vez mais profundos do real e rumo ao detalhe, resultou na acumulação de uma massa gigantesca de conhecimentos, compartimentalizada em disciplinas e especialidades vizinhas, porém, que se ignoram umas às outras e raramente se tocam (D'Ambrozio, 2004).

"Quem teria imaginado, em 1900, que em cinquenta anos saberíamos muito mais e compreenderíamos muito menos, cogitou Einstein em 1954!" (Random, 2000). É difícil integrar os conhecimentos acumulados no sentido do desenvolvimento social por conta do Big Bang disciplinar que estrutura o processo de acumulação. Esta babelização faz com que qualquer agente se torne cada vez mais desatualizado de conhecimentos que já estão disponíveis. Há necessidade de pontes entre as disciplinas – pluri / inter transdisciplinaridade.

Como decorrência dos muros intelectuais erguidos entre as disciplinas, é cada vez mais difícil para um especialista em uma delas entender os detalhes das outras. Acrescente-se a isso que da maturidade em ciência e tecnologia emergem dificuldades para novidades, para saltos no conhecimento de uma disciplina. Saltos intelectuais são mais frequentemente observados quando são criadas pontes entre disciplinas diferentes (Koizumi, 2000). Koizumi cogita que avanços significativos advirão de pontes que estão sendo construídas entre as ciências do cérebro, do meio ambiente e educacional.

René Descartes discutiu a igual importância da análise e da síntese no "Discurso do Método"; entretanto, foi assimétrica a importância dada à análise. Agora cresce a importância da síntese, muitas vezes, negligenciada. Não uma síntese dialética que extrai resultado de extremos, mas dialógica que convive com incertezas, contradições e paradoxos.

O problema da verdade e do conhecimento sempre envolve crenças e valores, paradigmas e princípios, que dependem da cultura, mudam ao longo do tempo e se apoiam em várias lógicas, muitas vezes contraditórias entre si. A lógica, na tradição clássica aristotélico-tomista, é um conjunto de estudos que visa a determinar os processos intelectuais que são a condição geral do conhecimento verdadeiro (Buarque de Holanda, 2000).

Há, entretanto, várias lógicas ainda que sempre e de alguma forma se constituam como um conjunto de regras e princípios que orientam, implícita ou explicitamente, o desenvolvimento de uma argumentação ou de um raciocínio, a resolução de um problema, a maneira de raciocinar particular a um indivíduo ou a um grupo.

**Tipos Lógicos** (Bertrand, 2007)

A autorreferência gera contradições e entrelaça lógicas diferentes. Russel tratou da autorreferência ao considerar classes que são membros de outras classes. Russell foi levado a identificar dois tipos de classes: aquelas que são membros de si mesmas, como a classe das coisas que podem ser contadas; e as que não são membros de si mesmas, como a classe dos alunos, pois a classe dos alunos não é um aluno. A questão que conduz à antinomia[11] é: a classe C das classes C(i) que não são membros de si mesmas, é ou não membro de si mesma? Ou seja, C é membro de C? Se respondemos que C é membro de si mesma, neste caso ela é uma das C(i), que por definição não são membros de si mesmas, caindo numa contradição. Se respondemos que C não é membro de si mesma ela é por definição uma das classes C(i), logo pertence a C, ou seja, é membro de si mesma, o que constitui outra contradição. Podemos fazer uma analogia com o paradoxo do mentiroso: se alguém diz "estou mentindo", caso seja verdade, então é falso e vice-versa. Esta é a antinomia do cretense Epimenides ao dizer que todos os cretenses são mentirosos. Caímos aqui em contradição com o princípio do terceiro excluído da lógica, segundo o qual só há dois valores da verdade: verdadeiro ou falso, como na álgebra de Boole v = 1 ou v = 0.

[11] *Antinomia - Contradição entre duas leis ou princípios; Oposição recíproca; Filos. Conflito entre duas asserções demonstradas ou refutadas, aparentemente com igual rigor – paradoxo. (Buarque de Holanda).*

As ideias e conceitos da teoria dos tipos lógicos contribuem para o entendimento e a representação de aspectos da realidade onde várias entidades colaboram em sinergia. Goswami constata que nossas opções criam o contexto para nossos atos e, portanto, a possibilidade de saltar para fora do velho contexto e entrar em outro, em um nível mais alto, que nos dá liberdade de escolha. Destaca o surgimento de uma linguagem característica para descrever especificamente esse tipo de situação – uma estrutura hierárquica de níveis contextuais. Ensina que essa linguagem, conhecida como teoria de tipos lógicos, era para solucionar problemas que surgiam na teoria dos conjuntos (Goswami, 2002).

A ideia de Russel era que um conjunto de membros é de um tipo lógico mais alto do que os próprios membros, porque define o contexto para pensar neles. Analogamente, o nome de uma coisa, que representa o contexto da coisa que ela descreve, é de um tipo lógico mais alto do que a própria coisa. A ideia dos tipos lógicos foi inventada por dois matemáticos, Bertrand Russell e Alfred Whitehead, para manter a lógica pura. O problema com que Russell se defrontou foi o do autorreferimento e por essa via foi desenvolvida a teoria dos tipos. Define-se um tipo como o âmbito em que uma função proposicional tem significado (Goswami, 2002).

Para evitar o autorreferimento, que conduz ao paradoxo, ele estabeleceu que nenhuma classe contivesse membros definidos em termos de si mesma. Para isto, estabeleceu uma hierarquia entre as funções proposicionais: as de primeira ordem se referem aos objetos individuais, as de segunda ordem se referem às de primeira ordem, as de terceira às de segunda e assim por diante.

Assim proposições de ordem n não podem se referir a proposições de ordem n, mas sim às de ordem n - 1. Portanto, não faz sentido lógico um cretense dizer que todos os cretenses são mentirosos, segundo Russell.

Não podemos logicamente nos referir às proposições pertencentes à mesma ordem e nem às de ordem superior. Para nos referirmos a frases da ordem n devemos passar à ordem n + 1. Neste loop, se definimos a primeira frase como de ordem n, a segunda é de ordem n -1 e, como tal, não pode se referir à primeira, pois não pode se referir à ordem superior.

Portanto, o paradoxo é evitado por uma proibição hierárquica. Isso certamente funciona em termos conceituais e até matemáticos, mas não dá conta da realidade onde as autorreferências e os vários tipos lógicos ocorrem concomitantemente.

## Hierarquias entrelaçadas e transdisciplinaridade

Hierarquias lidam com níveis de realidade diferentes; mas, nas hierarquias simples, tradicionais, nos diversos níveis pratica-se a mesma lógica, a mesma constelação de conceitos.

Nas hierarquias entrelaçadas, os níveis estão tão misturados que não podemos identificar os diferentes níveis lógicos. Uma hierarquia entrelaçada é um loop entre níveis de categorias, uma hierarquia que não pode ser causalmente atribuída sem ser encontrada uma descontinuidade. Um exemplo disso é o paradoxo do mentiroso: Eu sou um mentiroso (Goswami, 2002).

Podemos pensar na relação hardware/softwares; num mesmo hardware podem estar 'rodando' vários e diferentes softwares, num mesmo nível físico a partir do qual é não identificável a pertinência e o significado de cada componente. Na verdade um emaranhado de lógicas governado por um estágio superior, o do software que coordena e controla as operações da máquina.

Lógicas diferentes, níveis de realidades diferentes, hierarquia entrelaçada, descontinuidades resolvidas por escolha do nível, além da dicotomia da separação, da impossibilidade, da divisão, do nível transcendente.

Esses sistemas – e o paradoxo do mentiroso é um exemplo ímpar – são autônomos. Eles falam sobre si mesmos. Compare-os com uma frase comum, tal como 'seu rosto é vermelho'. Uma frase comum refere-se a alguma coisa fora dela. A sentença complexa do paradoxo do mentiroso, no entanto refere-se a si mesma. É por isso que ficamos presos em sua ilusão infinita. São sistemas autorreferenciais e a hierarquia entrelaçada é uma maneira de chegar à autorreferência (Goswami, 2002).

## Os Diversos Níveis de Realidade – A Visão Gödeliana

Com o mesmo propósito de valorizar a dimensão contextual do entendimento da natureza e da busca da verdade, outro matemático, Kurt Gödel, provou que qualquer tentativa de produzir um sistema matemático isento de paradoxos está fadado ao insucesso se esse sistema for razoavelmente complexo.

E provou isso demonstrando que qualquer sistema de grande riqueza está condenado a ser incompleto. Podemos sempre encontrar nele uma afirmação que o sistema não consegue provar. Na verdade, o sistema pode ser completo, mas inconsistente, ou consistente, mas incompleto, mas jamais ser simultaneamente consistente e completo.

E Gödel provou seu teorema usando a chamada lógica impura das hierarquias entrelaçadas (Goswami, 2002).

Para o interesse deste trabalho são relevantes os conceitos de *nível de realidade, nível de percepção, sujeito interdisciplinar e objeto interdisciplinar.*

Seguiremos Basarab Nicolescu a partir de seu interessante e o oportuno texto '*Aspectos Gödelianos da Natureza e do Conhecimento*' (Nicolescu, 2002). Cogita Nicolescu que o maior impacto cultural da revolução quântica foi o de levantar questões quanto ao dogma filosófico contemporâneo da existência de um único nível de realidade.

Nível de realidade designa um conjunto de sistemas que permanecem invariáveis sob a ação de certas leis gerais: por exemplo, as entidades quânticas estão subordinadas às leis quânticas, que divergem das leis do mundo macro físico. Isso quer dizer que dois níveis de realidade são distintos se, ao passar de um para outro, há uma quebra nas leis e uma quebra nos conceitos fundamentais (como, por exemplo, o da causalidade).

Importante ressaltar que os níveis de realidade são radicalmente diferentes dos níveis de organização, tal como esses têm sido definidos nas abordagens sistêmicas. Níveis de organização não pressupõem uma ruptura com conceitos fundamentais: vários níveis de organização aparecem em um único e mesmo nível de realidade. Os níveis de organização correspondem a diferentes estruturações das mesmas leis fundamentais. O conhecimento da coexistência do mundo quântico, do mundo macro físico e o desenvolvimento da física quântica conduziram, no nível da teoria e do experimento científico, à sublevação do que anteriormente era considerado como pares de contraditórios mutuamente exclusivos A e não-A; onda e corpúsculo; continuidade e descontinuidade; separabilidade e não separabilidade; causalidade local e causalidade global; simetria e ruptura de simetria; reversibilidade e irreversibilidade do tempo.

O desconforto intelectual provocado pela mecânica quântica consiste no fato de que pares de contraditórios que ela gera são mutuamente contraditórios quando analisados através do filtro interpretativo da lógica clássica. A lógica clássica está fundamentada em três axiomas:

1. O axioma da identidade: A é A.
2. O axioma da não contradição: A não é não-A.
3. O axioma do terceiro excluído: não há um terceiro termo T que é, ao mesmo tempo, A e não-A.

De acordo com a hipótese de um único nível de realidade, o segundo e terceiro axiomas são equivalentes. Prossegue Nicolescu constatando que desde a formulação definitiva da mecânica quântica, por volta de 1930, os fundadores da nova ciência têm estado muito cientes do problema de formular uma nova lógica quântica.

O objetivo dessa nova lógica era resolver os paradoxos que a mecânica quântica havia criado e procurava, na medida do possível, chegar a um poder de predição mais forte que o fornecido pela lógica clássica. A maior parte da lógica quântica modificou o segundo axioma da lógica clássica, (o axioma da não contradição), ao introduzir a não contradição com vários valores de verdade no lugar do par binário A, não-A. Essa lógica multivalente, cujo status com respeito ao seu poder de predição continua controverso, não levou em consideração uma outra possibilidade: a modificação do terceiro axioma, do terceiro excluído. Seguindo Gödel e Nicolescu *há um novo entendimento a partir do axioma do terceiro incluído*, Figura 4.1:

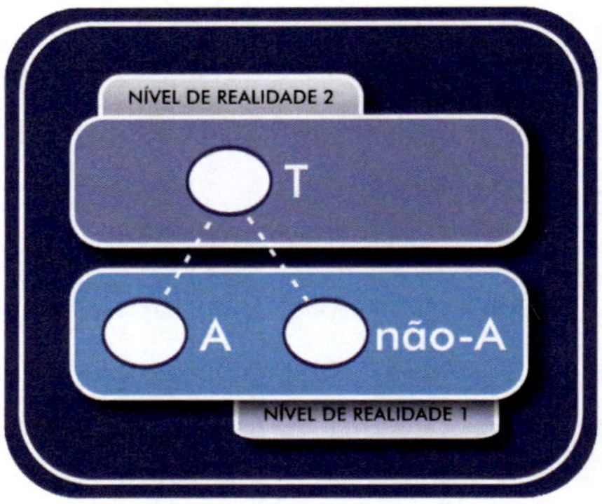


**Figura 4.1** - A, não-A e T.
(Fonte: Ritto, 2005).

- Há um terceiro termo T que é ao mesmo tempo A e não-A;
- Sua existência é esclarecida quando a noção de níveis de realidade é introduzida.

Podemos representar os três termos da nova lógica, A, não-A e T e a dinâmica associada com eles, através de um triângulo no qual um dos vértices está situado em um nível de realidade e os outros dois vértices em outro nível de realidade.

Em um único nível de realidade, todas as manifestações aparecem como dois elementos contraditórios (exemplo: onda A e corpúsculo não-A).

A terceira dinâmica, a do estado T, é exercida em outro nível de realidade, no qual o que aparece como desunido (onda ou corpúsculo) está de fato unido (quantum), e o que aparece como contraditório é percebido como não contraditório.

O axioma da não contradição sai cada vez mais reforçado nesse processo. Nesse sentido, podemos falar de uma evolução do conhecimento, sem jamais conduzir a uma não contradição absoluta, envolvendo todos os níveis de realidade. O conhecimento permanecerá aberto para sempre; a realidade também.

Dois níveis adjacentes estão conectados pela lógica do terceiro incluído, no sentido de que o estado T, presente num dado nível, está conectado a um par de contraditórios (A e não-A), no nível imediatamente adjacente. O estado T opera a unificação dos contraditórios A e não-A, mas esta unificação se opera em um nível diferente daquele em que A e não-A estão situados.

O axioma da não contradição é desta forma respeitado e a lógica do terceiro incluído é capaz de descrever a coerência entre os níveis de realidade por um processo iterativo constituído pelas seguintes relações:

1. Um par de contraditórios (A, não-A) situado em um certo *nível de realidade é unificado por um estado T situado em um nível de realidade subjacente;*

2. Por sua vez, esse estado T está ligado a um par de contraditórios (A›, não-A›), situado em seu próprio nível;

3. O par de contraditórios (A›, não-A›) é, por sua vez, unificado por um estado T› situado em um nível diferente de Realidade, imediatamente vizinho daquele em que o ternário (A', não-A', T) está.

O processo iterativo continua indefinidamente até o esgotamento de todos os níveis de realidade, conhecidos ou concebíveis. Em outros termos, a ação da lógica do terceiro incluído sobre os diferentes níveis de realidade induz a uma estrutura aberta, gödeliana, do conjunto dos níveis de realidade. Essa estrutura tem uma consequência considerável para a teoria do conhecimento, pois ela implica na impossibilidade de uma teoria completa, fechada em si mesma.

De acordo com o axioma da não contradição, o estado T efetua a unificação do par dos contraditórios (A, não-A), mas está associado, ao mesmo tempo, com outro par de contraditórios (A' e não-A'). Portanto, começando de certo número de pares mutuamente exclusivos, é possível edificar uma nova teoria que elimina as contradições num certo nível de realidade. Mas essa teoria é apenas temporária, pois ela inevitavelmente conduzirá, sob a pressão conjunta da teoria e da experiência, à descoberta de novo nível de contraditório, situado em um novo nível de realidade.

Então essa teoria será, por sua vez, substituída por teorias ainda mais unificadas, à medida que novos níveis de realidade forem descobertos. Esse processo continuará indefinidamente, sem que jamais leve a uma teoria completamente unificada. O axioma da não contradição sai cada vez mais reforçado nesse processo.

No mundo dos níveis de realidade o que está acima é como o que está abaixo, mas o que está abaixo não é como o que está acima. A matéria mais fina penetra a matéria mais densa, do mesmo modo que a matéria quântica penetra a matéria macro física, mas o inverso não é verdadeiro.

Os graus de materialidade induzem uma flecha de orientação da transmissão de informação de um nível ao outro. Nesse sentido, «o que está abaixo não é como o que está acima», as palavras "acima" e "abaixo" não tendo aqui outra significação (espacial ou moral) senão aquela topológica, associada à flecha da transmissão de informação. Essa flecha está associada, por sua vez, à descoberta de leis cada vez mais gerais, unificadoras e abrangentes.

Prosseguindo em Nicolescu, aprendemos que o teorema de Gödel nos diz que um sistema de axiomas suficientemente rico conduz inevitavelmente a resultados, sejam indecidíveis, sejam contraditórios.

## Transdisciplinaridade

Uma Disciplina é fragmento, agregado refinado, exato e preciso no particular. Todavia, no tratamento de questões reais é necessário sinergia e complementaridade entre especialistas para atender necessidades generalistas no esforço de unificar e aplicar conhecimentos.

A transdisciplinaridade surge como movimento de renascimento do espírito e da consciência para compreender a complexidade, uma nova consciência do real (Random, 2000).

Basarab (Nicolescu, 1999) apresenta os três pilares da transdisciplinaridade:

- Ontológico – vários e diferentes níveis de realidade;
- Lógico – terceiro incluído
- Complexidade – relações não mecânicas, mas termodinâmicas.

Os pilares ontológico e do terceiro incluído foram descritos na estrutura gödeliana antes apresentada.

Complexidade decorre de fenômenos aos quais estão subjacentes sequências não-lineares de causa e efeito onde a interação entre as partes é intensa. A complexidade em todos os campos do conhecimento parece ter fagocitado o sentido; nutre-se da explosão de heterogeneidades semânticas da pesquisa disciplinar ao mesmo tempo em que determina a aceleração da multiplicação das disciplinas.

Um sistema complexo não pode ser explicado como soma das propriedades das partes. Suas partes exercem tal influência umas sobre as outras que seu comportamento se distancia significativamente daqueles exibidos pelas partes isoladas - relações termodinâmicas, sobretudo na sua dimensão probabilística. A complexidade do todo decorre do entrelaçamento de influências mútuas, à medida que o sistema evolui dinamicamente.

A atitude transdisciplinar exige rigor, abertura e tolerância:

- Rigor da linguagem na argumentação, baseada no conhecimento vivo, ao mesmo tempo interior e exterior, da transdisciplinaridade;

- Abertura comporta a aceitação do desconhecido, do inesperado e do imprevisível. Recusa todo dogma, toda ideologia, todo sistema fechado de pensamento;

- A tolerância resulta da constatação da que existem ideias e verdades contrárias.

A transdisciplinaridade *não é uma nova disciplina e os pesquisadores transdisciplinares não são novos especialistas. Uma virtude necessária para trabalhar em* transdisciplinaridade é paciência; entender a linguagem de outra disciplina, do outro, pode ser complicado.

A estrutura gödeliana do conjunto dos níveis de realidade, associada à lógica do terceiro incluído e da complexidade, implica na impossibilidade de edificar uma teoria completa para descrever a passagem de um nível de realidade a outro e para descrever o conjunto dos níveis de realidade.

A unidade gödeliana do mundo converge com a impossibilidade kantiana de descrição da realidade. Se existe uma unidade ligando todos os níveis de realidade, ela tem de ser uma unidade aberta. Há uma coerência do conjunto dos níveis de realidade, mas essa coerência é orientada: há uma flecha associada a toda transmissão de informação de um nível a outro.

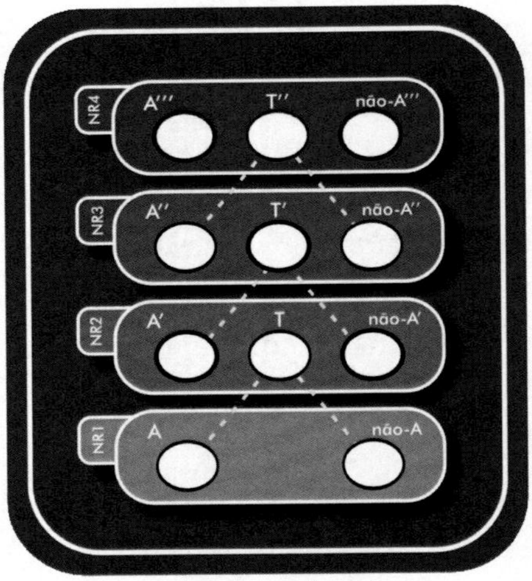


**Figura 4.2** - Estrutura dos níveis. (Fonte: Ritto, 2005).

Como consequência disso, a coerência, se está limitada aos níveis de realidade, detém-se no nível "mais alto" e no nível "mais baixo", Figura 4.2. Para que a coerência continue além desses dois níveis limites, para que haja uma unidade aberta, é preciso considerar que o conjunto dos níveis de realidade se prolonga por uma zona de não resistência a nossas experiências, representações, descrições, imagens e formulações matemáticas. No modelo apresentado por Nicolescu, essa zona de não resistência corresponde ao "véu" que Bernard d'Espagnat (in Nicolescu, 2002) chama de "o real velado".

O nível "mais alto" e o nível "mais baixo" do conjunto dos níveis de realidade unem-se através de uma zona de transparência absoluta. Mas esses dois níveis, sendo diferentes, a transparência absoluta aparece como um véu do ponto de vista de nossas experiências, representações, descrições, imagens e formalizações matemáticas. De fato, a unidade aberta do mundo implica que o que está "abaixo" é como o que está "acima".

O isomorfismo entre "acima" e "abaixo" é restabelecido pela zona de não resistência. A não resistência dessa zona de transparência absoluta é devida às limitações de nossos corpos e de nossos órgãos dos sentidos, qualquer que sejam os instrumentos de medida que prolonguem esses órgãos dos sentidos. Assim, podemos extrair o conceito de objeto transdisciplinar como o conjunto dos níveis de realidade e da sua zona complementar de não resistência.

Um novo princípio de relatividade emerge da coexistência entre a pluralidade complexa e a unidade aberta: nenhum nível de realidade constitui um lugar privilegiado a partir do qual possamos compreender todos os outros níveis de realidade; um nível de realidade é o que ele é porque todos os outros níveis existem ao mesmo tempo. Esse Princípio de Relatividade suscita um novo olhar sobre a religião, a política, as artes, a educação e a vida social.

E quando nosso olhar sobre o mundo muda, o mundo muda. Na visão transdisciplinar, a realidade não é apenas multidimensional, mas, também, multirreferencial. Os diferentes níveis de realidade são acessíveis ao conhecimento humano graças à existência de diferentes níveis de percepção, que se encontram em correspondência biunívoca com os níveis de realidade. Esses níveis de percepção permitem uma visão cada vez mais geral, mais unificadora, mais abarcadora da realidade, sem jamais exauri-la completamente.

Como no caso dos níveis de realidade, a coerência dos níveis de percepção pressupõe uma zona de não resistência à percepção. Assim, Sujeito Transdisciplinar é o conjunto dos níveis de percepção e sua zona complementar de não resistência. As duas zonas de não resistência, do Objeto e do Sujeito transdisciplinares, precisam ser idênticas para que o Sujeito Transdisciplinar possa se comunicar com o Objeto Transdisciplinar.

Ao fluxo de informação que atravessa os diferentes níveis de realidade de maneira coerente, corresponde o fluxo de consciência atravessando de maneira coerente os diferentes níveis de percepção. Os dois fluxos estão numa relação de isomorfismo graças à existência de uma única zona de não resistência. A zona de não resistência faz o papel do terceiro secretamente incluído que permite a unificação, preservando as diferenças, do sujeito transdisciplinar e do objeto transdisciplinar.

A transdisciplinaridade é uma transgressão da dualidade que opõe os pares binários: sujeito / objeto; subjetividade / objetividade; matéria / consciência; simplicidade / complexidade; reducionismo / holismo; diversidade / unidade. Essa dualidade é transgredida pela unidade aberta que abarca tanto o universo – níveis de realidade - quanto o ser humano – níveis de consciência.

A unidade aberta entre o Objeto Transdisciplinar e o Sujeito Transdisciplinar se traduz pela orientação coerente do fluxo de informação que atravessa os níveis de realidade e do fluxo de consciência que atravessa os níveis de percepção. A visão da natureza numa dada época depende do imaginário que predomina. Uma vez formada, a imagem da natureza exerce uma influência sobre todas as áreas do conhecimento.

A passagem de uma visão à outra não é progressiva, nem contínua, ela ocorre, antes, por rupturas bruscas, radicais, descontínuas. Várias visões contraditórias podem, inclusive, coexistir. A extraordinária diversidade de visões da natureza explica porque não podemos falar de natureza, mas apenas de certa natureza de acordo com o imaginário de uma dada época. Transdisciplinar é a capacidade de dialogar com diversos saberes e o sujeito transdisciplinar trata da unidade como a qualidade do que é unido e não do que é único.

## Transdisciplinaridade como Requisito para a Produção de Conhecimento

Várias contraditórias e concomitantes lógicas definem e redefinem "o que é conhecer", mobilizam a vontade e identificam o bem comum, estruturam a produção, o trabalho e a organização política em ambientes plurais e em mudança permanente.

Tradicionalmente a universidade é um lugar para criação, formalização e transmissão de conhecimento, através da pesquisa, ensino e extensão, sustentada no modelo científico. Convém reconhecer que a moderna racionalidade científica é também um modelo totalitário, na medida em que nega o caráter racional a todas as formas de conhecimento que se não pautarem pelos seus princípios epistemológicos e pelas suas regras metodológicas. Ao contrário da ciência aristotélica, a ciência moderna desconfia sistematicamente das evidências da nossa experiência imediata. Transdisciplinaridade é demandada pela pretensão de distribuição social do conhecimento produzido de forma colaborativa, sustentado por fontes que estão ligadas interativamente através de redes. Produzir conhecimento requer uma abordagem transdisciplinar na medida em que o conhecimento é produzido no contexto da aplicação.

Como construir e manter uma universidade participante de uma sociedade que aprende, de forma continuada, através da descoberta, aprendizado com a realidade e, sobretudo, uma universidade engajada nos ambientes políticos econômicos e sociais em que se insere?

## Transdisciplinaridade e Conhecimento Pós-Moderno

*Tudo o que resiste desaparecerá no tempo certo com o progressivo desabrochar da natureza espiritual.*

(Sri Aurobindo)

Boaventura defende uma posição epistemológica antipositivista. "Ponho em causa a teoria representacional da verdade e a primazia das explicações causais e defendo que todo o conhecimento científico é socialmente construído, que o seu rigor tem limites inultrapassáveis e que a sua objetividade não implica a sua neutralidade" (Santos, 2004).

Boaventura constrói as seguintes hipóteses de trabalho:

- não faz sentido a distinção entre ciências naturais e ciências sociais;
- a síntese que vai operar entre elas tem como polo catalisador as ciências sociais; para isso, as ciências sociais terão de recusar todas as formas de positivismo lógico ou empírico ou de mecanicismo materialista ou idealista com a consequente revalorização do que se convencionou chamar humanidades ou estudos humanísticos;
- esta síntese não visa a uma ciência unificada nem sequer uma teoria geral, mas tão só um conjunto de galerias temáticas onde convergem linhas de água que até agora concebemos como objetos teóricos estanques;
- à medida que se der esta síntese, a distinção hierárquica entre conhecimento científico e conhecimento vulgar tenderá a desaparecer e a prática será o fazer e o dizer da filosofia da prática.

## Características da Pesquisa Transdisciplinar

A pesquisa transdisciplinar se dá a partir da identificação de objeto e sujeito transdisciplinares. No que diz respeito ao comportamento, a pesquisa transdisciplinar apresenta características tais como:

- praticantes são aderentes às normas do método científico, mas usam diferentes estratégias cognitivas e sociais;
- conhecimento existente é usado, mas as estruturas são criativas, envolventes e não são reduzidas a lógicas estritas de disciplinas acadêmicas;

- os grupos de pesquisa são movidos por diversas perspectivas e se preocupam tanto com hipóteses de trabalho, formuladas no método científico, quanto com as aplicações dos conhecimentos na realidade de inserção;

- os grupos de pesquisa são temporários e são reestruturados quando os problemas são resolvidos ou redefinidos – mas a comunicação persiste através da tecnologia;

- resultados são difundidos imediatamente através da rede de participantes; produção, difusão e aplicação do conhecimento estão juntos e são concomitantes;

- disseminações subsequentes ocorrem entre os participantes na medida em que eles participam de sucessivos contextos de problemas;

- conhecimento é resultado de entidades e agentes, frequentemente situados em locais diferentes e motivados para encontrar novas soluções para específicos problemas, necessidades e circunstâncias;

- habilitado pela tecnologia, o conhecimento se move rapidamente através da rede de agentes e entidades participantes cruzando fronteiras institucionais e organizacionais.

## Utopia e Realidade

Prigogine (1996) ensina que as questões sobre a regência do universo por leis determinísticas e sobre o papel do tempo foram formuladas pelos pré-socráticos na aurora do pensamento ocidental.

Foi Epicuro o primeiro a estabelecer os termos do dilema a que a física moderna conferiu o peso de sua autoridade. Sucessor de Demócrito, ele imaginava o mundo constituído por átomos em movimento no vazio. Pensava que átomos caíam todos com a mesma velocidade, de acordo com trajetórias paralelas.

Mas aí, enfrentava dilemas: Como podiam, então, entrar em colisão? Como podia aparecer a novidade, uma nova combinação de átomos? Para Epicuro, os problemas da ciência, da natureza e do destino dos homens eram inseparáveis. O que podia significar a liberdade humana no mundo determinista dos átomos? Escrevia ele a Meneceu: "Quanto ao destino, que alguns consideram o senhor de tudo, o sábio ri-se dele. De fato, mais vale ainda aceitar o mito sobre os deuses do que se sujeitar ao destino dos físicos. Pois o mito nos deixa a esperança de nos conciliarmos com os deuses através das honras que nós lhes rendemos, ao passo que o destino tem um caráter de necessidade inexorável".

Embora os físicos de que fala Epicuro sejam os filósofos estoicos, esta citação soa de maneira espantosamente moderna! Repetidas vezes, os grandes pensadores da tradição ocidental, como Kant, Whitehead e Heidegger, defenderam a existência humana contra uma representação objetiva do mundo que ameaçava o seu sentido. Mas, nenhum deles conseguiu propor uma concepção que satisfizesse às paixões contrárias, que reconciliasse nossos ideais de inteligibilidade e de liberdade. Assim, a solução proposta pelo próprio Epicuro, o *clinamen*, que em momentos imprevisíveis perturba imperceptivelmente a queda paralela dos átomos, permaneceu na história do pensamento como o exemplo de uma hipótese arbitrária, que salva um sistema pela introdução de um elemento *ad hoc* (Prigogine, 1996).

De certo modo apoiado no *clinamen*, Prigogine aponta que no equilíbrio e perto do equilíbrio, as leis da natureza são universais. Longe do equilíbrio elas se tornam específicas, dependem de processos irreversíveis. Longe do equilíbrio, a matéria adquire novas propriedades em que as flutuações e as instabilidades desempenham um papel essencial: a matéria torna-se mais ativa.

Num tom metafórico, pode-se dizer que no equilíbrio a matéria é *cega*, ao passo que longe do equilíbrio ela começa a *ver* (Prigogine, 1996).

De qualquer modo, o indeterminismo não traduz, aqui, uma opção metafísica, ele é a consequência da descrição exigida pelos sistemas dinâmicos instáveis.

A única exceção é o estado de equilíbrio, em que o alcance das correlações é determinado pelo estado específico das forças entre as partículas. Este resultado explica o fato de que o não equilíbrio faz aparecer uma nova coerência ilustrada pelas oscilações químicas ou pelos turbilhões hidrodinâmicos.

A física do equilíbrio, portanto, inspirou-nos uma falsa imagem da matéria. "Como todas as coisas são causadas e causadoras, ajudadas e ajudantes, mediatas e imediatas, e todas são sustentadas por um elo natural e imperceptível, que liga as mais distantes e as mais diferentes, considero impossível conhecer as partes sem conhecer o todo, tanto quanto conhecer o todo sem conhecer, particularmente, as partes" (Princípio de Pascal referenciado em Morin, 2000).

O *clinamen,* que fora introduzido para resolver o dilema de Epicuro, não é mais um elemento estranho, mas sim, a expressão da instabilidade dinâmica que está presente nos ambientes econômicos e sociais, obrigando as organizações a se comportarem como sistemas vivos e a modelar os ambientes de forma a fazer leituras novas e inusitadas para, a cada momento, descobrir as oportunidades e os constrangimentos existentes num aprendizado contínuo e dinâmico.

O conhecimento passa a ser instrumento de inserção através de desenvolvimento endógeno, mas em sinergia com parceiros, com estruturação em rede, configuração mutante, instável, adaptativa e em conflito, para agregação de valores, atraídos pelo estímulo permanente de fazer bem feito a coisa possível, tanto no processo, no resultado, e no valor agregado. E cada agente da rede de aprendizado crê em uma utopia, a sua, e com base nela vê o mundo e toma decisões. E cada decisão será resultado do acoplamento de diversos agentes, como a posição decorrente dos campos de influência de cada um.

## Para Concluir

O pensamento em rede, transdisciplinar, considera a diversidade, a autonomia de cada ator, e busca uma nova lógica para a coexistência das diferenças – busca do bem comum.

A diversidade de visões não impede (pelo contrário, pede) que cheguemos a acordos (consensos sociais) sobre o mundo em que vivemos. Esses consensos é que vão determinar as práticas sociais. A construção do objeto transdisciplinar exige do sujeito um desapego a todas as formas de visões fundamentalistas de mundo, sem necessariamente desacreditá-las. A transdisciplinaridade não prescinde nem exclui os demais modos de interpretar o mundo, apenas considera suas lógicas reducionistas, ainda que relevantes, Figura 4.3.

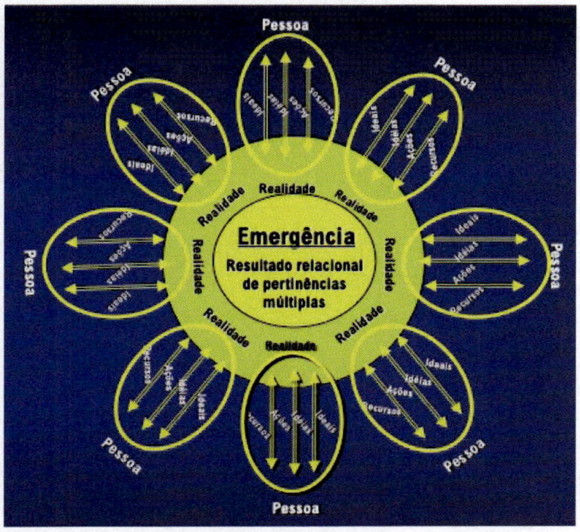

**Figura 4.3** - Emergências. (Fonte: Ritto, 2005).

A busca da evolução é um processo contínuo e aberto que cria ininterruptamente sua própria finalidade cujo produto é inerentemente imprevisível.

Um sistema complexo não pode ser explicado como soma das propriedades das partes. Suas partes (Ritto, 2005) exercem tal influência umas sobre as outras que seu comportamento se distancia significativamente daqueles exibidos pelas partes.

A transdisciplinaridade trata de um mundo plural, desconfia de certezas e entende a pessoa como um complexo material e espiritual em permanente evolução.

Entende a dialógica como mútua fecundação de contrários. Não é equilíbrio entre contrários; é desequilíbrio, criação permanente. Complexidade é caos estruturado. É caótico porque a dinâmica é ambígua; é estruturado porque sempre emerge um estado ordenado.

Nicolescu cogita o encontro entre ciência e tradição. Qual é o sentido da vida? Qual é o papel da pessoa no processo cósmico? Qual é o lugar da natureza no conhecimento? É verdade que gradualmente estas questões foram paulatinamente consideradas não científicas ou relegadas ao inferno do irracional, área reservada ao poeta, ao místico, ao artista ou ao filósofo. Tanto a Ciência Moderna como a Tradição são campos de extraordinária complexidade. É difícil, senão impossível, uma única pessoa possuir ao mesmo tempo os conhecimentos e a prática desses dois campos (Nicolescu, 1999).

Os "costumes", "hábitos" ou "maneiras" de pensar, sentir ou agir, em muitas dimensões, se sustentam no passado como uma herança cultural. A Tradição acumula o conjunto das doutrinas e práticas religiosas ou morais, transmitidas pelos séculos, originalmente através da palavra ou do exemplo, e também o conjunto das informações, mais ou menos legendárias, relativas ao passado, transmitidas de geração em geração. Segundo essa definição, a Tradição engloba as diversas "tradições": cristã, judaica, islâmica, budista, vedanta e tantas outras.

A metodologia científica é única e invariável, mas a teoria científica caracteriza-se por sua perpétua mudança. O desconhecido é inesgotável.

O conhecimento tradicional está baseado na revelação, na contemplação, na percepção direta da realidade. No outro polo, o conhecimento científico (...) está baseado na compreensão da realidade através da mente, por intermédio de construções lógicas, matemáticas, estritamente racionais. Ambas são relevantes, necessárias.

# Capítulo 5 – Neurociência e a História da Formação da Consciência

*Minha alma é uma orquestra oculta; não sei que instrumentos tangem e rangem, cordas e harpas, timbales e tambores, dentro de mim. Só me conheço como sinfonia.*

(Fernando Pessoa, Livro do desassossego)

## Uma Introdução

A neurociência avançou passos gigantescos nos últimos anos e, hoje, traz revelações e explicações que permitem novas visões do ser humano e, sobretudo, descortinam um universo de possibilidades de mais desenvolvimento, sobretudo agora que somos dotados de mente, de self capaz de reflexão, de consciência.

É na consciência que a neurociência coloca o caminho da evolução, conforme nos ensina António Damásio (1995, 2011), que revela o processo histórico que criou e desenvolveu a consciência humana, seu estado atual e as perspectivas para o desenvolvimento de cada pessoa e da humanidade.

Seus estudos evidenciam um desenvolvimento desde o simples até o complexo, revelando o humano no topo deste processo, e, ainda em desenvolvimento, agora na dimensão da consciência.

O ser humano está em permanente evolução em todas as suas dimensões e, na medida em que a neurociência nos revela os avanços e a complexidade de aspectos ligados ao cérebro, à mente e à consciência, percebemos o desafio do aprendizado e podemos vislumbrar o volume de novos conhecimentos que emergirão na sequência das pesquisas.

A tecnologia nos revela, para um futuro próximo, novidades fantásticas no universo dos objetos e suas intrincadas conexões.

Carros sem motoristas, aparelhos domésticos acionados por comando de voz, complexas tecnologias para preservação da saúde e para tratamento de doenças, a robotização de "tudo".

E o ser humano? O que é e o que será relevante para a pessoa? Que nova pessoa estará preparada para usar, usufruir e evoluir no ambiente da tecnologia inteligente da Internet das Coisas?

## O Começo da Vida

A homeostase é o grande mistério que sustenta a vida e o desenvolvimento dos organismos vivos. "O fato de a homeostase ter começado inadvertidamente, no nível dos organismos sem consciência, mente ou cérebro, traz a questão de onde e como a intenção homeostática se instalou na história da vida" (Damásio, 2011).

Homeostase é a propriedade de um sistema aberto, especialmente dos seres vivos, de regular o seu ambiente interno, de modo a manter uma condição estável mediante múltiplos ajustes de equilíbrio dinâmico, controlados por mecanismos de regulação inter-relacionados.

Quando vemos a árvore da vida de uma perspectiva do longo prazo, não podemos deixar de reconhecer que os organismos efetivamente progridem do simples para o complexo. Dessa perspectiva, faz sentido indagar quando a consciência surgiu na história da vida e qual terá sido a sua utilidade para os seres vivos? Damásio ensina que acompanhando a evolução biológica como uma marcha impremeditada, subindo pela árvore da vida, constata-se que a consciência surgiu bem tarde, na parte alta da árvore.

Não há sinal de consciência na sopa primordial, em bactérias, em organismos unicelulares ou multicelulares simples, em fungos ou plantas. Todos eles organismos interessantes que apresentam elaborados mecanismos de regulação da vida, precisamente os mecanismos cujo trabalho a consciência viria a aprimorar tempos depois.

Os neurocientistas, incluso Damásio, ressaltam que nenhum desses organismos tem cérebro, muito menos mente. Na ausência de neurônios, o comportamento é limitado e a mente não é possível e, inexistindo mente, não há consciência propriamente dita, apenas precursores de consciência.

Por mais simples que tenham sido e sejam, os organismos unicelulares tinham o que parece ser uma determinação inabalável e decisiva de se manterem vivos por todo o tempo ordenado pelos genes existentes em seu núcleo microscópico. O governo de sua vida incluía uma teimosa insistência em permanecer, resistir e prevalecer até o tempo em que alguns dos genes no núcleo suspendessem a vontade de viver e permitissem a morte da célula.

Damásio reconhece que é difícil imaginar as noções de "desejo" e "vontade" aplicadas a um organismo unicelular.

Como é que atitudes e intenções que associamos à mente humana consciente, e que nossa intuição nos diz resultarem do funcionamento do enorme cérebro humano, podem estar presentes em um nível tão elementar?

O fato é que estão presentes, seja qual for o nome que se queira dar a essas características do comportamento celular.

Mas como é que as vontades das células e seus coletivos, desprovidos como são de cérebro e de mente, se transferem para o self da mente consciente originada no cérebro? Para que isso aconteça, precisamos introduzir em nossas narrativas um personagem radical que vai mudar o enredo: **a célula nervosa ou neurônio**.

Os organismos unicelulares dotados de núcleo têm uma vontade de viver e gerir a vida pelo tempo que certos genes lhes permitirem, e essa vontade é suficientemente adequada, mesmo sem a participação de uma mente e de uma consciência. São organismos "homeostaticamente competentes".

Fixemos aqui o mistério: de onde é esta vontade de viver?

Homeostase é um processo de autorregulação através do qual sistemas biológicos mantêm sua condição do estado interno estável. É um sistema integrado do organismo que mantém estabilidade das funções de entrada, metabolização e excreção. Homeostase nem sempre é equilíbrio do organismo, mas um estado de estabilidade dinâmico, um sistema comprometido com sua sobrevivência.

Importante para este trabalho é uma constatação relevante que Damásio nos traz: a montagem conjurada pelos sentidos envolve uma contribuição ativa vinda de dentro do cérebro, disponível desde cedo no desenvolvimento.

A ideia de que o cérebro é uma tábua rasa já perdeu credibilidade há um bom tempo.

## O Inconsciente Genômico de Damásio

*Quanto mais gostamos de ser aplaudidos pelo que dizemos, tanto mais propensos somos a criticar o que os outros dizem.*

(São Francisco de Assis)

Em termos simples, trata-se do colossal número de instruções, contidas em nosso genoma, que governam a construção do organismo com as características distintas dos nossos fenótipos tanto no corpo propriamente dito como no cérebro, e que também auxiliam no funcionamento do organismo. A arquitetura básica dos nossos circuitos cerebrais segue instruções do genoma e contém o repertório pioneiro do *know-how* inconsciente com os quais nosso organismo pode ser governado.

Esse know-how relaciona-se principalmente à regulação da vida, às questões de sobrevivência e reprodução. Contudo, precisamente em razão da centralidade desses problemas, a arquitetura favorece comportamentos que podem dar a impressão de serem decididos pela cognição consciente, mas, na verdade, são governados por disposições não conscientes.

As preferências espontâneas que manifestamos bem cedo na vida com respeito à comida, bebida, parceiros e habitat são movidas, em parte, pelo inconsciente genômico, embora possam ser moduladas e modificadas pela experiência individual ao longo de todo o desenvolvimento.

A psicologia reconhece há muito tempo a existência de alicerces inconscientes do comportamento e os estuda sob as denominações de instintos, comportamentos automáticos, impulsos e motivações.

O que mudou recentemente é a constatação de que a instalação inicial dessas disposições no cérebro humano se dá sob considerável influência genética e que, não obstante toda a modelação e remodelação pelas quais passamos como indivíduos conscientes, o alcance temático dessas disposições é amplo e assombrosamente disseminado. Podemos notar esse fato especialmente no caso de algumas disposições sobre as quais foram construídas as estruturas culturais.

O inconsciente genético influenciou a configuração inicial das artes, como a música, a pintura e a poesia. Influenciou a estruturação inicial do espaço social, incluindo as convenções e regras. Influenciou, como certamente perceberam Freud e Jung, muitos aspectos da sexualidade humana.

Temos um permanente sentimento da vontade consciente, mas com que frequência somos guiados por um inconsciente cognitivo bem ensaiado, treinado sob a supervisão da reflexão consciente para observar ideais, necessidades e planos conscientemente concebidos?

Com que frequência somos guiados por predisposições, apetites e desejos inconscientes arraigados e biologicamente muito antigos?

Damásio desconfia que a maioria de nós, fracos, mas bem-intencionados pecadores, funciona em ambos os modos, ora mais em um, ora mais em outro, dependendo da situação e do momento.

Um maior controle sobre as imprevisibilidades do comportamento humano só pode ser alcançado com acumulação de conhecimentos e com a reflexão sobre os fatos descobertos. Analisar os fatos sem pressa, avaliar o resultado das decisões e ponderar os resultados emocionais dessas decisões é o caminho para a construção de um guia prático também conhecido como sabedoria.

Com base na sabedoria, podemos deliberar e ter esperanças de nortear nosso comportamento segundo as convenções culturais e regras éticas que baseiam nossa biografia e o mundo em que vivemos.

Damásio considera igualmente importante nossa necessidade de estarmos alertas para uma singular barreira com que deparam as decisões que são fruto de uma deliberação consciente: elas têm de encontrar um caminho para o inconsciente cognitivo a fim de permear o maquinário da ação – e precisamos facilitar essa influência.

Um modo de transpor a barreira seria um intenso ensaio consciente dos procedimentos e ações que desejamos que o nosso inconsciente execute, um processo de prática repetida que nos leve a dominar uma habilidade de execução – um programa de ação psicológica composto conscientemente que mandamos para a esfera não consciente.

Como fazer? Damásio lembra, que há milênios, líderes sagazes recorrem a uma solução comparável quando pedem que seus seguidores observem rituais disciplinados cujo efeito colateral sem dúvida é a imposição gradual de decisões determinadas conscientemente sobre processos de ação não conscientes.

A demanda homeostática não consciente está naturalmente no controle e só pode ser combatida por uma força oposta poderosa e bem treinada; uma emoção com consequências negativas só poderia ser contrabalançada por outra emoção mais poderosa. O mecanismo não consciente tem de ser treinado pela mente consciente para desferir um bom contragolpe emocional.

## O surgimento dos neurônios

Ao surgirem os neurônios, a vida passa por uma notável mudança. Os neurônios aparecem como uma variação do tema das demais células do corpo. São feitos dos mesmos componentes das outras células, funcionam em geral de maneira idêntica, e, no entanto, são especiais. Tornam-se condutores de sinais: mecanismos de processamentos capazes de transmitir e receber mensagens.

Em virtude dessas capacidades sinalizadoras, os neurônios organizam-se em circuitos e redes complexas que representando fenômenos que ocorrem em outras células e, direta ou indiretamente, influenciam o funcionamento de outras células e até o seu próprio funcionamento.

O trabalho dos neurônios é totalmente voltado para outras células do corpo, embora não percam sua condição de células corporais só porque adquiriram a capacidade de transmitir sinais por vias eletroquímicas, enviar esses sinais a vários locais do organismo e constituir circuitos e sistemas.

Neurônios são células do corpo, acentuadamente dependentes de nutrientes como são todas as células corporais. Destoam, sobretudo, pela capacidade de realizar truques que as outras células não sabem fazer, e mostram a decidida atitude de ter uma vida longa, se possível tão longa quanto a de seu possuidor.

Damásio adverte que a separação entre o corpo e cérebro é exagerada, pois os neurônios que compõem o cérebro *são* células corporais, e esse fato é de grande relevância para o problema mente-corpo.

Quando neurônios surgem em organismos capazes de movimento, a vida sofre uma mudança que a natureza nega aos vegetais. Tem início uma incessante progressão da complexidade funcional: comportamentos cada vez mais elaborados, processos mentais e, por fim, consciência.

Um segredo por trás dessa complexidade gradativa agora está claro. Relaciona-se ao número de neurônios disponível em um organismo e, igualmente importante, aos padrões em que eles se organizam em circuitos de escalas cada vez maiores até comporem regiões cerebrais macroscópicas que formam sistemas com intricadas articulações funcionais.

Assevera Damásio que o surgimento da consciência humana está associado a mudanças evolucionárias no cérebro, no comportamento e na mente que, por fim, levaram à criação da cultura, uma novidade radical no curso da história natural.

### A mente independente e rebelde

A neurociência constata que nossa mente rebelde não se desenvolveu de uma hora para outra.

Mentes constituídas por mapas de diversas modalidades sensoriais ajudaram a melhorar a regulação da vida, porém, mesmo quando os mapas se tornaram imagens mentais propriamente sentidas, não eram independentes, e, muito menos, rebeldes.

Imagens sentidas no interior do organismo favoreceram as chances de sobrevivência e criaram um espetáculo potencialmente belo, só que não havia ninguém para observá-lo, até que a mente adicionou um **self central** à sua composição, momento esse que a neurociência, e sobretudo, Damásio, estabelecem como o verdadeiro início da consciência.

Ter um protagonista simples foi uma inequívoca vantagem, pois gerava uma firme ligação entre as necessidades de regulação da vida e a profusão de imagens mentais que o cérebro estava formando sobre o mundo à sua volta.

Mas, a independência e rebeldia a que Damásio se refere só puderam emergir:

- Quando o self tornou-se complexo o suficiente para revelar um quadro mais completo da condição humana;
- Quando organismos vivos se tornaram capazes de aprender que dor e perda eram possíveis, mas também eram possíveis o prazer, o florescimento, a tolice;
- Quando houve perguntas a serem feitas sobre o passado e o futuro humano;
- Quando a imaginação pôde mostrar modos possíveis de reduzir o sofrimento, minimizar perdas e aumentar a probabilidade de felicidade e fantasia.

Então, afirma Damásio, a mente rebelde começou a conduzir a existência humana por novos rumos, alguns desafiadores, outros cordatos, mas todos baseados no pensamento através do conhecimento, um conhecimento mítico de início, científico depois, mas sempre conhecimento.

## A História da Evolução - da "sopa primordial" à consciência

*Jamais se desespere em meio às sombrias aflições de sua vida, pois das nuvens mais negras cai água límpida e fecunda.*

(Tradição chinesa)

O começo da vida na Terra se dá há 3,5 bilhões de anos e a partir de então não parou de evoluir. É mesmo inacreditável que da sopa primordial tenha se constituído o humano consciente de si e que questiona o vir a ser. O que será?

Amabis nos apresenta um resumo considerando o tempo passado em anos: (Amabis & Martho, 2001).

| 3,5 bilhões | Primeiras evidências de seres vivos |
|---:|---|
| 2,5 bilhões | Origem da fotossíntese |
| 2 bilhões | Origem dos seres eucarióticos |
| 570 milhões | Abundância de fósseis ("explosão cambriana") |
| 438 milhões | Origem das plantas de terra firme |
| 408 milhões | Origem dos anfíbios |
| 360 milhões | Origem dos répteis |
| 245 milhões | Origem dos dinossauros e dos mamíferos |
| 66 milhões | Extinção dos dinossauros e início da expansão dos mamíferos |
| 55 milhões | Origem dos primatas |
| 8 milhões | Ancestral comum de pongídeos[1] e hominídeos |
| 2 milhões | Primeiros hominídeos |
| 150 Mil | Origem da espécie humana moderna |

Damásio completa:

- Há cerca de 200 mil anos nossos ancestrais humanos mais diretos andavam pela Terra;

- Há 30 mil anos humanos estavam criando pinturas e esculturas, entalhando em rocha, fundindo metais, confeccionando joias e, possivelmente, fazendo música;

- Há dezenas de milhares de anos, humanos já tinham funerais suficientemente elaborados para requerer um tratamento especial dos mortos e o equivalente de pedras tumulares;

- Há cerca de 5 mil anos o desenvolvimento da escrita fornece-nos um punhado de

[12] *família de antropoides que abrange o orangotango, o gorila, o chimpanzé e o gibão.*

dados irrefutáveis;

- Há menos de 3 mil anos, na época dos poemas homéricos, o self autobiográfico já existia na mente humana;

- Há apenas alguns milhares de anos, o self capaz de rebeldia, que Damásio cogita como um avanço recente, um mero instante no tempo evolucionário.

Esse self rebelde depende:

- Da capacidade cerebral de criar não só representações mentais que imitem a realidade de maneira fiel e mimética, mas também representações que simbolizem ações, objetos e indivíduos;

- Da atividade cerebral para comunicar estados mentais, especialmente estados de sentimento, por meio de gestos do corpo e das mãos, e também pela voz, na forma de tons musicais e linguagem verbal;

- Da invenção de sistemas de memória externos, paralelos aos existentes em cada cérebro, e, com isso, Damásio enfatiza que as representações pictóricas encontradas nas primeiras pinturas, entalhes, esculturas, ferramentas, joias, arquitetura funerária e, muito tempo depois do advento da linguagem, em registros escritos: certamente a mais importante variedade de memória externa até pouco tempo atrás.

## O Self autobiográfico

O self autobiográfico é definido como o conhecimento biográfico relacionado ao passado e ao futuro antevisto.

Quando pensamos em uma estratégia para construir o self, é apropriado começar pelos requisitos do self central. O cérebro precisa introduzir na mente algo que não estava presente antes, ou seja, um protagonista.

Assim que um protagonista se torna disponível em meio a outros conteúdos mentais, e assim que esse protagonista é coerentemente ligado a alguns dos conteúdos mentais correntes, a subjetividade começa a ser inerente ao processo.

Devemos nos concentrar primeiro no limiar do protagonista, o ponto no qual os elementos indispensáveis do conhecimento aglutinam-se, por assim dizer, para produzir a subjetividade.

Nos cérebros sobejamente dotados de memória, linguagem e raciocínio, as narrativas com essa origem e contornos simples são enriquecidas e têm condições de exibir ainda mais conhecimentos, produzindo assim um protagonista bem definido, um self autobiográfico. O self autobiográfico é uma autobiografia que se tornou consciente.

Tão logo o self autobiográfico se torna capaz de funcionar com base em conhecimentos gravados em circuitos cerebrais e em registros externos na pedra, argila ou papel, os humanos adquirem o poder de atrelar suas necessidades biológicas individuais à sabedoria acumulada.

Assim tem início um longo processo de indagação, reflexão e resposta, encontrado em toda a história humana registrada nos mitos, religiões, artes e várias estruturas inventadas para governar o comportamento social – a moralidade construída, os sistemas de justiça, a economia, a política, a ciência e a tecnologia.

As consequências culminantes da consciência ocorrem graças à memória. É uma memória adquirida através de um filtro de valor biológico e animada pelo raciocínio.

## As consequências do self capaz de reflexão

Imagine os seres humanos de épocas remotas, algum tempo depois que a linguagem verbal se estabeleceu como meio de comunicação.

Imagine indivíduos conscientes cujo cérebro era dotado de muitas das capacidades que encontramos nos humanos atuais, e que buscavam muitas das coisas que ainda hoje buscamos: alimento, sexo, abrigo, segurança, conforto, dignidade, e talvez transcendência.

Nesse ambiente, a competição por recursos era um problema dominante, os conflitos podiam ser abundantes, e a cooperação era essencial.

Recompensa, punição e aprendizado orientavam o comportamento desses indivíduos.

Suponhamos que eles possuíam um conjunto de emoções semelhantes às nossas: apego, nojo, medo, alegria, tristeza e raiva sem dúvida estavam presentes, como emoções que governavam a sociabilidade, como confiança, vergonha, compaixão, desprezo, orgulho, reverência e admiração.

E suponhamos que esses humanos antigos já fossem animados por uma intensa curiosidade sobre seu meio físico e sobre outros seres vivos, da mesma espécie ou não.

Se os estudos de tribos relativamente isoladas no século XX podem ser considerados um guia, esses humanos também tinham curiosidade sobre si mesmos e contavam histórias sobre sua origem e seu destino.

Os mecanismos por trás dessa curiosidade são relativamente fáceis de imaginar.

- Os humanos do passado distante sentiriam afeição e apego por outros indivíduos com quem criavam laços, especialmente parceiros sexuais e filhos, e sentiriam pesar quando esses laços fossem rompidos, quando vissem outros sofrendo ou estivessem sofrendo eles próprios;

- Também vivenciariam e testemunhariam momentos de alegria, satisfação e episódios de sucesso nas tarefas de caçar, cortejar, encontrar abrigo, guerrear e criar os filhos.

Podemos supor que essa descoberta sistemática do drama da existência humana e suas possíveis compensações só foram possíveis depois do desenvolvimento de uma consciência humana completa. Uma mente com um self autobiográfico capaz de guiar a deliberação reflexiva e reunir conhecimentos.

Por fim, dada a provável capacidade intelectual desses humanos antigos, é bem possível que eles tenham especulado sobre a posição que ocupavam no universo, o *de onde e para onde* que até hoje, milhares de anos depois, continua sendo uma obsessão humana.

É nessa altura que o self rebelde chega à maturidade.

- É quando surgem mitos para explicar a condição humana e suas ações;
- É quando se elaboram convenções sociais e regras conducentes aos princípios de uma verdadeira moralidade, dominando os comportamentos pré-morais como o altruísmo familiar e o altruísmo recíproco, comportamentos que a natureza já apresentava muito antes do surgimento do self reflexivo;
- É quando são criadas narrativas religiosas a partir dos mitos e em torno deles, destinadas a explicar as razões do drama e a impor novas leis criadas para reduzi-lo.

## A Consciência e o Self

**Consciência** - Chamamos consciência, essa fenomenal faculdade de ter uma mente dotada de um possuidor, um protagonista de sua própria existência, um self a inspecionar seu mundo interior e o que há em volta, um agente que parece pronto para a ação, uma mente dotada de subjetividade.

**Self** - Podemos considerar o processo do self de duas perspectivas:

1. A do observador que aprecia um objeto dinâmico – o objeto dinâmico que consiste em certos funcionamentos da mente, certas características de comportamento e certa história de vida;

2. A do conhecedor, o processo que dá um foco ao que vivenciamos e por fim nos permite refletir sobre essa vivência.

A função do self não é algum tipo de homúnculo onisciente, e sim um surgimento, no processo de projeção virtual que chamamos de mente, de mais um elemento virtual: um protagonista imaginado de nossos eventos mentais.

De um ponto de vista evolucionário, começaram a ocorrer processos do self só depois que a mente e a vigília já se haviam estabelecidas como operações cerebrais.

Os processos do self eram especialmente eficientes para orientar e organizar a mente em função das necessidades homeostáticas de seus organismos e, com isso, aumentavam as chances de sobrevivência.

Assim, como seria de esperar, os processos do self foram favorecidos pela seleção natural e prevaleceram na evolução. Em fases iniciais, os processos do self provavelmente não geravam a consciência no sentido amplo do termo. Mais adiante na evolução, níveis mais complexos de self – do self central para cima – começaram a gerar uma subjetividade na mente e a qualificar-se para a consciência.

Mais à frente, instruções ainda mais complexas passaram a ser usadas para obter e acumular conhecimentos adicionais sobre os organismos individuais e seu ambiente. Os conhecimentos eram guardados em memórias que residiam no cérebro, mantidos em regiões de convergência-divergência e também em memórias registradas externamente, nos instrumentos da cultura.

A consciência no sentido pleno do termo surgiu depois que esses conhecimentos foram categorizados, simbolizados de várias formas (inclusive a linguagem recursiva) e manipulados pela imaginação e pelo raciocínio.

Em suma, a consciência reflexiva não só melhorou a revelação da existência, mas também permitiu a indivíduos conscientes começar a interpretar sua condição e a agir em função dela.

Damásio cogita que **o mesmo impulso homeostático que moldou o desenvolvimento de mitos e religiões esteve por trás do surgimento das artes, ajudado pela mesma curiosidade intelectual e pelo mesmo impulso de explicar**. As mesmas condições poderiam realmente ensejar esses dois avanços:

- Se a necessidade de gerir a vida foi uma das razões do surgimento da música, da dança, da pintura e da escultura;

- Então a capacidade de melhorar a comunicação e organizar a vida social foram duas outras fortes razões e deram às artes um poder adicional de permanência.

Ao nascerem as artes, como a música, a dança e a pintura, provavelmente as pessoas tinham a intenção de transmitir, aos outros, informações sobre ameaças e oportunidades, sobre sua própria tristeza ou alegria, sobre a moldagem do comportamento social. Contudo, paralelamente à comunicação, as artes também teriam produzido uma compensação homeostática. Do contrário, como teriam prevalecido?

Tudo isso, mesmo antes da maravilhosa descoberta de que, quando os humanos conseguiam produzir palavras e encadeá-las em sentenças, nem todos os sons eram semelhantes. Os sons possuíam acentos naturais, e os acentos podiam ter relações no tempo. Podiam criar ritmos, e certos ritmos podiam gerar prazer. A poesia tornou-se possível, e essa técnica encontrou, por fim, modos de influenciar a prática da música e da dança.

As artes só puderam surgir depois de os cérebros terem adquirido certas características mentais que decerto se estabeleceram no decorrer de um longo período evolucionário.

Há muitos exemplos dessas características, entre elas estão:

- A reação emocional de prazer com a visão de certas formas e pigmentos, presentes em objetos naturais, mas também aplicáveis a objetos feitos pelo humano e à decoração do corpo;
- A reação de prazer a determinadas características de sons e a certos tipos de organização dos sons relacionados aos timbres, aos tons e suas afinidades e aos ritmos;
- O mesmo vale para a reação emotiva a certos tipos de organização espacial e paisagens que incluem vasos, panoramas abertos e a proximidade de água e vegetação.

A arte pode ter começado como um expediente homeostático para o artista e os que desfrutassem de sua arte, e também, como um meio de comunicação. Por fim, tanto para o artista como para sua plateia, os usos diversificam-se:

- A arte passou a ser um meio privilegiado de trocar informações a respeito de fatos e emoções considerados importantes para os indivíduos e para a sociedade, como demonstram os poemas épicos, o teatro e as esculturas de tempos remotos;

- Também se transformou em modo de induzir emoções e sentimentos alentadores, e nisso, a música sobressai em todas as épocas;
- Igualmente importante, a arte tornou-se um modo de explorar a própria mente e a mente dos outros, uma maneira de ensaiar aspectos específicos da vida e um modo de exercitar juízos morais e ações morais;
- Em última análise, porque as artes possuem raízes profundas na biologia e no corpo humano, e podem elevar o homem aos níveis superiores de pensamento e sentimento, elas se tornaram o caminho para o refinamento homeostático que as pessoas idealizam e que anseiam por alcançar, o equivalente biológico da dimensão espiritual nos assuntos humanos.

Em suma, as artes prevaleceram na evolução por terem valor para a sobrevivência e contribuíram para o desenvolvimento da noção de bem-estar:

- Elas ajudaram a dar coesão aos grupos sociais e a promover a organização social, auxiliaram na comunicação, compensaram desequilíbrios emocionais decorrentes de medo, raiva, desejo e tristeza;
- Provavelmente, também inauguraram o longo processo de criar registros externos da vida cultural;
- As artes foram uma compensação imperfeita para o sofrimento humano, para a felicidade não alcançada, para a inocência perdida, mas ainda assim alguma compensação elas trouxeram e ainda trazem, como um consolo diante das calamidades provocadas pela natureza e pelo mal causado pelos homens;
- Elas são uma das maravilhosas dádivas da consciência ao ser humano.

## A Mente Consciente e o Corpo

O processo mental é um fluxo contínuo de imagens, algumas das quais correspondem a eventos que estão ocorrendo fora do cérebro, enquanto outras são reconstituídas de memória no processo de evocação. A mente é uma combinação sutil e fluida de imagens de fenômenos em curso e de imagens evocadas, em proporções sempre mutáveis.

A mera presença de imagens organizadas transitando em um fluxo mental produz uma mente, porém, a menos que algum processo suplementar seja acionado, a mente permanece inconsciente.

O que falta nessa mente inconsciente é um self. A mente consciente emerge na história da regulação da vida.

Quando o cérebro humano começou a engendrar a mente consciente, o jogo sofreu uma mudança radical.

Passamos da simples regulação, voltada para a sobrevivência do organismo, a uma regulação progressivamente mais deliberada, baseada em uma mente dotada de identidade e pessoalidade e agora empenhada ativamente não apenas na mera sobrevivência, mas também na busca de certas faixas de bem-estar. Um salto e tanto, ainda que armado, até onde sabemos, sobre continuidades biológicas.

A construção de uma mente consciente se dá através de um processo muito complexo, resultante de adições e eliminações de mecanismos cerebrais ao longo de milhões de anos de evolução biológica. Isoladamente, nenhum mecanismo ou dispositivo pode gerar a complexidade da mente consciente.

A mente humana consciente levou a evolução por um novo curso precisamente porque nos proporcionou escolhas, possibilitou uma regulação sociocultural relativamente flexível além daquela complexa organização social que vemos tão espetacularmente, por exemplo, nos insetos sociais.

Se o cérebro prevaleceu na evolução porque oferecia um maior âmbito para a regulação da vida, o sistema cerebral que levou à mente consciente prevaleceu porque oferecia as mais amplas possibilidades de adaptação e sobrevivência com tipo de regulação capaz de manter e expandir o bem-estar.

A mente consciente começa quando o self brota na mente. A mente toma conhecimento do mundo exterior por intermédio do cérebro, mas é igualmente verdade que o cérebro só pode obter informações por meio do corpo. É obvio que o cérebro também faz parte do corpo.

Um leigo em neurociência poderia supor que o corpo funciona como uma unidade, um pedaço único de carne ligado ao cérebro por fios vivos que chamamos de nervos, mas a realidade é bem outra.

O corpo tem numerosos compartimentos separados e é verdade que as vísceras, às quais se dá tanta atenção, são essenciais: coração, pulmões, intestino, fígado e pâncreas, boca, língua e garganta, glândulas endócrinas (por exemplo, pituitária, tireoide, adrenais), ovários e testículos. Mas é preciso incluir nesta lista outras vísceras menos comumente mencionadas: um órgão também vital, porém menos reconhecido, a pele, que envolve todo o nosso organismo, a medula óssea e dois espetáculos dinâmicos chamados sangue e linfa.

- O corpo vivo é o lugar central;
- A regulação da vida é a necessidade e a motivação;
- O mapeamento no cérebro é o capacitor, o mecanismo que transforma a regulação simples da vida em uma regulação por intermédio da mente, e, por fim, na regulação pela mente consciente.

Damásio esclarece que os níveis distintos de processamento – **mente, mente consciente e mente consciente capaz de produzir cultura** – surgiram em sequência. Isso, porém, não deve deixar a impressão de que quando mentes adquiriram níveis de self, pararam de evoluir como mentes ou que esses níveis de self finalmente chegaram ao fim de sua evolução. Ao contrário, o processo evolucionário continuou (e continua), possivelmente enriquecido e acelerado pelas pressões criadas pelo autoconhecimento; e não há um fim à vista.

## Para Concluir

Damásio nos apresenta um histórico do desenvolvimento do corpo, do organismo e, mais especificamente, o desenvolvimento da capacidade cognitiva, sempre estimulada pelo ainda não completamente explicado fenômeno da homeostase. A homeostase se apoia e favorece características que conspiram para a sobrevivência e, como consequência, para a evolução.

Destacamos, para o propósito deste trabalho, duas dimensões:

Uma é a própria sobrevivência física e como a evolução, durante milhões de anos, aprimoraram, constantemente, nossa capacidade de convivência com o ambiente circundante. Aprendemos a conviver e a tirar dele os elementos necessários à nossa evolução.

Outra é a formação da Consciência, último estágio até agora, como o integrador das partes e do processo evolutivo. Mais que isso, mostra que o processo é evolutivo.

E qual é a suprema dádiva da consciência à humanidade? Vejamos:

- Talvez a capacidade de navegar pelo futuro nos mares da nossa imaginação, de conduzir o navio do self a um porto seguro e produtivo;

- Essa dádiva extraordinária depende, mais uma vez do encontro do self com a memória;

- Temperada com os sentimentos pessoais, é a memória que permite ao homem imaginar seu bem-estar individual e o bem-estar global da sociedade, inventar modos e recursos para alcançar e ampliar esse bem-estar;

- É pela memória que incessantemente situamos o self no evanescente agora, entre um passado já vivido e um futuro antevisto, oscilando sempre entre os ontens, que ficaram para trás, e os amanhãs, que não passam de possibilidades;

- O futuro nos "empurra" (ou puxa) à frente, de um ponto distante e fugidio, e nos anima a prosseguir viagem no presente.

Extraímos daqui que o conhecimento pessoalmente relevante é, neste caso, aquele que favorece a evolução integrando o que já sou, me permitindo dar passos à frente no caminho permanente, que se revela interminável. Exprime direção e é comprometido com a evolução da pessoa; o exemplo mais contundente é apresentado por Damásio como a homeostase.

A hipótese deste trabalho é que conhecimento pessoalmente relevante é aquele que conspira para que a pessoa seja protagonista na sua relação com o seu universo. As conclusões de Damásio caminham neste sentido.

Vale ressaltar que este capítulo, onde estão apresentados resultados dos trabalhos de Damásio na dimensão da neurociência, centra na matéria e entende que todo o processo evolutivo está centrado na matéria. O prosseguimento deste trabalho vai defender que o desenvolvimento da matéria, tão bem apresentado e defendido por Damásio, em cada um de seus estágios, prepara a pessoa para conexões cada vez mais complexas e sofisticadas com a dimensão da espiritualidade.

Dimensões mais sutis do campo espiritual carecem de mente e consciência sofisticadas para suas mais elevadas manifestações. Apoiados nas conclusões de Damásio a respeito da evolução, precisamos acrescentar a dimensão espiritual e colocar a pessoa em contato com mundo de energias e vibrações do Universo.

Este conjunto corpo, mente e consciência, agora presente e tão bem apresentado por Damásio, favorece, determina e sente necessidade de conexão com o universo de espiritualidade não alienada e que coloque a pessoa como protagonista de sua evolução.

# Capítulo 6 – Morfogênese - uma Nova Ciência da Vida[13]

*Crescer espiritualmente é a maior ajuda que alguém pode dar aos outros, pois, a partir dele, flui naturalmente algo que ajuda aqueles que estão à sua volta.*

(Sri Aurobindo)

## Uma Introdução

À medida que aumenta a complexidade de um sistema, também aumenta a probabilidade de que ele gere uma singularidade ou uma perturbação não previsível. Começamos a ver, graças aos prodígios da nova matemática, que as marchas aleatórias não têm nada de aleatório – que uma marcha aleatória suficientemente longa se torna uma estrutura fractal de extraordinária profundidade e beleza. O caos não é alguma coisa que degrada a informação, nem é, de alguma forma, o inimigo da ordem. Pelo contrário, o caos é a terra natal da ordem.

O conceito de atratores mórficos na teoria da ressonância mórfica, à semelhança do conceito de enteléquia[14] na noção de alma segundo Aristóteles, tenta lidar com o fato de que, de alguma maneira, o sistema, a pessoa, o animal, a planta em desenvolvimento, ou seja lá o que for, estão sujeitos, no presente, à influência de um estado potencial futuro, que ainda não passou a existir. É o estado potencial futuro que dirige, guia e atrai o desenvolvimento do sistema no presente.

Este é o tema dos Campos Mórficos de Sheldrake e que vamos examinar na busca de melhorar nosso entendimento a respeito de conhecimentos pessoalmente relevantes.

[13] Este capítulo tem centralidade nas pesquisas e propostas de Sheldrake, 2013 e 2014, mas também Sheldrake, 1992, 1996, 1999, 2004, 2001.

[14] Enteléquia - Enteléquia é uma palavra grega cuja raiz en-telos indica alguma coisa que leva a sua finalidade ou meta em si mesma; ela "contém" a meta para a qual se dirige um sistema sob seu controle (Sheldrake, 2013).

## A Hipótese da Causação Formativa

A hipótese da causação formativa proposta por Sheldrake considera que a natureza segue hábitos, que evoluem permanentemente, diferindo radicalmente da premissa convencional de que a natureza é governada por leis eternas.

Desde a grande revolução na cosmologia na década de 1960, quando a teoria do Big Bang se tornou a nova ortodoxia, a maioria dos cosmólogos acredita que o universo teve início há 15 bilhões de anos. Quando tudo surgiu do nada - não havia espaço nem tempo antes do cosmos - ele era menor do que a cabeça de um alfinete e imensamente denso e quente.

O cosmos tem se expandido desde então. Todos os átomos, moléculas, estrelas galáxias, cristais, planetas e formas de vida surgiram ao longo do tempo. Eles têm históricos evolutivos e hoje o universo se parece com um vasto organismo em desenvolvimento e não com uma máquina eterna cujo vapor está se esgotando lentamente.

Embora hoje a cosmologia seja evolutiva, muitos cientistas tomam como válidas as eternas Leis da Natureza. Para Sheldrake essa é uma doutrina filosófica ou teológica e não uma hipótese científica. Não poderia ser testada experimentalmente antes de existir um universo no qual seria testada. Sheldrake sugere uma nova possibilidade:

**As regularidades da natureza não são impostas a ela desde um reino transcendente, mas evoluem dentro do universo. Aquilo que acontece depende daquilo que aconteceu antes. A memória é inerente à natureza. É transmitida por um processo de ressonância mórfica, que atua em campos mórficos.**

Na década de 1980 uma atmosfera de entusiasmo acompanhou o lançamento das novas técnicas que permitiram a clonagem de genes e a descoberta do sequenciamento de "letras" no "código genético". As instruções da própria vida estavam sendo expostas, abrindo para os biólogos a possibilidade de modificarem geneticamente plantas e animais. Havia um fluxo contínuo de novas descobertas. Este notável progresso levou a uma visão vasta e ambiciosa: soletrar todo o complemento dos genes do genoma humano.

Em 26 de junho de 2000, o presidente Clinton e o primeiro-ministro britânico Tony Blair, juntamente com Craig Venter e Francis Collins, chefe do Projeto Genoma oficial, anunciaram a publicação do primeiro esboço do genoma humano. Numa coletiva à imprensa na Casa Branca, o presidente Clinton disse. "Estamos aqui hoje para celebrar a conclusão do primeiro mapeamento completo do genoma humano. Sem dúvida, este é o mais importante, o mais maravilhoso mapa já produzido pela humanidade".

Sheldrake destaca que esse feito transformou, de fato, a visão que temos a nosso respeito, mas não da maneira que se esperava. A primeira surpresa é que temos muito poucos genes. No lugar dos 100 mil ou mais antes previstos, a contagem final, com aproximadamente 25 mil, foi bastante intrigante, ainda mais se fosse comparada com os genomas de animais bem mais simples do que nós. A mosca-das-frutas tem cerca de 17 mil genes e o ouriço-do-mar tem cerca de 26 mil. Muitas espécies de plantas têm bem mais genes do que nós: o arroz tem aproximadamente 38 mil, por exemplo.

Todavia, a antiga premissa de que a vida seria compreendida se os biólogos moleculares conhecessem o «programa» de um organismo está cedendo lugar à percepção de que há uma imensa lacuna entre as sequências de genes e a forma como os organismos vivos crescem e se comportam.

Sheldrake propõe o caminho da causação formativa afirmando que a herança de hábitos pela ressonância mórfica está de acordo com o darwinismo e em oposição ao neodarwinismo. O neodarwinismo na década de 1940 rejeitou o aspecto lamarckista da teoria de Darwin. Os neodarwinistas afirmaram que os genes eram passados sem modificações dos progenitores para a prole, exceto no caso de raras mutações aleatórias. Qualquer tipo de modificação lamarckista dos genes seria impossível.

Evidências a favor da herança das características adquiridas continuaram a se acumular ao longo do século XX, mas foram ignoradas, de modo geral. Contudo, pouco depois da virada do milênio, o tabu começou a perder forças com o reconhecimento crescente de uma nova forma de herança, chamada de herança epigenética. O prefixo «epi» significa «sobre e acima». A herança epigenética não envolve mudanças nos genes em si, mas mudanças na expressão genética.

A filosofia organísmica ou holística da natureza proporciona um contexto para uma revisão mais radical da teoria mecanicista. Esta filosofia nega que tudo que há no universo pode ser explicado de baixo para cima, por assim dizer, tendo em vista as propriedades das partículas subatômicas, ou átomos, ou mesmo moléculas, nega que tudo possa ser epifenômeno da matéria.

Em vez disso, ela reconhece a existência de sistemas organizados hierarquicamente que, em cada nível de complexidade, tem propriedades que não podem ser plenamente compreendidas levando-se em consideração as propriedades exibidas por suas partes em isolamento umas das outras; em cada nível, o todo é mais do que a soma de suas partes.

A hipótese da causação formativa baseia-se na ideia de que os campos morfogenéticos têm, de fato, efeitos físicos mensuráveis. Ela propõe que campos morfogenéticos específicos são responsáveis pela forma característica e pela organização de sistemas em todos os níveis de complexidade, não apenas no âmbito da química e da física. Esses campos organizam os sistemas com os quais estão associados, afetando eventos que, do ponto de vista energético, parecem ser indeterminados ou probabilísticos; eles impõem restrições padronizadas aos resultados energeticamente possíveis de processos físicos.

Se os campos morfogenéticos são responsáveis pela organização e forma de sistemas materiais, eles devem ter estruturas características. E de onde vêm esses campos-estruturas? Sheldrake ensina que **derivam dos campos morfogenéticos associados a sistemas similares anteriores: os campos morfogenéticos de todos os sistemas passados tornam-se presentes e afetam sistemas similares subsequentes por uma influência cumulativa que age tanto através do espaço quanto do tempo.**

Segundo a hipótese da causação formativa, os sistemas são organizados tal como são porque sistemas similares eram organizados dessa forma no passado.

Sheldrake constata que várias predições testáveis podem ser deduzidas dessa hipótese e considera que um único exemplo será suficiente:

> *Se um animal - um rato, digamos - aprende um novo padrão de comportamento, haverá uma tendência para que qualquer rato subsequente similar (da mesma raça, criado sob condições similares etc.) aprenda mais rapidamente o mesmo padrão de*

*comportamento. Quanto maior o número de ratos que aprendem a realizar a tarefa, mais fácil será para que qualquer rato subsequente similar a aprenda. Assim, se, por exemplo, milhares de ratos fossem treinados para realizar uma nova tarefa num laboratório em Londres, ratos similares aprenderiam a realizar a mesma tarefa mais rapidamente em laboratórios de outros lugares. Se a velocidade do aprendizado de ratos em outro laboratório, como em Nova York, fosse medida antes e depois do treinamento dos ratos de Londres, os ratos testados na segunda vez deveriam aprender mais rapidamente do que aqueles testados na primeira vez. O efeito deveria ocorrer na ausência de qualquer tipo conhecido de conexão física ou de comunicação entre os dois laboratórios. Esta é nomeada hipótese da causação formativa.*

## Os problemas da morfogênese

> *Hoje é o que é, porque ontem foi o que foi.*
> *E se hoje é como ontem, amanhã será como hoje.*
> *Se quiserem que amanhã seja diferente,*
> *deverão tornar hoje diferente.*
>
> (G.I.Gurdjieff)

A morfogênese biológica pode ser definida como o surgimento de características e formas específicas em organismos vivos.

- O primeiro problema é precisamente o surgimento da forma: não há olhos em miniatura nos ovos das águias, ou flores em miniatura nas sementes de rosas;

- O segundo problema é que muitos sistemas em desenvolvimento podem se regular; se uma parte de um sistema em desenvolvimento for removida, o sistema continua a se desenvolver de tal modo que uma estrutura mais ou menos normal é produzida;

- Animais em desenvolvimento dirigem-se a uma meta morfológica. Eles têm alguma propriedade que especifica essa meta e que lhes permitem atingi-la, mesmo se partes do sistema forem removidas e o curso normal de desenvolvimento for perturbado;

- O terceiro problema é a regeneração. Organismos substituem ou restauram estruturas danificadas. Muitas plantas têm habilidades quase ilimitadas de regeneração;

- O quarto problema é apresentado pelo simples fato da reprodução: uma parte isolada do progenitor torna-se um novo organismo; uma parte torna-se um todo.

O único modo pelo qual esses fenômenos podem ser compreendidos é em termos das causas, que de algum modo são mais do que a soma das partes e que determinam as metas dos processos de desenvolvimento.

Os vitalistas atribuem essas propriedades a fatores vitais, os organicistas a propriedades de sistemas ou campos morfogenéticos, e os mecanicistas a programas genéticos.

**Comportamento, Evolução e Mentes**

Se os problemas da morfogênese são assustadoramente difíceis, os do comportamento são ainda mais.

1. Primeiro, o instinto. Pense, por exemplo, em como as aranhas conseguem tecer teias sem aprender com outras aranhas;

2. Em segundo lugar, há o problema apresentado pela orientação para metas do comportamento animal. Após ter uma perna amputada, um cão aprende a andar sobre três pernas em vez de quatro;

3. Em terceiro lugar, há o problema do comportamento inteligente; surgem novos padrões de comportamento que não podem ser explicados inteiramente em termos de causas precedentes. Sheldrake questiona: Como o comportamento migratório dos jovens cucos pode ser explicado sob a ótica do DNA, da síntese de proteínas e da biologia molecular celular?

O materialismo se opõe à visão de que a mente afeta corpos e é capaz de interagir com eles. Tentar explicar atividades mentais sob a ótica da ciência física é circular, pois a própria ciência depende da atividade mental. Os princípios da Física "não podem sequer ser formulados sem a referência às impressões – e, portanto, à mente - dos observadores" (Bernard D' Espagnat, in Sheldrake, 1999). Como a Física pressupõe a mente dos observadores, essas mentes não podem ser explicadas em termos da Física.

**Três teorias da morfogênese** (Sheldrake, 2013).

**1 - Mecanicismo**

A moderna teoria mecanicista da morfogênese atribui um papel de importância primordial ao DNA, por alguns motivos principais. Viu-se que muitos casos de diferenças hereditárias entre animais ou plantas de uma dada espécie dependem dos genes, que podem ser "mapeados" e localizados em certos locais de determinados cromossomos. Sabe-se que a base química dos genes é o DNA e que sua especificidade depende da sequência das bases purina e pirimidina no DNA. Sabe-se que o DNA consegue agir com base química da hereditariedade. Dentro da estrutura mecanicista de pensamento, o problema central do desenvolvimento e da morfogênese é visto como o controle da síntese de proteínas.

A conservação da caixa de ferramentas genética provoca muitas perguntas sobre desenvolvimento e evolução. Como se desenvolvem estruturas tão diferentes quanto o olho composto dos insetos e o dos vertebrados, lenticular, se sua formação é controlada?

Os mecanicistas presumem que tudo isso pode ser explicado em termos de automontagem. A morfogênese ocorre espontaneamente, desde que as proteínas certas estejam nos lugares certos nos momentos certos e na sequência certa.

No entanto, Sheldrake protesta que a teoria mecanicista não sugere apenas que os processos físicos tenham um papel na morfogênese; ela assevera que a morfogênese é inteiramente explicável sob a ótica da Física. O que significa isso? Se tudo que se pode observar é definido como sendo explicável fisicamente, em princípio, só porque ocorre, então deve sê-lo por definição. Mas isso não significa necessariamente que possa ser explicado do ponto de vista das leis conhecidas da Física.

## 2 - Vitalismo

O vitalismo assevera que os fenômenos da vida não podem ser plenamente compreendidos sob a ótica das leis físicas derivadas apenas do estudo de sistemas inanimados, mas que há um fator causal adicional nos organismos vivos.

A teoria mecanicista precisa tentar justificar o desenvolvimento em termos de complexas interações físicas ou químicas entre as partes do embrião. Para Driesch (citado por Sheldrake, 2013) o fato de existir a regulação tornava inconcebível qualquer sistema semelhante a uma máquina, pois o sistema era capaz de se manter íntegro e produzir um resultado final típico, enquanto nenhum sistema complexo, tridimensional e semelhante a uma máquina poderia se manter íntegro após uma remoção arbitrária de partes.

Driesch acreditava que fatos como a regulação, a regeneração e a reprodução mostravam que havia alguma coisa em organismos vivos que se mantinha íntegra, embora, partes do organismo pudessem ser removidas; essa coisa atuaria no sistema físico, mas não seria parte dele. Ele chamou esse fator causal não físico de enteléquia[15]. Ele afirmou que a enteléquia organizava e controlava processos físico-químicos durante a morfogênese. Os genes eram responsáveis por proporcionar os meios materiais da morfogênese - as substâncias químicas que seriam organizadas - mas a organização em si era devida à enteléquia.

Analogamente, o sistema nervoso proporcionaria o meio para as ações de um animal, mas a enteléquia organizaria a atividade do cérebro, usando-o como instrumento, tal como o pianista toca o piano. Driesch considerou que o desenvolvimento e o comportamento estariam sob o controle de uma hierarquia de enteléquias, as quais, em última análise, derivariam de, e estariam subordinadas a, enteléquia geral do organismo.

Driesch descreveu a enteléquia como uma "multiplicidade intensiva", um fator causal não espacial que, apesar disso, atuava no espaço. Ele enfatizou que era um fator natural (e não metafísico ou místico) que atuava sobre processos físico-químicos. Não era uma forma de energia, e sua ação não contradizia a Segunda Lei da Termodinâmica ou a Lei da Conservação de Energia. Então, como atuava?

15 Enteléquia - Enteléquia é uma palavra grega cuja raiz en-telos indica alguma coisa que leva a sua finalidade ou meta em si mesma; ela "contém" a meta para a qual se dirige um sistema sob seu controle (Sheldrake, 2013).

**Uma teoria vitalista da morfogênese** pode ser resumida da seguinte maneira:

> **O genoma especifica todas as proteínas que o organismo pode fazer. Mas a organização das células, tecidos e órgãos, e a coordenação do desenvolvimento do organismo como um todo, são determinadas pela enteléquia. Esta é herdada de forma não material de membros passados da mesma espécie; não é um tipo de matéria ou de energia, embora atue sobre os sistemas físico-químicos do organismo sob seu controle. Esta ação é possível, pois a enteléquia atua influenciando processos probabilísticos.**

Essa teoria não é vaga, e talvez possa ser testada experimentalmente; mas parece fundamentalmente insatisfatória simplesmente por ser vitalista. A enteléquia é essencialmente não física por definição.

### 3 - Organicismo

As teorias organicistas da morfogênese desenvolveram-se sob diversas influências:

- Algumas vieram de sistemas filosóficos, especialmente os de Alfred North Whitehead e Jan Christian Smuts;
- Algumas da Física moderna, especialmente do conceito de campo;
- Outras da psicologia da Gestalt, ela própria muito influenciada pelo conceito de campos físicos;
- Algumas do vitalismo de Driesch.

Essas teorias tratam dos mesmos problemas que Driesch considerava insolúveis em termos mecanicistas - regulação, regeneração e reprodução. Mas enquanto Driesch propunha a enteléquia não física para justificar as propriedades de integridade e de direcionamento exibidas pelos organismos em desenvolvimento, os organicistas propunham campos morfogenéticos (ou embriônicos ou de desenvolvimento).

O biólogo britânico Conrad Hal Waddington (citado em Sheldrake, 2013) sugeriu uma extensão da ideia do campo morfogenético para levar em consideração o aspecto temporal do desenvolvimento. Ele chamou esse novo conceito de *creodo*[16] e ilustrou-o por meio de uma simples "paisagem epigenética" tridimensional.

Neste modelo, o caminho seguido pela bola ao rolar para baixo corresponde à história de desenvolvimento de uma parte específica de um óvulo. À medida que o embrião se forma, uma série ramificada de caminhos alternativos é representada pelos vales. Estes correspondem aos caminhos de desenvolvimento dos diversos tipos de órgãos, tecidos e células.

No organismo, estes são bem distintos; por exemplo, o rim e o fígado têm estruturas definidas e não se transformam um no outro por meio de uma série de formas intermediárias. O desenvolvimento é canalizado a pontos finais definidos. Mudanças genéticas ou perturbações ambientais podem afastar o curso do desenvolvimento (representado pelo caminho seguido pela bola) do vale e fazê-lo subir pela colina próxima, mas, a menos que seja empurrado para cima do limiar e na direção de outro vale, o processo de desenvolvimento vai tornar a encontrar seu curso. Ele não vai retornar ao ponto do qual partiu, mas para uma posição posterior no caminho canalizado de mudança. Isto representa a regulação.

O conceito de creodo é muito similar ao do campo morfogenético, mas torna explícita a dimensão do tempo que neste último é apenas implícita.

Esses dois conceitos foram levados mais adiante pelo matemático René Thom como parte de uma tentativa abrangente de criar uma teoria matemática que envolvesse morfogênese, comportamento e linguagem. Os modelos matemáticos de Thom eram dinâmicos no moderno sentido matemático da palavra. Sistemas dinâmicos movem-se na direção de atratores.

Sheldrake conclui que os atratores de Thom e os creodos de Waddington e a enteléquia de Driesch, todos incluem a ideia de que o desenvolvimento é guiado ou canalizado no espaço e no tempo por alguma coisa que não pode ser tida como confinada a um lugar e momento específicos.

---

16 CREODO – caminho criado pelo hábito, como numa trilha no mato; quanto mais é usada, mais determina o caminho. CREODO é um atrator, um caminho preferido, por vezes, mandatório.
CHREODE - neologismo criado por C.H. Waddington, um biólogo e geneticista britânico. É feito das raízes gregas chre, que significa "é necessário", e hodos, que significa "rota ou caminho". Chreode - "o caminho do que deve ser".

## As causas da forma

Sheldrake ensina que a forma não entra nas equações da física: ela não é um vetor ou quantidade escalar, nem se conserva. Exceto nos mais simples, as formas dos sistemas só podem ser representadas visualmente, seja por fotografias, desenhos, diagramas ou modelos.

Este é o tema da "teoria da catástrofe" de René Thom, que classifica e descreve em termos gerais os possíveis tipos de mudança de forma ou "catástrofe". Ele aplica essa teoria aos problemas da morfogênese construindo modelos matemáticos nos quais **a finalidade ou meta de um processo morfogenético, a forma final, é representada por um atrator dentro de um campo morfogenético**. Ele postula que **todo objeto, ou forma física, pode ser representado por tal atrator e que toda morfogênese "pode ser descrita pelo desaparecimento dos atratores que representam as formas inicias, e sua substituição por captura pelos atratores que representam as formas finais" (citado por Sheldrake, 2013).**

Formas eternas se relacionavam com o mundo mutável dos fenômenos. Aristóteles acreditava que esse problema poderia ser superado considerando imateriais as formas das coisas, e não transcendentes: formas específicas eram inerentes à alma dos seres vivos, e na verdade, eram a causa de assumirem suas formas características.

No sistema de Driesch, explicitamente baseado no de Aristóteles, as formas específicas dos organismos vivos eram causadas por um agente não energético, a enteléquia.

Os campos morfogenéticos e os creodos dos biólogos organísmicos têm papel similar na orientação de processos morfogenéticos para que cheguem às formas finais específicas. Mas até agora sua natureza tem permanecido obscura.

A filosofia organísmica abrange tanto a Biologia quanto a Física; logo, se presumirmos que os campos morfogenéticos têm um papel causa na morfogênese biológica, eles deveriam ter também um papel causa na morfogênese de sistemas mais simples, como cristais e moléculas. Tais campos não são aceitos nas atuais teorias da Física. Portanto, é importante considerar até que ponto essas teorias existentes são capazes de explicar a morfogênese de sistemas puramente químicos. Se forem capazes de oferecer uma explicação adequada, então a ideia de campos morfogenéticos é desnecessária; mas se não forem, o caminho continua aberto para uma nova hipótese da causação da forma através dos campos morfogenéticos, tanto nos sistemas biológicos quanto nos não biológicos.

## Campos Morfogenéticos não contêm energia

A hipótese da causação formativa propõe que os campos morfogenéticos têm um papel causal no desenvolvimento e manutenção das formas dos sistemas em todos os níveis de complexidade. Esta causação da forma sugerida por campos morfogenéticos é chamada de causação formativa, a fim de distingui-la do tipo energético de causação com o qual a Física já lida tão bem. **Embora os campos morfogenéticos só possam produzir seus efeitos em conjunto com processos energéticos, não são, em si, energéticos.**

A ideia de causação formativa não energética fica mais fácil de se compreender com o auxílio de uma analogia arquitetônica. Para se construir uma casa, são necessários tijolos e outros materiais de construção, bem como os construtores que coloquem no lugar os materiais e o projeto arquitetônico que determina a forma da casa.

Os mesmos construtores, com a mesma quantidade de trabalho e usando a mesma quantidade de materiais de construção poderiam produzir uma casa de forma diferente com um projeto diferente. Assim**, o projeto pode ser considerado uma causa da forma específica da casa**, embora não seja, naturalmente, a única causa: ela nunca poderia ser construída sem os materiais de construção e a atividade dos construtores. De modo similar, **um campo morfogenético específico é uma causa da forma específica assumida por um sistema,** embora ele não possa atuar sem "tijolos" adequados e sem a energia necessária para colocá-los no lugar.

A intenção com esta analogia não é sugerir que o papel causativo dos campos morfogenéticos depende de um desígnio consciente, mas apenas enfatizar que nem toda causação precisa ser energética.

O projeto de uma casa não é um tipo de energia. É, com efeito, um tipo de informação. Mesmo quando é desenhado sobre um papel, ou quando finalmente se realiza na forma de uma casa, não pesa nada e nem tem energia própria.

Os campos morfogenéticos podem ser considerados análogos aos campos conhecidos da Física no sentido de que são capazes de organizar mudanças físicas, embora não possam ser observados diretamente.

A morfogênese não ocorre no vácuo. Ela só pode começar a partir de um sistema já organizado que serve de **germe morfogenético**. Durante a morfogênese, uma nova unidade mórfica de nível mais elevado passa a existir ao redor desse germe, sob a influência de um campo morfogenético específico. E como este campo se associa ao germe morfogenético no início?

A resposta pode ser que assim como a associação entre sistemas materiais e campos gravitacionais depende de sua massa, e com campos eletromagnéticos de sua carga elétrica, a associação entre sistemas e campos morfogenéticos depende de sua forma. Logo, um germe morfogenético fica cercado por um campo morfogenético específico por causa de sua forma característica.

**A influência de formas passadas**
**A constância e a repetição das formas**

Frequentemente, quando átomos surgem, elétrons preenchem as mesmas órbitas ao redor do núcleo; átomos se combinam repetidamente para produzir as mesmas formas moleculares; moléculas sempre se cristalizam nos mesmos padrões; sementes de uma dada espécie dão origem, ano após ano, a plantas da mesma aparência; geração após geração, aranhas tecem os mesmos tipos de teia. Formas aparecem repetidamente, e a cada vez, cada forma é mais ou menos a mesma que nas versões anteriores. Desse fato depende nossa capacidade de reconhecer, identificar e dar nomes às coisas.

**O que determina a forma específica do campo morfogenético?**

Sheldrake propõe que uma resposta possível é que os campos morfogenéticos são eternos. Eles são simplesmente um fato, e não são explicáveis sob o ponto de vista de qualquer outra coisa. Logo, mesmo antes deste planeta surgir, já existiam em estado latente os campos morfogenéticos de todas as substâncias químicas, cristais, animais e plantas que já existiram na Terra, ou que chegarão a existir no futuro.

Esta resposta é essencialmente platônica, ou mesmo aristotélica, pois Aristóteles acreditava na eterna fixidez de formas específicas. Difere da teoria física convencional na medida em que essas formas não seriam previsíveis em termos de causação energética; mas concorda com ela ao presumir que por trás de todo fenômeno empírico há princípios organizadores preexistentes.

## Ressonância mórfica

Sheldrake propõe que a analogia física que parece ser mais apropriada é a da ressonância. A ressonância energética ocorre quando uma força alternada atuando sobre um sistema coincide com sua frequência natural de vibração.

Um efeito ressonante de forma sobre forma através do espaço e do tempo iria se assemelhar à ressonância energética em sua seletividade, mas não poderia ser explicado do ponto de vista dos tipos conhecidos de ressonância, nem envolveria uma transmissão de energia. Para distingui-lo de ressonância energética, este processo será chamado de ressonância mórfica.

## A influência do passado

*Podemos escolher o que semear, mas somos obrigados a colher aquilo que plantamos.*
(Provérbio chinês)

A ressonância mórfica não é energética, e os próprios campos morfogenéticos não são um tipo de massa, nem energia.

Sheldrake também presume, com base na simplicidade, que a ressonância mórfica só ocorre desde o passado; que apenas unidades mórficas que já existiram de fato são capazes de exercer uma influência mórfica sobre o presente. A ideia de que sistemas futuros, que ainda não existem, podem ser capazes de exercer uma influência causal "recuando" no tempo pode até ser concebível logicamente; mas só se houvesse uma evidência empírica persuasiva.

A influência mórfica de um sistema passado pode tornar-se presente para um sistema similar subsequente passando "além" do espaço-tempo e depois "reentrando" onde e quando surgisse um padrão de vibração similar.

Ou ele poderia estar conectado através de outras "dimensões, ou poderia passar por um "túnel" do espaço-tempo e emergir inalterado na presença de um sistema similar subsequente, ou a influência mórfica de sistemas passados pode simplesmente estar presente por toda parte".

Entretanto, é provável que esses diversos modos de abordar a ressonância mórfica não fossem distinguíveis um dos outros em termos experimentais. Todos teriam a mesma consequência: as formas de sistemas passados tornar-se-iam automaticamente presentes para sistemas similares subsequentes. A ressonância mórfica levaria ao reforço da similaridade.

Uma implicação imediata dessa hipótese é que um dado sistema poderia ser influenciado por todos os sistemas passados com forma e padrão vibratório similares. *Ex hypothesi,* a influência desses sistemas passados não é atenuada pela separação temporal ou espacial. No entanto, a capacidade de sistemas passados influenciarem sistemas subsequentes poderia ser enfraquecida ou exaurida pela ação; eles poderiam ter apenas um potencial limitado de influência despendido na ressonância mórfica.

Quanto mais frequentemente um caminho de morfogênese for percorrido, mais esse creodo será reforçado. Levando-se em consideração um modelo da "paisagem morfogenética" o vale do creodo será aprofundado quanto mais frequente for a passagem do desenvolvimento por ele.

Um resumo da hipótese da causação formativa:

1. Além dos tipos de causação energética conhecidos pela Física, e além da causação devida às estruturas dos campos físicos conhecidos, um tipo adicional de causação é responsável pelas formas de todas as unidades mórficas materiais (partículas subatômicas, átomos, moléculas, cristais, agregados semicristalinos, organelas, células, tecidos, órgãos, organismos). A forma, no sentido usado aqui, inclui não apenas a forma da superfície externa da unidade mórfica, como também sua estrutura in-

terna. Essa causação, chamada causação formativa, impõe ordem espacial sobre as mudanças produzidas pela causação energética. Em si, ela não é energética, nem é redutível à causação produzida por campos físicos conhecidos;

2. A causação formativa depende de campos mórficos, estruturas com efeitos morfogenéticos sobre sistemas materiais. Cada tipo de unidade mórfica tem seu próprio campo mórfico característico. Na morfogênese de uma unidade mórfica específica, uma ou mais de suas partes características - referidas como germes morfogenéticos - são inseridos no campo morfogenético da unidade mórfica como um todo, ou cercadas por ele. Este campo contém a forma virtual da unidade mórfica, que se concretiza quando partes componentes apropriadas entram em sua esfera de influência e se encaixam em posições relativas apropriadas. O encaixe dessas partes na unidade mórfica é acompanhado por uma liberação de energia, geralmente na forma de calor, e é termodinamicamente espontâneo;

3. A maioria das morfogêneses inorgânicas é rápida, mas a morfogênese biológica é relativamente lenta e passa por uma sucessão de estágios intermediários. Um tipo específico de morfogênese costuma seguir determinado caminho de desenvolvimento; esse caminho canalizado de mudança é o creodo. Contudo, a morfogênese também pode rumar à forma final a partir de germes morfogenéticos diferentes e seguir caminhos diferentes, como nos fenômenos da regulação e regeneração. Nos ciclos de crescimento celular e no desenvolvimento das estruturas diferenciadas de organismos multicelulares, ocorre uma sucessão de processos morfogenéticos sob a influência de uma sucessão de campos morfogenéticos;

4. A forma característica de uma unidade mórfica específica é determinada pelas formas de sistemas similares anteriores que atuam sobre ela através do tempo e do espaço por um processo chamado ressonância mórfica. Essa influência se dá através do campo mórfico e depende das estruturas tridimensionais do sistema e de seus padrões de vibração. A ressonância mórfica é análoga à ressonância energética em sua especificidade, mas não é explicável em termos de qualquer tipo conhecido de ressonância, nem envolve uma transmissão de energia;

5. Todos os sistemas similares passados atuam sobre um sistema similar subsequente por meio da ressonância mórfica. Supõe-se provisoriamente que essa ação não é

atenuada pelo espaço ou pelo tempo, e que continua indefinidamente; entretanto, o efeito relativo de um sistema específico declina à medida que aumenta o número de sistemas similares contribuindo para a ressonância mórfica;

6. A hipótese da causação formativa explica a repetição das formas, mas não explica como surgiu originalmente o primeiro exemplar de determinada forma. Este evento singular pode ser atribuído ao acaso, à criatividade inerente à natureza ou a um agente criativo transcendental. Uma decisão dentre essas alternativas só pode ser tomada como base na metafísica e está fora do escopo da hipótese;

7. A ressonância mórfica dos estágios intermediários de processos similares anteriores de morfogênese tendem a canalizar processos morfogenéticos similares subsequentes pelos mesmos creodos;

8. A ressonância mórfica de sistemas passados com polaridade característica só pode ocorrer efetivamente depois que o germe morfogenético de um sistema subsequente tiver sido devidamente polarizado. Sistemas assimétricos nas três dimensões e que existem em formas esquerdas e direitas, influenciam sistemas similares subsequentes por meio de ressonância mórfica, independentemente da orientação;

9. Campos mórficos são ajustáveis em tamanho absoluto e podem "aumentar de escala" ou "diminuir de escala" dentro de limites. Logo, sistemas anteriores influenciam sistemas subsequentes de forma similar por meio de ressonância mórfica, mesmo que seus tamanhos absolutos sejam diferentes;

10. Mesmo com a tolerância devida ao tamanho, os vários sistemas prévios a influenciar um sistema subsequente por meio de ressonância mórfica não são idênticos, apenas têm formas similares. Portanto, suas formas não estão precisamente superpostas no campo mórfico. O tipo mais frequente de forma anterior dá a maior contribuição pela ressonância mórfica, e a menos frequente, a menor. Campos mórficos não são definidos com precisão, são estruturas de probabilidade que dependem da distribuição estatística de formas similares anteriores. As distribuições de probabilidade das órbitas eletrônicas descritas por soluções da equação de Schrödinger são exemplos de tais estruturas de probabilidade, e são similares em espécie às estruturas de probabilidade dos campos mórficos de unidades mórficas de níveis superiores;

11. Os campos mórficos de unidades mórficas influenciam a morfogênese atuando sobre os campos mórficos de suas partes constituintes. Desse modo, os campos de tecidos influenciam os das células; os de células, organelas; os de cristais, moléculas; os de moléculas, átomos, e assim por diante. Essas ações dependem da influência de estruturas de probabilidade de nível superior sobre estruturas de probabilidade de nível inferior, e são, portanto, inerentemente probabilísticas;

12. Depois que a forma final de uma unidade mórfica se concretiza, a ação continuada da ressonância mórfica de formas passadas similares a estabiliza e a mantém. Se a forma persistir, a ressonância mórfica atuando sobre ela vai incluir a contribuição de seus próprios estados passados. Na medida em que esse sistema se assemelha mais a seus próprios estados passados do que aos de outros sistemas, essa autorressonância será bastante específica, e pode ser de considerável importância na manutenção da identidade do sistema;

13. A hipótese da causação formativa pode ser testada experimentalmente.

**Campos morfogenéticos, campos motores e campos comportamentais**

Embora os campos que controlam as mudanças de forma das estruturas motoras especializadas dos animais sejam, na verdade, campos morfogenéticos, eles produzem movimentos e não mudanças de forma. Por este motivo, parece preferível chamá-los de campos motores. A palavra "motor" aqui é usada como adjetivo do substantivo "movimento". Campos motores, como campos morfogenéticos, dependem da ressonância mórfica de sistemas similares prévios e tratam da concretização de formas virtuais. Caminhos canalizados que almejam uma forma ou estado final podem ser referidos como creodos no contexto dos campos motores, tal como no contexto dos campos morfogenéticos.

Os campos motores, como os campos morfogenéticos, são organizados hierarquicamente, e de modo geral relacionam-se com o desenvolvimento, a sobrevivência ou a reprodução. Enquanto nas plantas esses processos são quase inteiramente morfogenéticos, nos animais eles dependem também do movimento. De fato, na maioria dos animais até a manutenção das funções normais do corpo envolvem o movimento contínuo de órgãos internos como vísceras e sistema respiratório.

Ao contrário das plantas, os animais precisam alimentar-se de outros organismos para seu desenvolvimento e manutenção de forma. Portanto, um importante campo motor de nível superior em todos os animais é o da alimentação. Neste ponto, o campo motor torna-se um campo comportamental, responsável pela organização de padrões herdados ou aprendidos de comportamento. Campos comportamentais se organizam numa hierarquia aninhada ou holarquia[17].

Mas, o campo geral que organiza a sociedade é um campo num nível superior: um campo social. Campo social é o campo de um grupo social. Ele organiza a forma da sociedade e as relações entre os animais dentro dele. É um campo numa hierarquia aninhada de campos.

Os campos comportamentais da alimentação, da evasão, da reprodução etc., costumam controlar uma série de campos de nível inferior que agem em sequência, nos quais a forma final de um proporciona a estrutura germinal do próximo. Campos motores ainda mais baixos na hierarquia costumam agir em ciclos para gerar movimentos repetitivos, como os das pernas ao caminhar, das asas ao voar e a da mandíbula ao mastigar. No nível mais baixo ficam os campos que tratam do controle detalhado da contração das células dentro dos músculos.

Campos comportamentais envolvem os órgãos dos sentidos, o sistema nervoso e os músculos, ligando-os a objetos fora dele, no mundo exterior. Campos comportamentais e motores, como campos morfogenéticos, são estruturas de probabilidade que se associaram, pela ressonância mórfica, com sistemas físicos na base de seus padrões tridimensionais de oscilação.

Campos comportamentais, como campos morfogenéticos, atraem os sistemas sob sua influência para formas finais características.

- Campos morfogenéticos organizam a morfogênese;
- Campos motores organizam movimentos;
- Campos comportamentais organizam comportamento;

[17] A Holarquia é um termo utilizado para descrever uma relação entre hólons, unidades que são completas, mas ao mesmo tempo são parte de um todo maior. Na Holacracia, os círculos são considerados hólons, pois possuem um propósito específico, são autônomos e ainda pertencem a um círculo maior que define algumas fronteiras.

- Campos sociais organizam sociedades.

Esses campos são ordenados hierarquicamente no sentido de que campos sociais incluem e organizam os campos comportamentais de animais dentro da sociedade; os campos comportamentais dos animais organizam seus campos motores; e os campos motores dependem, para sua atividade, dos corpos e do sistema nervoso dos animais serem organizados por campos morfogenéticos.

Todos são tipos diferentes de *campo mórfico*. "Campo mórfico" é uma expressão genérica que inclui todos os tipos de campos que têm uma memória inerente dada pela ressonância mórfica de sistemas similares anteriores. Campos morfogenéticos, motores, comportamentais e sociais são campos mórficos, e todos são, essencialmente, habituais.

## Ressonância mórfica e comportamento: um teste experimental

*Tornamo-nos aquilo em que*
*continuamente pensamos.*
(Seneca)

Na biologia mecanicista, traça-se uma distinção clara entre comportamento inato e aprendido; presume-se que o inato seja "geneticamente programado" ou "codificado" no DNA, enquanto o aprendido seria o resultado de mudanças físicas e químicas no sistema nervoso. Não há um modo concebível pelo qual tais mudanças pudessem modificar especificamente o DNA, como exigiria a teoria lamarckista; portanto, considera-se impossível que o comportamento aprendido adquirido por um animal seja herdado por sua prole, excluindo-se, é claro, a "herança cultural", pela qual a prole aprende padrões de comportamento com seus progenitores ou com outros adultos.

Em comparação, segundo a hipótese da causação formativa, não há diferença na espécie entre comportamento inato e aprendido: ambos dependem de campos motores dados por meio de ressonância mórfica. Portanto, esta hipótese admite uma possível transmissão de comportamento aprendido de um animal para outro, e leva a predições testáveis que diferem não apenas daquelas apresentadas pela teoria ortodoxa da herança, como também daquelas exibidas pela teoria lamarckista.

Em síntese, uma taxa aumentada de aprendizado em gerações sucessivas de linhagens treinadas e não treinadas deveria apoiar a hipótese da causação formativa: um aumento apenas em linhagens treinadas, a teoria lamarckista; e um aumento em nenhuma delas, a teoria ortodoxa.

Com efeito, testes desse tipo já foram realizados. Os resultados apoiam a hipótese da causação formativa. Parece não haver praticamente nenhum limite ao que pode ser explicado invocando-se mutações aleatórias favoráveis que alteram a "programação genética" do comportamento.

Essas teorias neodarwinistas podem ser desenvolvidas de forma matemática por cálculos feitos com base nas fórmulas da genética populacional teórica. Mas como essas especulações não podem ser testadas, não têm valor independente; meramente acrescentam-se às premissas mecanicistas das quais partem.

Em termos do modelo da paisagem, um campo motor importante pode ser representado por um vale amplo, que depois se estreita, com paredes cada vez mais íngremes, terminando enfim num cânion profundo.

Richard Dawkins criou a palavra *meme* para referir-se a uma "unidade de transmissão cultural, ou uma unidade de imitação". Ele escolheu propositadamente uma palavra que soava como gene para enfatizar a analogia entre genes e memes como replicadores. Mas um dos problemas dessa expressão é que ela é atomística: implica que os memes são unidades independentes, no mesmo nível uns dos outros. Em comparação, pensar em herança cultural em termos de campos mórficos não tem essa implicação: os campos mórficos são organizados em hierarquias aninhadas.

Todos os padrões de atividade característicos de uma dada cultura podem ser considerados campos mórficos. Quanto maior sua frequência de repetição, mais firmemente estabilizados eles serão. Mas por causa da alucinante variedade de campos mórficos específicos de cada cultura, cada um dos quais com o potencial para canalizar os movimentos de qualquer ser humano, a ressonância mórfica não pode, por si mesma, levar um indivíduo a um conjunto de creodos em vez de outro.

Assim, nenhum desses padrões de comportamento expressa-se espontaneamente: todos precisam ser aprendidos. Um indivíduo é iniciado em padrões específicos de comportamento por outros membros da sociedade. Depois, quando o processo de aprendizado se inicia, geralmente por imitação, o desempenho de um padrão característico de comportamento leva o indivíduo à ressonância mórfica com todos aqueles que realizaram esse padrão no passado. Consequentemente, o aprendizado é facilitado quando o indivíduo se "sintoniza" com campos mórficos específicos.

Processos de iniciação são, com efeito, compreendidos tradicionalmente em termos bastante similares a esses. Imagina-se que os indivíduos entrem em estados ou modos de existência que os precedem e têm uma realidade transpessoal.

A facilidade de aprendizado pela ressonância mórfica seria difícil de se demonstrar empiricamente no caso de padrões de comportamento há muito estabelecidos; mas uma mudança na taxa de aprendizado deveria ser detectada mais facilmente com padrões motores de origem recente.

Desse modo, por exemplo, deveria ser cada vez mais fácil aprender a andar de bicicleta, dirigir um carro, esquiar ou jogar um *videogame,* em função da ressonância mórfica acumulada pelo grande número de pessoas que já adquiriram essas habilidades.

Contudo, mesmo se dados quantitativos confiáveis mostrassem que as taxas de aprendizado aumentaram, de fato, a interpretação seria complicada pela provável influência de outros fatores, como *design* aprimorado das máquinas, melhores métodos de ensino e maior motivação para aprender. Mas com experimentos especialmente idealizados, nos quais são tomadas precauções para manter constantes esses outros fatores, talvez fosse possível obter evidências persuasivas para os efeitos preditos.

A hipótese da causação formativa aplica-se a todos os aspectos do comportamento humano nos quais são repetidos padrões específicos de movimento. Mas não podem explicar as origens desses padrões. Aqui, como em outros pontos, o problema da criatividade está além do escopo da ciência natural e só é possível obter-se uma resposta com bases metafísicas.

## As cinco conclusões possíveis segundo Sheldrake

1. A teoria mecanicista da vida e a teoria metafísica do materialismo preponderam, sobretudo, por conta do Modelo Científico de viés positivista que prevalece.

2. Materialismo modificado - O materialismo parte da premissa de que apenas a matéria é real, logo, tudo o que existe ou é matéria, ou depende totalmente da matéria para sua existência. O materialismo nega *a priori* a existência de qualquer agente causal não material; o mundo físico é causalmente fechado. Logo, não pode existir algo como um eu não material que age sobre o corpo, como parece existir em um ponto de vista subjetivo. A experiência subjetiva do livre arbítrio não pode corresponder à influência causal de um eu não material sobre o corpo. No entanto, é concebível que parte dos eventos aleatórios no cérebro possam ser subjetivamente vivenciados como escolhas livres; mas essa aparente liberdade nada é senão um aspecto ou epifenômeno da ativação aleatória de um campo mórfico no lugar de outro.

3. O eu consciente - Ao contrário da filosofia do materialismo, admite-se que o eu consciente tenha uma realidade que não é meramente derivada da matéria. É possível aceitar que o eu consciente individual tem a capacidade de fazer escolhas livres. No contexto da teoria mecanicista da vida, o eu consciente só pode ser um tipo de "fantasma na máquina"[18]. A hipótese da causação formativa permite que esse problema antigo e persistente seja visto sob nova luz. Pode-se imaginar que o eu consciente interage não com uma máquina, mas com campos mórficos. Mas o eu não é a mesma coisa que os campos mórficos. Ele entra nos campos mórficos, mas permanece acima destes. A experiência subjetiva que não lida diretamente com o ambiente presente ou com a ação imediata - como, por exemplo, nos sonhos, nos devaneios e no pensamento discursivo - não precisa necessariamente ter qualquer relação próxima com as causas energéticas e formativas que atuam sobre o cérebro. Esse ponto fica mais fácil de compreender com a ajuda de uma analogia. Considere a interação entre um carro e seu condutor. Sob certas circunstâncias, quando

[18] O fantasma na máquina é a descrição do filósofo britânico Gilbert Ryle do dualismo "mente-corpo" de René Descartes. A frase foi introduzida no livro de Ryle "The Concept of Mind" para realçar o absurdo percebido nos sistemas dualistas como o concebido por Descartes, em que a atividade mental se realiza em paralelo à ação física, mas em que os seus meios de interação são desconhecidos ou, na melhor das hipóteses, especulativos.

o carro está sendo efetivamente conduzido, seus movimentos estão intimamente conectados às ações do motorista, e dependem de sua percepção quanto à estrada à frente, às placas de sinalização, aos mostradores que indicam o estado interno do veículo, e assim por diante. Mas sob outras circunstâncias, essa conexão é menos íntima: por exemplo, quando o carro está parado e com o motor rodando, o motorista pode estar estudando um mapa. Embora houvesse uma relação geral entre o estado do carro e aquilo que o motorista estava fazendo - ele não podia ler o mapa enquanto dirigia - não haveria conexão específica entre as vibrações do motor e as características do mapa que o motorista estava estudando. Do mesmo modo, a atividade elétrica rítmica no cérebro não precisa ter relação específica com as imagens vivenciadas em sonhos. Sobre essa interpretação, ações conscientemente controladas dependem de três tipos de causação: consciente, formativa e energética. Em comparação, teorias interacionistas tradicionais, do tipo "fantasma na máquina", admitem apenas duas, a consciente e a energética, sem a causação formativa entre elas. O materialismo modificado admite um par diferente, causação formativa e energética, e nega a existência da causação consciente. E o materialismo convencional admite apenas uma: a causação energética. No desenvolvimento associado do pensamento conceitual, o eu consciente deve, em algum estágio e por salto qualitativo, ter percebido que era o agente da causação consciente. A realidade do eu consciente como fonte de criatividade pode ser admitida, mas a existência de qualquer agente criativo transcendendo organismos individuais pode ser negada. Todas as outras formas de criatividade podem ser atribuídas ao acaso. Ir além disso, envolve a admissão de fontes de criatividade que transcendem organismos individuais;

4. O universo criativo - Embora um agente criativo capaz de dar origem a novas formas e a novos padrões de comportamento no curso da evolução transcenda necessariamente os organismos individuais, ele não precisa transcender toda a natureza. Se tais "eus superiores" são imanente à natureza, então é concebível que sob certas condições os seres humanos possam tornar-se diretamente conscientes de que foram acolhidos ou incluídos entre eles. E, de fato, a experiência de uma unidade interior com a vida, ou com a Terra, ou com o universo, tem sido descrita com frequência, a um ponto em que é exprimível. Logo, a natureza toda estaria evoluindo continuamente, mas sem direção, cegamente. Essa posição metafísica admite a eficácia causal do eu consciente e a existência de agentes criativos que transcendem organismos individuais, mas imanente à natureza. Entretanto, nega a existência de

qualquer agente criativo supremo transcendendo ao universo como um todo;

5. Realidade transcendente - O universo só poderia ter uma causa e um propósito se ele próprio tivesse sido criado por um agente consciente transcendente a ele. Se esse ser consciente transcendente fosse a fonte do universo e de tudo que existe nele, de certo modo todas as coisas criadas participariam de sua natureza. A "integralidade" mais ou menos limitada dos organismos em todos os níveis de complexidade seria vista como um reflexo da unidade transcendente da qual dependem e da qual derivam, em última análise. Logo, esta quinta posição metafísica afirma a eficácia causal do eu consciente, a existência de uma hierarquia de agentes criativos imanente à natureza e a realidade de uma fonte transcendente do universo.

Uma reflexão interessante sobre ressonância mórfica que coaduna com as pesquisas de Sheldrake é a teoria do centésimo macaco.

> *A mesma espécie de macacos vivia em duas ilhas, mas sem qualquer contato físico entre si. Num processo aleatório e independente, um macaco em uma das ilhas descobre uma maneira nova de quebrar cocos, que lhe permite aproveitar melhor o coco, sua água e sua polpa. Nenhum macaco havia quebrado cocos dessa maneira. Por imitação, o procedimento se multiplicou entre os demais macacos da ilha e logo uma população crítica de 99 macacos domina o novo procedimento. Quando o centésimo macaco da ilha aprende a técnica recém-adotada, os macacos da outra ilha começam espontaneamente a quebrar cocos da mesma forma – sem nenhum contado presencial. Não houve nenhuma comunicação convencional entre as duas populações: o conhecimento simplesmente se incorporou aos hábitos da espécie. Esta é uma história, não um relato verdadeiro. Numa versão alternativa, em vez de quebrarem cocos, os macacos podem ter aprendido a lavar raízes antes de comê-las. Porém, ela ilustra uma das mais ousadas e instigantes ideias científicas, a hipótese dos «campos mórficos» de Sheldrake. O cientista defende que os campos mórficos são estruturas que se estendem no espaço-tempo e moldam a forma e o comportamento de todos os sistemas do mundo material. Seu comportamento e sua influência são semelhantes as dos campos magnéticos da Física. Quando colocamos uma folha de papel sobre um ímã e espalhamos pó de ferro em cima dela, os grânulos metálicos se distribuem ao longo de linhas geometricamente precisas. Isso acontece porque o campo magnético do ímã afeta toda a região à sua volta. Não podemos percebê-lo diretamente, mas somos capazes de de-*

*tectar sua presença por meio do efeito que ele produz, direcionando as partículas de ferro. De modo parecido, os campos mórficos distribuem-se imperceptivelmente pelo espaço-tempo, conectando todos os sistemas individuais que a eles estão associados.*

## Para Concluir

A teoria dos campos morfogenéticos é tratada nos ambientes espiritualistas e biológicos.

Os campos morfogenéticos são padrões e estruturas que trabalham caos e ordem; estruturam campos de organismos vivos, de cristais e moléculas. Estruturam os instintos e padrões de comportamento dos seres do mundo mineral, vegetal e animal.

Proposta trabalhada por Rupert Sheldrake, os campos morfogenéticos são a memória coletiva a qual recorrem membros das espécies e para a qual cada um deles contribui. Esse movimento e uso das memórias e evolução das memórias que garantem a evolução das funções adaptativas e a simultaneidade com que essas adaptações podem acontecer.

Uma pergunta interessante. Se você pudesse comer suas próprias palavras sua alma seria nutrida ou envenenada? (Autor desconhecido).

Somos influenciados por campos que se constituem como consequência de atitudes na família, das pessoas do local de trabalho, do lugar em que moramos, no grupo de amigos, colegas da escola, de todos os lugares e grupos dos quais participamos.

Campos morfogenéticos são mais do que exemplos que conhecemos e que podemos ou não querer seguir. Na verdade trata-se de considerar que quando um elemento transforma sua maneira de pensar, essa vibração interage com esse campo e vai ganhando cada vez mais força, à medida que outros elementos também mudam. Os campos influenciam as pessoas e as pessoas influenciam os campos.

Neste momento de intensas e rápidas mudanças, a proposta dos campos morfogenéticos ressalta a capacidade e a importância de cada um e força nas influências e nas mudanças. A mudança de cada um desperta o coletivo, para o bem e para o mal. Neste ponto fica ressaltada a responsabilidade de cada um.

Seguindo Sheldrake, o despertar de uma consciência mais solidária depende do envolvimento de, cada vez, mais pessoas em práticas solidárias.

Estas considerações nos levam a pensar sobre o tema central deste texto, qual seja o conhecimento pessoalmente relevante. A ideia dos campos morfogenéticos nos estimulam a pensar que somos o que repetidamente fazemos e se quisermos mudar o mundo, um bom começo é seguir Gandhi. "seja a mudança que você quer ver adotada no mundo".

Seguindo Sheldrake, os comportamentos que me incomodam nos outros devem ser removidos do meu comportamento e assim vou enfraquecendo o campo morfogenético a ele correspondente, e, por outro lado, os comportamentos que considero serem adequados, se os pratico, reforço os campos morfogenéticos que influenciarão outras pessoas e o ambiente à minha volta.

Afinal, de alguma forma e com variações de abordagem, estas cogitações estão no repertório de ensinamentos de praticamente todas as linhas espiritualistas.

# Capítulo 7 – A Tecnologia e a Emergência de uma Nova Pessoa

*A complexidade nos conduz a uma nova forma de racionalidade que ultrapassa a racionalidade clássica do determinismo e de um futuro já definido. E o fato de que o futuro não está determinado é, para mim, um sinal de esperança, porque o passado é um passado de violência e sangue.*

(Ilya Prigogine)

**Uma Introdução**

As Redes Sociais promovem mudanças de toda ordem, estão mudando a forma de nos relacionarmos, de aprendermos, de trabalharmos, novas formas de viver.

São tempos intensos em mudanças, sobretudo mudanças no conhecimento e na percepção. As redes provocam mudanças em tudo.

Culturas diferentes se encontram em vários espaços de produção, de tomada de decisão e de realização de trocas de várias ordens, seja nos campos políticos, social, econômico com influência no cotidiano das pessoas através das inúmeras manifestações das redes sociais.

As redes cogitam e se sustentam em tecnologia, mas, estão voltadas para as pessoas, fonte geradora do conhecimento e base fundamental de suas melhores utilizações.

É preciso energia intelectual substancial e constante para tratar dos impactos decorrentes das transformações provocadas pela automação acentuada, pela inteligência artificial e para a incorporação dos poderes de tecnologias como Computação em Nuvem, Big Data, Robótica, Realidade Aumentada, Internet das Coisas, Impressão 3D, Redes Neurais, Inteligência Artificial, dentre outras. Que novas competências precisam ser desenvolvidas? Que novos conceitos de serviços terão que ser lançados? Que novos programas de desenvolvimento? Como conviver com a uberização - trabalho sob demanda? Que iniciativas de regulamentação em curto e longo prazos? Que novos comportamentos? Que novos Princípios Éticos? (Ritto 2018).

É oportuno destacar a Realidade Aumentada como a tecnologia que sugere a metáfora da expansão da percepção.

Realidade Aumentada é a integração de informações virtuais com as visualizações do mundo real. É um ambiente que pode envolver tanto realidade virtual como elementos do mundo real, criando um ambiente misto em tempo real. Por exemplo, um usuário da Realidade Aumentada pode utilizar óculos translúcidos para ver o mundo real, bem como imagens geradas por computador. GPS e sensores de orientação permitem que sistemas de computação levem a Realidade Aumentada para ambientes mais amplos e abertos.

A Realidade Virtual é uma tecnologia criada para simular ambientes, reais ou imaginários, que permitem ao usuário sentir-se fisicamente presente e interagir com esse ambiente.

Enquanto a Realidade Virtual possibilita ao ser humano vivenciar um mundo não existente fisicamente, a Realidade Aumentada aumenta a percepção sobre o mundo real sobrepondo elementos não existentes a imagens reais.

Alguns exemplos ampliam a percepção e a consciência intensamente:

- Visitação aprimorada, legendas ou textos históricos referentes a objetos ou locais vistos, ruínas ou paisagens reconstruídas (dados que, se combinados a uma conexão à Internet sem fio, proporcionam uma vasta quantidade de informações);

- Mapeamento superficial de veias subcutâneas - a imagem de veias que geralmente são invisíveis a olho nu é capturada por câmera infravermelha, processada por um computador e projetada sobre a pele em luz verde;

- Apoio a tarefas complexas em cirurgias, montagem e manutenção inserindo informações adicionais no campo de visão, como tabelas, legendas informativas ou instruções durante um procedimento;

- Visualizando objetos "escondidos", como um Raio-X virtual, baseado em tomografia ou imagens oriundas de ultrassom em tempo real; simulação de voo e de mergulho.

Estes exemplos nos revelam um conjunto de possibilidades à disposição da análise e da percepção das pessoas. Mas novas visões de mundo, novos paradigmas precisarão emergir junto com novos níveis de consciência para que seja efetivamente possível "viver" nestas "novas possibilidades da realidade".

Vale destacar que os novos instrumentos tecnológicos não vêm acompanhados das técnicas necessárias às suas utilizações e que os novos e necessários conhecimentos surgirão, de forma tácita, em consciências que tenham se expandido para alcançá-los, efetivamente utilizá-los e torná-los explícitos.

## Tecnologia e Subjetividade – Expansão da Consciência

A consciência tem sido estudada por cientistas e espiritualistas de diversas linhas de pensamento. Nas últimas décadas, principalmente na década de 1990, a década do cérebro, houve um grande aprofundamento no conhecimento científico a respeito do cérebro, com destaque para os estudos da consciência. Destaquem-se, sobretudo, os estudos e resultados publicados pelos pesquisadores neurocientistas (Ritto, 2017).

A consciência é a percepção imediata do sujeito daquilo que se passa, dentro ou fora dele. A capacidade de reconhecer as coisas como fora de si implica o poder de observar a diferença entre si e o objeto do qual se está consciente. Consciência é uma qualidade da mente que abrange subjetividade, autoconsciência, sabedoria e capacidade de perceber a relação entre si e o ambiente.

Manfred Frank (2002) constrói uma relação entre consciência, autoconsciência e autoconhecimento:

1. Consciência pressupõe autoconsciência. Não há como alguém estar consciente de alguma coisa sem estar consciente de estar consciente dessa coisa;

2. A autoconsciência é pré-reflexiva. Se a autoconsciência fosse o resultado da reflexão, então só teríamos autoconsciência após termos consciência de alguma coisa que fosse dada à reflexão. Mas esse não é o caso uma vez que a autoconsciência é anterior à reflexão;

3. Autoconsciência e consciência são distintas logicamente, mas funcionam de maneira unitária;

4. O autoconhecimento, a consciência reflexiva ou consciência de segunda ordem, pressupõe a consciência pré-reflexiva, isto é, a autoconsciência.

Assim, a autoconsciência é o elemento fundamental da consciência. Sem ela não há consciência, nem reflexão sobre a consciência. A consciência é a essência do ser humano e fonte de conhecimento e de verdade.

## Novas Formas de Produção e de Relações de Produção

*Conheça todas as teorias, domine todas as técnicas, mas ao tocar uma alma humana seja apenas outra alma humana.*

(Carl Jung)

As leis, as formas de pensamento e a própria consciência, estão comprometidas com a ideia da produção no paradigma das fábricas. Na fábrica tradicional as pessoas se conhecem, compartilham as mesmas regras de convivência e têm um sentido de pertencimento à fábrica, ao produto e aos valores estruturantes de uma hierarquia forte e única (Ritto, 2017).

Mas, agora estamos numa sociedade de serviço e o modelo é o do shopping center. As pessoas trabalham nas diferentes lojas, no mesmo espaço físico, mas sem pertencimento, sem percepção da totalidade, uma sociedade sem laços (Ritto, 2017).

Vivemos uma mudança paradigmática; tem sido assim ao longo do tempo. A ciência é um modelo bem-sucedido de produção e disseminação de verdades universalmente aceitas, mas desde Tomas Kuhn temos consciência de que a ciência trabalha sob paradigmas. Um paradigma é uma constelação de valores, um conjunto de princípios cognitivos, inconscientes e conscientes, pressupostos que permitem perceber e interpretar o mundo.

A ciência tem lidado com mudanças profundas nas formas de ver, sentir e pensar a realidade. As revoluções culturais do renascimento e no iluminismo, as mudanças socioculturais e político-econômicas como a transição do século XIX ao XX, a Física de Aristóteles, a dinâmica Newtoniana, a teoria da relatividade de Einstein, a quântica de Bohr, a incerteza e indeterminação de Heisenberg, a incompletude de Gödel, neurociência, tecnologia da informação, redes etc.

Uma mudança de paradigma inaugura novas formas de olhar o mundo, novas formas de pensar, sentir e agir.

## A Escrita e a expansão da Consciência

A tecnologia da palavra escrita afetou os processos mentais da humanidade e expandiu a consciência (Ong, 1982). Através do processo de escrita e gravação as pessoas são transportadas para um ambiente da palavra escrita onde o eu, o ambiente e a sociedade são concebidos em diferentes espaços, diferentes abstrações e diferentes restrições. O eu (o leitor, em qualquer aspecto) pode operar em ambientes mais imaginativos.

A palavra escrita permite à pessoa mais caminhos para outros pensamentos; isso tem implicações na nossa cognição e concepção de nós mesmos.

O que se sugere aqui é que a interiorização (internalização dos conjuntos de habilidades e desenvolvimento de artefatos cognitivos) da tecnologia da escrita permitiu à nossa consciência a capacidade de introspecção expansiva. Para nós, a escrita pode parecer natural, mas ela é artificial. Nós a interiorizamos, e assim, nossa cognição e concepção do eu é alterada. Escrever é aumentar a consciência (Ong, 1982); ler também.

Estas reflexões permitem continuar pensando sobre os efeitos e potenciais das comunicações mediadas pela rede. Os múltiplos fluxos de comunicação e combinações de sistemas simbólicos usados em produtos multimídia, como videogames e realidade virtual, criam novas formas de comunicação e, como resultado, produzem efeitos sobre seus usuários, sobretudo sobre suas consciências.

Há uma perceptível confusão em torno do que implica a consciência e que disciplinas e abordagens estão mais bem equipadas para estudá-la. A lista de disciplinas que tratam de consciência é grande e inclui: Psicologia, Psiquiatria, Neurologia, Neurociência, Inteligência Artificial, Matemática, Teoria do Caos, Física, Filosofia etc., cada uma com sua própria interpretação sobre a natureza da consciência.

À medida que as pesquisas sobre a consciência progridem, o estudo da cognição, da percepção, da memória e do sentido do eu fica cada vez mais essencial para a nossa compreensão da consciência.

Uma pesquisa sobre as relações das diversas culturas com as ferramentas tecnológicas como meio de buscar o conhecimento revela como vários artefatos tecnológicos podem ser usados para amplificar a cognição e nos levar a internalizar habilidades mentais, expandindo nossa consciência. Do tear à palavra escrita, vimos surgir uma relação entre a cognição humana, a autoconcepção e o desenvolvimento da tecnologia (Murphy, 2012).

É fundamental pensar o impacto da tecnologia sobre nossa mente, nosso cérebro e sobre a nossa percepção e compreensão do mundo, a maneira como pensamos e a maneira como aprendemos. Os novos produtos de mídia, como internet, videogames, realidade virtual, ambientes multimídia, mapas mentais e realidade aumentada, têm potencial muito mais intenso para proporcionar expansão da consciência.

Nosso mundo e nossas relações com o mundo são cada vez mais mediadas pelas tecnologias que nos cercam. Os artefatos tecnológicos amplificam as capacidades humanas, sejam de natureza motora, sensorial ou cognitiva. Ferramentas que envolvem e afetam nossos processos cognitivos empregam conjuntos de sistemas simbólicos para representar entidades, quantidades e relações.

O impacto da tecnologia na cognição humana pode ser visto através de vários objetos tecnológicos. Eles participam de processos, tais como (Murphy, 2012):

- Percepção sensorial estendida;
- Extensão motora e habilidades de manipulação;
- Extensão da memória e extensão da prospecção da memória;
- Comunicação;
- Colaboração e tomada de decisões;

- Pesquisa de informações: agentes (aplicativos) que funcionam como alter ego para os usuários.

O que está colocado aqui é que os artefatos tecnológicos estão funcionando como processadores de informação para seres humanos, onde até mesmo as ajudas tecnológicas básicas incluem um sistema simbólico que amplifica a cognição. Considerando que o nosso mundo está repleto de ferramentas e artefatos tecnológicos, é natural que nossa compreensão cognitiva se expanda intensivamente.

## Desenvolvimento Cognitivo e Estágios da Consciência

O desenvolvimento cognitivo é uma teoria que mapeia as potencialidades cognitivas humanas e os estágios de seu desenvolvimento. A psicologia cognitiva se apoia no método científico e reconhece a existência de estados mentais internos como desejo, motivação e crenças. Tentar entender os processos do nosso desenvolvimento cognitivo é essencial para determinar, não apenas como aprendemos, mas como nos adaptamos ao nosso ambiente.

A organização de estruturas cognitivas é vista como um processo de assimilação de características do mundo externo em estruturas existentes pelas quais as estruturas cognitivas se ajustam buscando um equilíbrio estável.

Uma teoria do desenvolvimento da consciência incorpora uma compreensão do processo de conhecimento (raciocínio cognitivo), objetos conhecidos (mundo físico e relações sociais) e o conhecedor (self). Também cogita o conhecedor como um "raciocínio" e processador de informação (eu epistêmico), bem como conhecedor do lócus da consciência humana e identidade (eu ontológico). Um estudo mais profundo inclui não só os domínios de desenvolvimento cognitivo e afetivo (emocional), como também o domínio de desenvolvimento moral (Murphy, 2012).

O crescente poder das tecnologias, sobretudo redes e mais intensas e plurais formas de comunicação, permitem que um número maior de pessoas se envolva com novos aplicativos e novos produtos de mídia.

Nossas crescentes habilidades na criação de aplicativos permitem a elaboração de ferramentas complexas para manipulação e geração de mídia. A capacidade de criar representações e ambientes mais envolventes com novas mídias expande ainda mais os tipos de experiências mediadas com as quais uma pessoa pode se envolver. A internet, os videogames, a realidade virtual e os ambientes multimídia empregam várias estratégias de representações e sistemas simbólicos para criar um conjunto único de personagens, criaturas, ações, informações, eventos e lugares. A popularidade desses produtos determina a importância de examinar o ambiente mediado e explorar suas potencialidades.

Novas estruturas de produção e novos modelos de negócios se utilizam mais intensamente de inteligência cognitiva. Na medida em que as novas tecnologias se envolvem com inteligência cognitiva, as pessoas experimentam saltos de qualidade nas suas percepções e expandem suas consciências.

## A Internet é o conteúdo na Noosfera?

*Não podemos querer entender o*
*mundo apenas com o intelecto.*
(Carl Jung)

Hagerty (2000) cogita ser a Internet o conteúdo na Noosfera. A Noosfera é o lugar dos pensamentos e comunicações humanas nas cogitações de Teilhard de Chardin (1964). Esta definição deriva da palavra grega nous (mente) em um sentido semelhante à atmosfera e à biosfera.

Para Chardin a história da evolução é uma história da luta entre o múltiplo unificado e a multidão desordenada. Assim, a evolução enfraquece a organização em relação à individualização, os sistemas celulares em relação ao grande número de células isoladas e as organizações humanas em relação à grande massa de seres humanos individuais.

A consciência autoconsciente evolui da inteligência animal somente depois que alguma massa crítica de complexidade é alcançada no organismo que precisa estar preparado para suportar essa inteligência. De certa forma, este conceito traz à mente uma explosão nuclear, que ocorre quando uma massa crítica de material cindível é reunida. No caso da autoconsciência, porém, a energia liberada por uma massa crítica de complexidade resulta em consciência, e não em explosão (Hagerty, 2000).

Como Chardin percebeu, quando uma quantidade essencial de complexidade é restrita a um espaço suficientemente pequeno, a densidade da informação subjacente a essa massa de complexidade é o que cria autoconsciência por parte da estrutura na qual a complexidade está contida. O único caso em que sabemos que isso provavelmente ocorreu é na espécie humana (Hagerty, 2000).

Para a maioria das pessoas, a palavra "caos" traz consigo a conotação negativa de desordem. Quando se leva em conta o significado original da palavra, no entanto, o aspecto aparentemente negativo do caos começa a se fundir em um espaço de possibilidades criativas. As pessoas que experimentam a Internet pela primeira vez têm a impressão de que suas mentes foram imersas em um vasto e caótico universo de informações. No entanto, à medida que se tornam mais experientes no uso da Internet, um senso de forma começa a emergir.

Este embate, as buscas, as descobertas, as novas formulações e as novas sínteses tornadas possíveis pelo conteúdo "caótico" da rede, expandem o conhecimento, a percepção e a consciência.

Hoje, muitas pessoas estão procurando uma maneira melhor de viver e uma melhor maneira de participar dos acontecimentos, da evolução deste planeta. Estamos procurando por um sentido de propósito - um senso de significado e pertencimento em um mundo que muitas vezes parece fora de controle.

O despertar da noosfera cria a possibilidade para que a pessoa alcance um estado constante de consciência expandida e em expansão integrada; um estado natural de ser. Um profundo amor pela Terra e a preocupação com a sua biosfera, são na verdade, os resultados de entrar no estado de plena consciência com tudo e com todos.

## A dimensão Tecnológica e o Aprendizado do Usuário

Em um enfoque tradicional, ainda que dependente de variáveis diversas, a tecnologia é algo ofertado pela tecno-ciência, estando à disposição do gestor que dela quiser dispor. É, portanto, algo exógeno à organização.

Outra dimensão deste mesmo enfoque pressupõe que o conhecimento necessário ao uso dos instrumentos, ou deve estar quase embutido no próprio instrumento, ou deve ser de fácil e rápido aprendizado pelos trabalhadores – visão de Ford operacionalizada na linha de produção. No enfoque novo, tecnologia não é somente algo dado, é também desenvolvida, variável, e sua utilização estabelece diferenciação e depende de características internas a cada organização, ou conjunto de organizações em evolução sistêmica, prosperando, portanto, endogenamente.

Na era contemporânea da informação, pós Ford, há um passo e uma alteração nesta relação que recoloca o trabalhador em uma posição de importância cognitiva, Figura 7.1.

| Pré-Ford | Ford | Pós-Ford |
|---|---|---|
| Artesão | Trabalhador da indústria | Trabalhador do conhecimento |
| Instrumento de propósito geral | Instrumento de propósito específico | Instrumento de propósito geral |
| Torno x pé de mesa | Prensa x CAE/CAD/CAM | Supply Chain Management Aplicativos |
| Os instrumentos tecnológicos não vêm mais acompanhados das técnicas necessárias às suas utilizações | | |

**Figura 7.1** - Tecnologia e Aprendizado. (Fonte: Adaptada de Ritto, 2004).

Na era pré-Ford a relação dos trabalhadores com a confecção dos produtos era mediada por instrumentos de propósito ou uso geral, cuja aplicação dependia, portanto, da reflexão, dos conhecimentos e, sobretudo, da intenção do trabalhador, à época, o artesão. Um torno prestava-se a muitas coisas e nas mãos de um marceneiro era capaz de produzir um pé de mesa; mas a finalidade e a continuidade do processo de produzir a mesa estavam na intenção e na cadeia de agregação que ia se desenvolvendo sob a direção e de acordo com o conhecimento do trabalhador.

Com o advento da era Ford, a relação dos trabalhadores com a produção passou a ser mediada por instrumentos de propósito único ou específico, o que reduziu a atuação do trabalhador a uma posição não cognitiva na linha de produção. A importância do trabalhador reduziu-se na medida em que cresceu a importância do capital nas relações de produção. A utilização de uma prensa que transformava uma placa de metal em um para-lama de um carro dependia muito pouco dos trabalhadores que operavam a máquina e que, para isso, usavam muito pouco conhecimento. A intenção do carro não estava mais na dimensão do trabalhador e sim na linha pré-formatada de produção.

Na era moderna, pós-Ford, era da informação, há um passo e uma alteração nesta relação que recoloca o trabalhador em uma posição de importância cognitiva. No setor de serviços, mormente naqueles onde é preponderante como fator de diferenciação o uso de instrumentos tecnológicos, já se cogita tratar o trabalhador do conhecimento. Neste ambiente, o instrumento, o computador, a estação de trabalho, o hardware e muitos softwares, são de uso geral. Vale relembrar que nenhuma ferramenta, seja ela de uso genérico ou específico, manual, mecânica, elétrica ou eletrônica, sozinha, executa uma tarefa, seja esta simples ou complexa: ela depende, no mínimo, de um operador cujos atributos mentais podem ser próximos a zero, como podem requerer competências somente adquiridas após anos de educação e treinamento ou até mesmo de cultura vivencial. No caso de instrumentos de caráter geral o nível de cognição demandado para sua operação é considerável, seja o instrumento uma agulha de costura, um torno ou um computador. Com o aumento da complexidade desses instrumentos, fica, por vezes, a ilusão de que a máquina é capaz de fazer coisas sozinha. O campo dos sistemas de controle de processos é um exemplo dessa distorção de percepção: aqui, uma fábrica que "faz tudo sozinha" dá a impressão ao observador menos avisado que o ser humano é prescindível. No entanto, quem desenvolveu tudo isto foram seres humanos. Exemplos como esse, todavia, simbolizam o máximo da síntese fordista, com a racionalização cartesiano-newtoniana desenvolvida por um grupo de pessoas com alto conteúdo de conhecimentos, dispensando a utilidade do operário desqualificado. Muda, então, o perfil do trabalhador útil que volta a ser, não mais o do operário desqualificado, mas sim o do super qualificado, o trabalhador do conhecimento.

O tratamento dessa mudança de forma integrada, no entanto, não é tarefa simples, principalmente quando se cogitam aspectos vinculados à cognição, inerentes a cada pessoa, a cada ator da rede de agregação – do insumo ao consumo (Ritto, 2004).

## Catedral, Bazar e Expansão da Consciência

*A virtude não é uma voz que fala e,*
*sim, um poder que irradia.*
(Francisco Cândido Xavier)

Na Catedral tudo está pronto e organizado. Ainda que não sejam entendidos os significados na sua integridade, tudo está no seu lugar, tem significado e está completamente integrado. Uma Catedral é construída a partir de especificações formais com desenvolvimento controlado hierarquicamente e por processo também formal.

No Bazar não há uma integração definitiva. As várias manifestações dentro do Bazar obedecem às suas próprias normas e tentam um acordo comum, permanentemente ameaçado. Bazar é não hierárquico, não controlado, com pouca coordenação – é emergência numa rede colaborativa de contribuições intensas.

Na Catedral pode haver alienação; o Bazar é não hierárquico, um lugar de desalienação, de protagonismo.

**Os quatro cenários para as dinâmicas de produção**

Não é mais apropriado pensar o futuro como uma projeção, uma continuidade do passado. Esta forma de pensar e de planejar funcionou, e funciona em ambientes estáveis, simples, de estrutura fordista. Em ambientes complexos, mutantes com os agentes relacionados em inéditas inserções nos ambientes econômicos e sociais esta prática de projeção, habitualmente, falha. Certamente o futuro estará impregnado da história, das características culturais das regiões e decorrerá de endogenias. Mas a cogitação de futuros com vistas à antecipação de tomada de decisão precisa considerar, doravante, novidades, tendências plurais e conviver com vários futuros possíveis que, sendo diferentes, não são excludentes e, muito provavelmente, serão concomitantes como nas duas dimensões ilustradas na Figura 7.2.

Cenários não são previsões do que o futuro vai ser, mas descrições do que o futuro pode vir a ser.

A Global Business Network (GBN) – em conjunto com o Massachusetts Institute of Technology (MIT), desenvolveram um estudo (Kleiner, 1995, In Ritto, 2004) a fim de elaborarem cenários para organizações do Séc. XXI, elencando como focos para análise: estrutura, desenvolvimento e propósito organizacional; coprodução e integração entre os agentes; criação de conhecimento; enredamento (networking); criatividade e empreendedorismo; tecnologia, organização e produtividade; cultura, valores e diversidade; liderança e força dos relacionamentos.

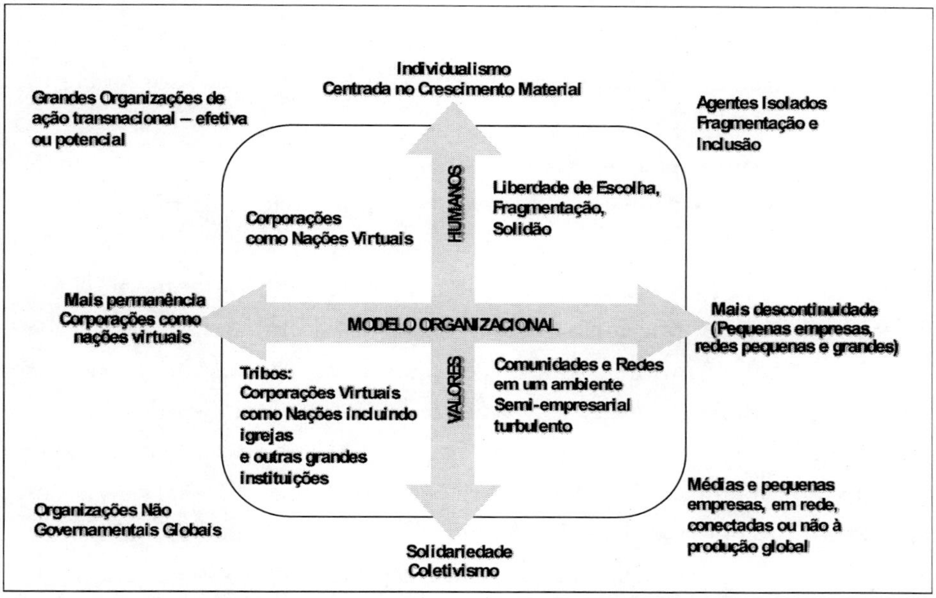


**Figura 7.2** - Os cenários da Global Business Network para as relações de Produção.
(Fonte: Adaptada de Ritto, 2018).

Os estudos levados a efeito construíram dois grandes eixos na prospecção da modelagem organizacional.

- Um eixo considera os *valores humanos*, onde contrapõe *individualismo e egoísmo à solidariedade e coletivismo*. Na extremidade individualista o trabalho da GBN percebe prevalecer uma visão pessoal estreita, ênfase no dinheiro, no lucro, na eficiência, no crescimento material e econômico questionando se estas características funcionam e produzem em uma sociedade. Na extremidade coletivista e da solidariedade o estudo constata uma ampliação do Eu, ênfase na visão pessoal com missão social cooperativa, igualdade, valores morais, vida simples questionando se estas características são possíveis e se representam virtudes da vida em sociedade;

- O outro eixo considera o modelo organizacional e contrapõe *mais permanência a mais descontinuidade* da atuação da organização. Na extremidade de mais permanência o trabalho da GBN percebe grandes corporações, verdadeiras nações virtuais. Na extremidade de mais descontinuidade identifica pequenas empresas e muitas redes envolvendo iniciativas pessoais e pequenos grupos, muitas delas em acoplamento com grandes organizações.

Destes dois eixos resultam quatro cenários, conforme esquematizados na Figura 7.2.

1. **Corporações como nações virtuais** - Corporações amplas, nações virtuais, nas quais organizações assumem a forma e a responsabilidade de um governo nacional – incluindo a eleição de gerentes e de colaboradores; empregador provê orientação de carreira, seguro social e senso de comunidade. São conglomerados globais que emergem como uma forma das organizações dominarem e desenvolverem os mercados. Possuem mínima submissão a governos nacionais e proveem seguros, previdência, planos de saúde, educação, redes sociais, com sentido de identidade e pertinência. Funcionam como uma nação, influenciam os governos nacionais, podendo submetê-los e ignoram restrições geográficas. O sucesso das organizações nesta dimensão decorre de sua capacidade em operar globalmente. Cresce o valor das informações já que passam a representar novas oportunidades mais abrangentes. Como decorrência, está em curso uma transformação na estrutura e gerenciamento. Tradicionalmente as organizações se estruturavam hierarquicamente, centralizadamente constituída por grupos de especialistas funcionais. Um novo formato adota estrutura horizontal, descentralizada, constituída por grupos de projeto em conexões flexíveis. Estes grupos se apoiam em informações atualizadas para produzirem produtos e serviços mais adequados. Buscam na rede agregação de valor a viabilidade dos seus processos de produção, tanto para aumentar a eficiência, como para encontrar parceiros e fornecedores, como para colocar seus produtos e serviços;

2. **Tribos** - Tribos duráveis, corporações de caráter solidário e de ação alargada, organizações não governamentais, que lidam com ideologias e atitudes. São organizações que podem, ou não, ser globais, mas centradas em princípios humanitários ou neles apoiadas nas suas inserções políticas, econômicas e sociais. Igrejas, ONGs de diversas naturezas são exemplos desta estruturação. Não raro se sustentam em dogmas que representam o elemento catalisador de suas existências e permanências;

3. **Fragmentação** - Iniciativas isoladas a partir das quais uma profusão de formas organizacionais coexistirá em turbulência, em ambiente fragmentado, com os agentes em iniciativas autônomas, muitas vezes informais, oportunistas e imediatistas, ligadas à sobrevivência e sem continuidade temporal. Frequentemente as iniciativas duram o tempo de um projeto específico, podendo entrar em acoplamento estrutural com uma ação global a partir da rede;

4. **Comunidades - Rede** – São grupos autônomos que se relacionam sob regras e sob contratos independentes ou pequenas organizações, ligadas por rede, trabalhando juntas em combinações temporárias de vários projetos, e dissolvidas quando os projetos terminam. A autoridade está presente, mas não através de comando. Os grupos são livres para tentar ideias e muitas vezes se apoiam em agentes estruturantes que tomam ou compartilham a decisão de onde investir. A estabilidade provém da ubiquidade e das intensas conexões em redes eletrônicas que se ligam umas com as outras. A sobrevivência depende essencialmente de relacionamentos.

A divisão dos modelos é didática e extrema já que no ambiente tudo é autorreferente; os agentes plurais estão em coevolução. Os sistemas são fortemente recursivos e autônomos, tudo e todos em coevolução. Não há um ponto de evolução, um ponto solitário de evolução; tudo está coenvoluindo.

Vale notar que organizações no extremo corporativo global estão interligadas e dependem de iniciativas fragmentadas que estão em sua diagonal. Tudo depende de tudo e influencia tudo também. Em todas as dimensões percebe-se um descompasso entre a rapidez da evolução das técnicas e a relativa lentidão das transformações institucionais.

O centro só existe se tiver papel integrador, se agregar valor na integração sem desrespeitar ou inibir as particularidades locais. Não é hierárquico, é perspectivo, não é simples nem binário ou mesmo discreto; é complexo (fuzzy). Os mecanismos hierárquicos de controle cedem a mecanismos mais voltados para resultado – contratos de gestão, acordos de níveis de serviço, indicadores de performance e gerenciais. Doravante, gerenciar não se resume a dar ordens, mas, sobretudo, em prover as condições (infraestrutura) para que os atores desempenhem seus papéis da melhor forma possível, Figura 7.3.

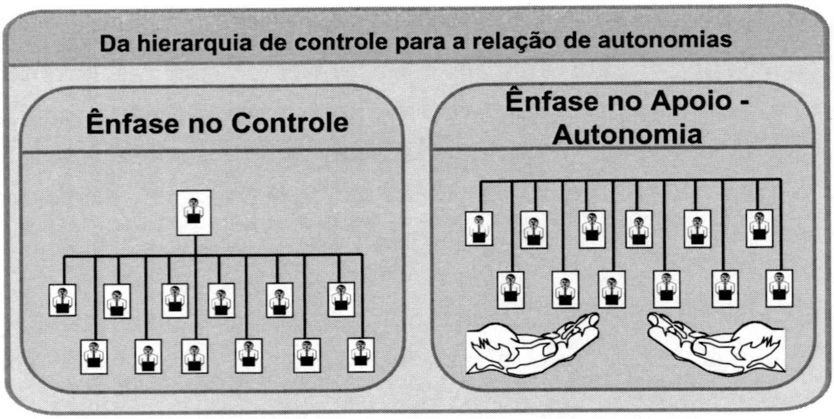


**Figura 7.3** - das hierarquias de controle para a relação de autonomias.
(Fonte: Elaborada pelo Autor).

Todas as partes e agentes no ambiente estão em evolução permanente e, embora um sistema dinâmico possa parecer ser caótico sua identidade, história e senso de propósito funcionam como atratores (atrator estranho) definindo seus limites e guiando sua evolução e crescimento. Em todas as dimensões, os atores precisam ter desenvolvido senso de autonomia e de empreendimento no conceito de bootstrapping:

- Evolução e desenvolvimento a partir de iniciativas e esforços próprios;
- Empreender e realizar com um mínimo de ajuda;
- Apoiar-se em processos autossustentados;
- Contar com seus próprios recursos.

## O Desafio da Racionalidade – o lucro e a coinvenção do futuro

*Qualquer árvore que queira tocar os céus precisa ter raízes tão profundas a ponto de tocar os infernos.*

(Carl Jung)

A empresa-máquina valoriza critérios como competitividade, desempenho financeiro e redução de custos ainda que muitas das práticas cotidianas que desencadeiam costumem atingir negativamente valores importantes, tais como manutenção do emprego e bem-estar, transparência no relacionamento com a comunidade e preservação do meio ambiente.

Arie de Geus (1997) traça a diferença entre empresa viva e empresa econômica centrada fundamentalmente nos objetivos de cada uma: a primeira busca continuamente aproveitar e expandir seu potencial, garantindo sua longevidade, enquanto a outra tem como único propósito a geração imediata de lucro. Contudo, a aparente dicotomia entre lucros e longevidade tornou-se inexistente com a ascensão da sociedade do conhecimento, uma vez que, tanto o lucro, quanto a perpetuidade nos negócios derivam da capacidade de aprendizado da organização.

O passado ensinou a convivência em ambientes onde os agentes econômicos têm conhecimento das variáveis que influenciam seus retornos, conhecem as preferências dos competidores, são capazes de desenhar com racionalidade os cenários futuros e suas previsões de probabilidades convidam à busca de lucro máximo.

Nestes ambientes os agentes são racionais e agem para maximizar seus retornos e para tirar dos recursos alocados, aí incluídos os ativos e as pessoas, o máximo de retorno. Num ambiente estável os agentes tomam decisões mecânicas e prescindem de emoções e intuições, características que, inclusive, perturbam a decisão incluindo hesitações, comprometendo sua qualidade, Figura 7.4.

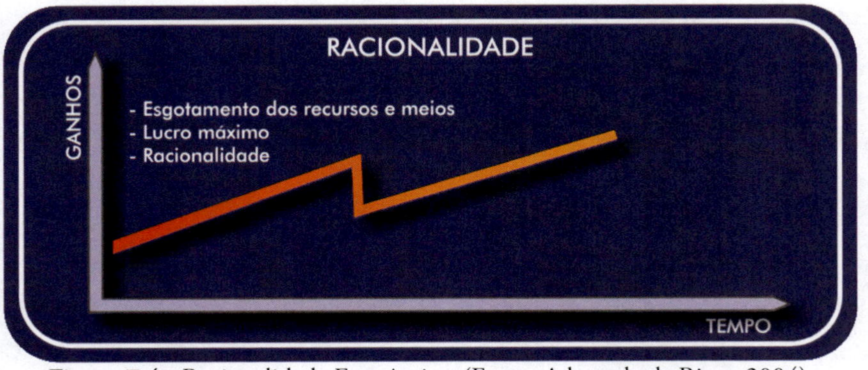


**Figura 7.4** - Racionalidade Econômica. (Fonte: Adaptada de Ritto, 2004).

Nos modernos ambientes de negócio o que se observa são mercados evolutivos onde se convive com permanentes reformulações de conceitos, com o surgimento de questões novas e necessidades de novas abordagens para novas soluções e novas relações com novos e antigos agentes em convivência evolutiva nos ambientes políticos, econômicos e sociais.

Nestes ambientes novas hipóteses passam a considerar mercados em aprendizagem e cogitam racionalidade limitada, Figura 7.5.

**Figura 7.5** - Racionalidade Limitada. (Fonte: Adaptada de Ritto, 2004).

Os modelos racionais e mecânicos, nestes contextos, perdem a eficácia e aspectos ligados a comportamento e as maiores partes das informações e dos conhecimentos relevantes não são completamente dominados.

Os agentes agem sob emoção. A hipótese da racionalidade limitada exige considerar interdisciplinaridade e a consideração de risco e incertezas. Nestes ambientes alteram-se os próprios objetivos dos agentes que se deslocam no tempo, perdem um pouco de sua fixação no retorno de curto prazo, e passam a valorizar sua permanência e garantir sua passagem para o futuro.

Os agentes passam a se preocupar com a preservação dos recursos e meios, aí incluídos os ativos, mas, principalmente, as pessoas, agora agentes da transformação que os ambientes exigirão. Os resultados, sem perder de vista a sobrevivência econômica, incorporam outras dimensões de resultados, aí incluídos o reconhecimento do mercado, o valor da marca e a capacidade da organização em digerir o novo. Neste novo ambiente as preocupações incluem pesquisa e desenvolvimento, educação continuada, valorização da criatividade, da inovação e do talento. Por ser assim, passam a conviver com algum desperdício. Afinal, na medida em que pessoas passam a dedicar-se à Pesquisa e Desenvolvimento (P&D), os projetos convivem com incerteza e podem não dar em nada. Há convivência com dúvidas quanto ao alcance dos objetivos e até mesmo quanto aos objetivos, doravante ameaçados por novas formulações advindas dos ambientes e das manifestações dos diversos agentes.

Conhecimento passa a ser meio de produção e cada vez é mais forte a percepção de que a organização precisa promover educação continuada e transformar-se em um ente capaz de aprender continuamente. Mas há muitas questões.

O que é uma organização que aprende? Como se pode definir e tratar a tensão existente no cotidiano das organizações, entre a necessidade de inovação e criatividade de um lado, e a necessidade de obediência a padrões, do outro? Quais as diferenças entre uma organização hierárquica e uma organização em rede? Como se pode entender e enfrentar o desafio da interoperabilidade nas organizações em rede? Que características devem estar presentes em um modelo de aquisição de conhecimento no cotidiano das organizações?

## Sistemas Auto-organizados – O Processamento das Perturbações

Se considerarmos a organização como um processo ininterrupto de desorganização-reorganização, e não como um estado, a ordem e a desordem, o organizado e o contingente, a construção e a destruição já não serão tão distintas.

**Figura 7.6** - Tetragrama de Morin.
(Fonte: Adaptada de Ritto, 2004).

Morin (Pessis-Pastenak, 1992) resume esta perspectiva da desordem no tetragrama (desordem, interações, organização, ordem), Figura 7.6. Nele verificam-se os aspectos da cibernética, da teoria de sistemas e da teoria da informação, seja nos fundamentos da retroação, na permanente busca de integração, nos fluxos de informação portadores dos ruídos desestruturantes, mas também das redundâncias que, ao reforçarem caminhos, dirigem escolhas e novas reorganizações.

Na abordagem racional da realidade, o acaso e o aleatório são sempre considerados antinômicos[19] à ordem e ao organizado.

No movimento do tetragrama, tudo está em ordem até que um acontecimento mistura conceitos e agentes no ambiente e cria a desordem. As interações com novos conhecimentos e novos atores irão proporcionar e construir uma nova organização que proporcionará a emergência de uma nova ordem.

Na análise dos significados é impossível isolar o ser vivo de seu ecossistema, o indivíduo de sua sociedade, o sujeito do objeto. Na busca da melhor percepção é necessário trabalhar e pensar não apenas com o "claro e distinto", mas também com o "vago e obscuro". Assim, a ideia sistêmica de "emergência"e a ideia cibernética de "retroação" **são instrumentos conceituais para conceber a autonomia dos "seres-máquina".**

"O detalhe das condições de emergência de novas regras nos escapa permanentemente: um acontecimento singular vem perturbar a comunicação em uma via do sistema e nasce um sentido. Esse novo sentido, mesclado a inúmeros outros, nas demais vias, é comunicado ao nível englobante; as regras de ordenação dos elementos do nível inferior que definem este nível englobante são modificadas, fazendo surgir um novo sentido a este nível, o qual repercute, em seguida, no nível inferior. Todos estes sentidos constituem significações para o sistema, e não para nós, se não os conhecemos. Quanto mais o nível elementar transmite informação, o nível geral percebe ruído, e vice-versa. O estado de crise paroxístico[20] ou prolongado é caracterizado por um distanciamento semântico entre os diferentes níveis da organização" (Atlan, 1992).

Informação é um elemento-chave para que se estabeleça o conceito de interatividade. Ampliação da consciência é fundamental para o acompanhamento dos novos paradigmas que se estabelecem e vivem em permanente evolução entre os agentes em coevolução.

Trata-se de um elemento importante em muitas áreas do conhecimento que incluem os

---

[19] *Antinômicos = Que encerra antinomia; contraditório, oposto. Antinomia = Contradição entre duas leis ou princípios. (Buarque de Holanda).*

[20] Paroxístico = Do grego paroxysmós, estimulação, excitação. Em medicina é o estágio duma doença, ou dum estado mórbido, em que os sintomas se manifestam com maior intensidade. Figurado, é a exaltação máxima de uma sensação ou de um sentimento; auge, apogeu. (Buarque de Holanda).

campos da ciência cognitiva, teoria da informação, cibernética, ciência da computação etc. Uma maneira de definir-se afirmativamente informação é considerá-la como uma entidade capaz de reduzir a incerteza.

## Para Concluir

Em tempo de conclusão entendemos ser relevante destacar a emergência do conceito de **Exteligência**. O mundo digital proporciona mudanças no comportamento das pessoas - novas formas de sentir, de ver e de se relacionar – e cria um conjunto de conceitos que, em alguns casos, demandam novas definições e ensejam neologismos: é o caso da exteligência. A palavra exteligência foi apresentada pelo matemático Ian Stewart e pelo biólogo Jack Cohen no seu livro Figments of reality: the evolution of the curious mind (Stewart, 1997). Para eles, exteligência é definida como todo o conteúdo cultural que está ao nosso dispor. Eles contrastam a exteligência com a inteligência visto que o conhecimento e os processos cognitivos estão dentro do cérebro (individual) enquanto a exteligência está fora de nós, acessível e disponível para qualquer um, nos livros, no ambiente, nas pessoas, nas redes, na internet.

A exteligência é um conjunto de ações e conceitos decorrentes da interação com pessoas, mas, sobretudo, com as redes e todas as oportunidades por elas criadas. Exteligência é um conceito cultural e prospera em ambientes colaborativos. Esta extração de conhecimento do ambiente cultural já existia, mas não era acessado com a facilidade e intensidade proporcionadas pelo mundo das redes, pelo mundo digital. Ian Stewart e Jack Cohen destacam ser a exteligência fundamental para o desenvolvimento da consciência. O objetivo da exteligência é extrair dos grupos ou da cultura de um determinado grupo de pessoas, soluções para problemas reais. É o permanente desenvolvimento de conhecimento tácito e o esforço no sentido da criação de conhecimento explícito para alargamento da percepção e da consciência e para melhorar a tomada de decisão e o desenvolvimento de soluções.

É oportuno destacar a Realidade Aumentada como a tecnologia que sugere a metáfora da expansão da percepção. Realidade Aumentada é a integração de informações virtuais com as visualizações do mundo real. É um ambiente que pode envolver tanto realidade virtual como elementos do mundo real, criando um ambiente misto em tempo real. Por exemplo, um usuário da Realidade Aumentada pode utilizar óculos translúcidos para ver o mundo real, bem como imagens geradas por computador. GPS e sensores de orientação permitem que sistemas de computação levem a Realidade Aumentada para ambientes mais amplos e abertos.

A Realidade Virtual é uma tecnologia criada para simular ambientes, reais ou imaginários, que permitem ao usuário sentir-se fisicamente presente e interagir com esse ambiente. Enquanto a Realidade Virtual possibilita ao ser humano vivenciar um mundo não existente fisicamente, a Realidade Aumentada aumenta a percepção sobre o mundo real sobrepondo elementos não existentes a imagens reais.

Alguns exemplos ampliam a percepção e a consciência intensamente: visitação aprimorada, legendas ou textos históricos referentes a objetos ou locais vistos, ruínas ou paisagens reconstruídas (dados que através de conexões wi-fi proporcionam uma vasta quantidade de informações imediatamente – o mundo na palma da mão).

Estes exemplos nos revelam o conjunto de possibilidades à disposição da análise e da percepção das pessoas. Mas, novas visões de mundo e novos paradigmas precisarão emergir junto com novos níveis de consciência para que seja efetivamente possível "viver" nestas "novas possibilidades da realidade".

Vale destacar do que foi dito que os novos instrumentos tecnológicos não vêm acompanhados das técnicas necessárias às suas utilizações e que os novos e necessários conhecimentos surgirão, de forma tácita, em consciências que tenham se expandido para alcançá-los, efetivamente utilizá-los e torná-los explícitos.

O que está presente é uma grande transformação das pessoas e das sociedades motivada pelas intensas inovações tecnológicas. As análises apresentadas revelam a necessidade de fixação de princípios que minimamente regulem os usos dos instrumentos tecnológicos, sobretudo redes, para que a utilização destes importantes instrumentos esteja a serviço das pessoas e da sociedade. Já estão a serviço de crimes.

É sempre complexo estabelecer limites às pessoas, mas as redes têm demonstrado poder de devastar reputações com a divulgação de informações falsas. É mandatório a fixação de limites para que a rede venha a ser instrumento de desenvolvimento de conhecimento pessoalmente robusto.

A evolução no sentido da harmonia e da reunião do interesse de todos na participação de cada um só se dará na emergência de princípios e valores de ordem espiritual que faça de cada um instrumento de evolução permanente comprometido consigo, com o outro e com o todo.

# Capítulo 8 – Consciência, Ciência e Espiritualidade

*Não há despertar de consciência sem dor. As pessoas farão de tudo, chegando aos limites do absurdo para evitar enfrentar a própria alma. Ninguém se torna iluminado por imaginar figuras de luz, mas, sim, por se tornar consciente da escuridão.*

(Carl Jung)

## Uma Introdução

Nossos estudos consideram ser extremamente complexo o entendimento da consciência, da pessoa, da participação da pessoa no mundo, sua superação no enfrentamento de problemas, na solução de dilemas éticos que se apresentam de formas desafiadoras nestes momentos de pós-modernidade. A busca humana por evolução em condições emergentes em ambientes com forte presença de tecnologia, cada vez mais invasiva, sustentada por redes de toda ordem, com destaque para as redes sociais carregadas de formas inéditas de comunicação interpessoal, requer aprofundamentos em visões, questionamentos em premissas, construção de hipóteses inovadoras, que promovam uma evolução na forma de ver, de tratar as pessoas e as relações entre as pessoas nos seus ambientes diversos.

Na medida em que o foco na pessoa vai se reduzindo às dimensões práticas centrado numa visão econômica, científica e tecnológica, a vida humana vai perdendo sua sacralidade e se desencanta. A vida e as coisas da vida se esvaem subordinadas aos conceitos fundamentais do paradigma cartesiano, fragmentador e reducionista, sobretudo quanto ao entendimento da realidade e do humano. Neste contexto de fragmentação e redução, a especialização prevalece de forma unilateral, tanto na percepção e nas decisões, como nas ações, perdendo-se, irremediavelmente, a visão de totalidade. Na medicina, apenas como um exemplo, em muitos momentos o contato fixa na doença e perde-se, em alguma medida, o enfoque no doente.

## Ciência e Espiritualidade

As disciplinas científicas fragmentam o saber e os estudos e muitas áreas duelam com a realidade para enfrentar os aspectos nocivos da fragmentação, própria da proposta disciplinar. O mundo é transdisciplinar, tem muitas dimensões e apresenta comportamentos com mais características quânticas, probabilísticas e incertas, do que características clássicas, que trabalham com certezas. A separação entre ciência e religião ocorreu pela necessidade do ser humano em desvendar os mistérios da origem do mundo. Atualmente a expansão do modelo científico se tornou, sobretudo por conta do paradigma da física quântica, inseparável das questões que envolvem a evolução humana na sua integralidade.

E aqui queremos tratar mais da dimensão espiritual do ser humano do que da dimensão religiosa. «Religião é a crença na experiência de alguém, espiritualidade é ter sua própria experiência" (Deepak Chopra). Mas, no contexto deste trabalho, não queremos desprezar nada, nem ciência, nem espiritualidade, nem religião. Em tudo que anima este Projeto, cada segmento precisa aprofundar suas visões para expor o fundamento humano de seus pensamentos e de suas conclusões para oferecer um melhor entendimento da pessoa e sua evolução.

Tem a ciência, mas tem o cientista. Precisamos da ciência e de seus métodos de busca da verdade que não se satisfaz com a revelação. Mas, o cientista convive com limites próprios da pessoa que é, e com os conflitos que lhes são inerentes. O cientista convive com o conflito interno, mas busca tenazmente a verdade obediente à lógica do modelo científico.

A nós, humanos, tudo interessa, na medida em que aumente nossa percepção de nosso papel no mundo e caminhos para que cada um possa trabalhar o processo evolutivo da consciência.

## Aspectos da Visão da Ciência sobre Consciência

O nascimento de um novo paradigma não significa o sepultamento do antigo. A ciência e os cientistas sabem conviver com diferenças e contradições na busca da verdade podendo até tirar proveito disso. Um exemplo contemporâneo é a convivência dos paradigmas da física clássica e da física quântica. Também sabem enfrentar e lidar com as revoluções e com a convivência das diferenças como inerentes ao processo que evolui permanentemente na concepção e explicação do mundo e do humano.

O Físico Leonard Mlodinov (2012), fortalecendo esta posição de aceitação do novo e sua incorporação ao modelo científico, comenta que "algumas ideias muito estranhas, surgidas de áreas obscuras e inesperadas – como a relatividade e a incerteza quântica - logo foram aceitas, apesar de desafiarem o pensamento convencional: elas passaram por testes experimentais".

É esta uma necessidade científica: passar por testes experimentais. E completa: "e tudo evolui graças ao incrível poder da seleção natural" (Mlodinow, 2012); esta é uma afirmativa que interessa e é base dos nossos estudos: tudo evolui, tudo interessa.

Os biólogos afirmam que o responsável pelo projeto da vida não foi uma inteligência, mas o ambiente. A suposição implícita no argumento de que coisas complexas devem ter sido criadas por uma inteligência superior é que seria mais simples chegar à criação da vida dessa forma que pela evolução.

Os cientistas consideram que é uma crença compreensível, sobretudo para os que ignoram o papel da seleção natural na evolução. No que toca aos estudos da consciência, a ciência, com a neurociência à frente, postula que a consciência emerge da matéria. Não há projeto inteligente, não há interferência transcendental; a seleção natural nos elevou à consciência e a consciência é um epifenômeno da matéria.

## A Causação Ascendente da Consciência

É mesmo inacreditável que da sopa primordial tenha se constituído o homem consciente de si e que questiona o vir a ser. O cérebro se desenvolveu, alcançando complexas capacidades.

Ensina Damásio que o surgimento da consciência humana está associado a mudanças evolucionárias no cérebro, no comportamento e na mente que, por fim, levaram à criação da cultura, uma novidade radical no curso da história natural.

Fica assim estabelecida a evolução na visão científica e é longo o caminho desde o neurônio até o cérebro e finalmente à consciência na visão da causação ascendente.

Das visões, propostas e formulações do modelo científico para a consciência, ainda que, no momento, carente de fechamento epistemológico, pode-se construir o esquema apresentado no Quadro 8.1.

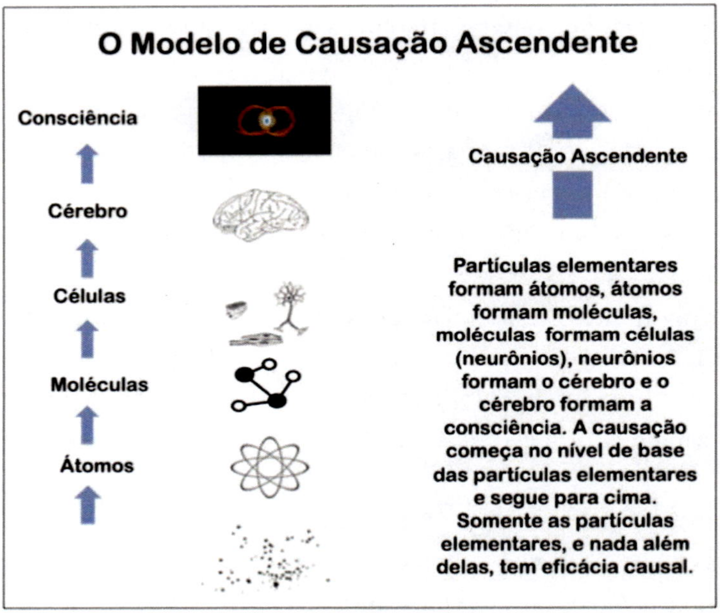


**Quadro 8.1** - O Modelo de Causação Ascendente.
(Fonte: adaptado pelo autor com base nas propostas do modelo materialista).

Assim, para a visão científica, a consciência emerge da matéria decorrente de um longo processo evolutivo desde as partículas elementares até o cérebro, através de processos de estruturação e organização, submetidos às condicionantes da seleção natural.

O cientista do cérebro reconhece que resta muita coisa a ser esclarecida e dominada, mas a ciência está apenas começando a aprofundar os estudos da consciência.

Damásio destaca que, no começo do novo milênio, não resta dúvida de que uma pergunta se destaca de todas as outras nas ciências da vida: como a cadeia de processos e mecanismos que chamamos de mente resulta da atividade do órgão que denominamos cérebro? A pergunta certamente não é nova. De uma maneira ou outra, vem sendo formulada há séculos. E preocupa tanto os especialistas - neurocientistas, cientistas cognitivos e filósofos - quanto outros que se perguntam sobre a origem da mente, e, sobretudo, da mente consciente.

A questão da consciência ocupa hoje um lugar privilegiado porque a biologia em geral, e a neurociência em particular, alcançaram notável êxito em decifrar segredos da vida.

Damásio inclui-se entre os que confiam numa explicação sólida para o surgimento da mente a partir do cérebro. Nada é mais familiar que a mente, mas o peregrino em busca das fontes e dos mecanismos por trás dela enfrenta sérios problemas.

Leonard, em defesa do modelo de causação ascendente, critica que na metafísica podemos nos dar ao luxo de acolher qualquer ideia atraente. Na ciência, novas ideias podem ser incorporadas em teorias. Porém, as únicas ideias novas que sobrevivem são as que têm sua validade comprovada por evidências experimentais (Mlodinow, 2012).

Leonard prossegue e cogita que mesmo baseados no nosso limitado conhecimento atual, é difícil defender a existência de uma diferença entre a mente imaterial e o cérebro material. Os desafios que enfrentamos ao tentar compreender como um sistema neural, que obedece às leis comuns da física, pode dar origem à experiência subjetiva constitui um dos grandes projetos científicos do nosso tempo. Mas existe toda uma nova ciência da consciência. É uma ciência legítima e tem nos ajudado a entender quais estruturas do cérebro produzem emoções, sensações e pensamentos, como são quimicamente reguladas e eletricamente conectadas.

## Aspectos da visão espiritualista sobre a consciência

Nas ciências naturais o objeto de estudo é uma realidade dada, exterior ao sujeito do conhecimento. Nas ciências humanas o objeto de estudo é a pessoa, vivendo em sociedade, nas suas relações com as outras pessoas e com as naturezas.

Há, portanto, uma diferença relevante entre o estudo das ciências naturais e o estudo das ciências humanas. Mandatório reconhecer que precisamos de abordagens e métodos diferentes, apropriados para cada um desses objetos de estudo.

Para os materialistas científicos, interações materiais intrincadas do cérebro podem explicar toda a complexidade das experiências em múltiplas camadas da consciência. No entanto, o foco sobre os detalhes revela que tudo o que o cérebro consegue fazer é processar estímulos por meio de conhecimentos antigos, que já estão armazenados na forma de memória.

O livro "*O cérebro espiritual*" do neurocientista canadense Mario Beauregard (2010) propõe estudos separados entre as estruturas cerebrais e os fenômenos da consciência. Beauregard é membro do Centro de Pesquisa em Ciências Neurológicas e do Centro de Pesquisa em Neuropsicologia Experimental e Cognição da Universidade de Montreal.

Os neurocientistas chamados de materialistas defendem uma identificação entre o funcionamento cerebral e os fenômenos da consciência e chegam mesmo a incluir experiências espirituais. Mas Beauregard encontra nas pesquisas neurocientíficas bases para discutir e separar os fenômenos da consciência e os dos mecanismos cerebrais, com destaque para os aspectos referentes à espiritualidade.

A visão do materialismo considera que tudo o que existe tem uma causa material com fundamentos na física clássica. Para os neurocientistas materialistas a consciência, incluindo o espírito, e os processos mentais são um epifenômeno do cérebro e a cogitação de uma vida após a morte é inconcebível.

Beauregard busca compreender as relações entre o espírito, a consciência e o cérebro através dos estudos da neurociência. Alguns desses trabalhos referem-se a sua experiência pessoal de morte clínica durante uma parada cardíaca. Quando há parada cardíaca, o cérebro deixa de funcionar depois de 10 a 20 segundos aproximadamente. E muitos pacientes em estado de parada cardíaca parecem inteiramente capazes de experimentar processos mentais. Esse fenômeno, segundo Beauregard, demonstraria que o espírito e a consciência não são gerados pelo cérebro.

Para Beauregard a alma é o princípio imaterial e pensante. A alma faz parte integrante da fonte de tudo o que existe no universo.

As experiências espirituais produzem frequentemente uma transformação psicológica positiva naqueles que a experienciaram. Tal transformação, segundo relatos, sobretudo dos inúmeros relatos de Experiência de Quase Morte, é acompanhada de uma maior capacidade de amor, de não julgar o outro e de sentir a interconexão profunda com tudo o que existe. É com base nisso que Beauregard afirma que as pessoas que vivem estas experiências entram em contato com uma realidade transcendente.

As neurociências englobam todas as disciplinas que estudam a anatomia e o funcionamento do sistema nervoso. Essas disciplinas procuram estabelecer ligações e correlações entre o sistema nervoso e as funções mentais - por exemplo, consciência, memória, atenção, emoções. Beauregard destaca que é preciso precaver-se contra a tentativa de buscar uma explicação simples e única para todo fenômeno mental complexo; principalmente no que concerne à espiritualidade.

## A Causação Descendente da Consciência

Espiritualidade remete a um sentido de significado e propósito, um sentido do ser e da relação com aquilo que é maior do que o ser. Para a visão espiritualista é uma busca pessoal de compreensão de aspectos fundamentais da vida e está ligada a sentimentos de totalidade, de alegria, de significado e de sentido que impulsiona a experiência de transcendência resultando num sentimento de conexão com as pessoas e com o transcendente.

A pessoa, independente da sua idade, é racional, afetiva, social, física, sensível e espiritual. É preciso que ela se desenvolva como uma unidade relacionando-se consigo mesma, com os outros, com o mundo e com o transcendente.

Espiritualidade é um modo de ser da pessoa e não apenas momentos de sua vida, é a busca do sentido para o próprio existir. Para a espiritualidade, a consciência cria a matéria a partir da energia, Quadro 8.2.

O físico Amit Goswami ensina que:

**Quadro 8.2** - O Modelo de Causação Descendente.
(Fonte: adaptado de Goswami, 2011).

1. A consciência é a base de todo o ser. A matéria consiste de possibilidades da própria consciência. Uma vez que a consciência está escolhendo a partir de si mesma, essa asserção evita o paradoxo do dualismo: como a consciência interage com a matéria sem um sinal? A física quântica dá uma resposta radical: não há sinal. Essa comunicação sem sinal é chamada de "não localidade quântica";

2. Outra tendência é pensar que escolhemos com nossa consciência individual. Isso também desemboca num paradoxo: a quem cabe a escolha, no caso de um sinal de trânsito dicotômico[21]? A solução leva à mesma ideia acima: a consciência original, fonte de nossa causação descendente, é não local. Essa fonte pode ser chamada de Deus, conforme as tradições mais antigas; mas ela é objetiva e podem chamá-la igualmente de <u>consciência quântica</u>;

3. Não há matemática para o colapso quântico; não existe um algoritmo contínuo que possa ser atribuído ao colapso quântico. Este é descontínuo. O que é a descontinuidade? Quando um elétron salta de uma órbita atômica para outra, ele o faz sem atravessar o espaço intermediário. O salto quântico do elétron é um exemplo de descontinuidade;

4. A mensuração quântica no cérebro é uma hierarquia entrelaçada, o que significa que existe um relacionamento circular entre os componentes do cérebro. Isso nos dá a autorreferência. No processo da mensuração quântica envolvendo o cérebro com sua hierarquia entrelaçada, a consciência se divide em sujeito (o que experimenta) e objeto (o que é experimentado). Nesse processo, a consciência se identifica com o cérebro.

[21] Que apresenta duas possibilidades, simultaneamente.

A causação descendente e seus três atributos – não localidade, descontinuidade e hierarquia entrelaçada – são os princípios da física quântica que podem nos transformar quando aprendemos a aplicá-los em nossas vidas e, sobretudo, nos estudos da consciência.

É possível, se trabalharmos nesta direção, construir uma ponte entre ciência e tradição, entre oriente e ocidente, entre objetividade e subjetividade. Mas isso implica uma mudança no olhar. É necessário se sustentar no pressuposto de que é o nosso olhar que determina a realidade. A evolução do olhar precisa de uma mudança na cultura, nos conceitos, nas crenças, e esta é uma evolução lenta.

Nosso mundo, na sua totalidade, passa por intensas mudanças com aceleração na ciência, tecnologia, comportamentos e práticas cotidianas. Tecnologias, redes de computadores, redes sociais, nuvens, big data, realidade aumentada e inteligência artificial; somos meros instrumentos, objetos das mudanças, ou sujeitos da transformação? Esta é uma questão central que remete ao sentido, ao significado que damos às coisas, nossa capacidade de entender subjetivamente e efetivamente participar como sujeito.

O real é uma interação instantânea entre o local e o global, o pequeno e o grande, o objetivo e o subjetivo, o eu e os outros. Não podemos nos recusar à busca e ao aprofundamento do sentido, das coisas, dos outros e do sujeito no mundo. Não podemos nos recusar à consciência. Participamos, cotidianamente, potencialmente de ilimitadas transformações em quase tudo, mas a mudança de sentido exige uma reforma interna, íntima, que demanda espaço, tempo e, sobretudo, consciência. Estamos enredados nos contextos que somos: nossos ancestrais, a cultura, a afetividade à época em que vivemos, os modelos espirituais e científicos que experimentamos.

O espaço do significado não é pacífico, vive imerso em discórdias, contradições, antagonismos. Podemos mesmo cogitar que o que nos faz progredir não são nossas certezas e tudo que afirmamos, mas sim, na abertura da visão, na tolerância, na reflexão, no cultivo permanente da dúvida, na busca de seu esclarecimento e no permanente questionamento. Entre a certeza e a dúvida reside um universo insondável, mas é aí que as perguntas e as respostas convivem no mesmo espaço, tempo, consciência. Com o surgimento da modernidade e sua avassaladora capacidade científica, a humanidade começou a produzir uma tecnologia de nível elevado, quando a maior parte da humanidade estava ainda nos níveis muito baixos de consciência moral.

Hoje, com a ascensão de poderosas tecnologias de segunda ordem – a produção de energia no nível quântico, a inteligência artificial (robótica), a engenharia genética sistemática, a nanotecnologia em escala mundial -, a humanidade enfrenta mais uma vez um pesadelo maior: o crescimento galopante das tecnologias, sem que haja um crescimento equivalente na consciência interior e na sabedoria das pessoas para suas mais adequadas utilizações.

Convivemos com uma explosão de heterogeneidades semânticas. Sistemas dinâmicos evoluem no tempo e são formados por muitas unidades simples interagindo umas com as outras, eventualmente em conflito. Na consciência, as superposições conscientes são objetos transcendentes.

O real e a realidade só são trazidos para o reino da imanência quando ela, a consciência, através do processo de observação, opta por uma das muitas facetas da superposição, embora esta opção seja limitada pelas probabilidades permitidas pelo cálculo quântico.

Vivemos num mundo complexo, o nosso mundo. Não há nada simples, nem no campo natural, nem no social, nem no individual; só podem ocorrer simplificações.

O conhecimento humano das coisas é incompleto, ordem e desordem são faces da mesma moeda. A liberdade necessita de uma ordem organizacional, isto é, regras do jogo para todos, mas também necessita de tolerância com a desordem. A verdade é a verdade do observador, logo, não há fato desvinculado de quem o observa, nem significado.

A física quântica oferece um poder causal: a causação descendente. Na física newtoniana, os objetos são coisas determinadas, feitas de matéria; seus movimentos são determinados por interações materiais entre objetos de nível básico, chamados partículas elementares, que constituem o mundo de baixo até em cima – a causação ascendente.

Mas, na física quântica, os objetos não são coisas determinadas: são possibilidades quânticas dentre as quais a consciência faz a escolha. Conhecer e pensar não é chegar a uma verdade absolutamente certa, mas dialogar com a incerteza. A física quântica é a física das possibilidades. Escolhemos os acontecimentos reais da nossa experiência a partir dessas possibilidades. Essa escolha consciente é a causação descendente.

## Consciência, Ciência, Espiritualidade e Ética

*Seja você a mudança que tanto procura nos outros. As pessoas não mudam com cobranças, mudam com exemplos.*

(Autor Desconhecido)

São muitas as visões, desde as mais dogmáticas espiritualistas até a visão mais positivista da ciência. Parece razoável considerar que algumas características estão presentes nas propostas espiritualistas e científicas. Podemos destacar que todas as linhas de pensamento consideram, ainda que com matizes diferentes:

- **O processo humano é evolutivo** - O fato de todos cogitarem que o processo humano é evolutivo abre uma grande área para estudos e para tratamento do mistério. Até mesmo na ciência, desde o mundo celular há uma misteriosa compulsão pela vida, pela sobrevivência e este particular é um grande estímulo para o relevante e definitivo processo de seleção natural (Damásio, 2011). Cabem aqui pesquisas diversas para entendimento do objetivo desta evolução. O que a favorece? O que a prejudica?

- **Há leis para a vida e, sobretudo, para a evolução** - As correntes espiritualistas estão ancoradas em crenças, em conhecimento revelado. Mas mesmo assim, e de formas sólidas, obedecem a leis, que favorecem ou prejudicam a evolução; ainda que diferentes níveis de percepção e a presença de subjetividades tenham relevância. Que leis e regras são estas? É possível formalizá-las com vistas a alguma avaliação, numa dimensão certamente especial, com subjetividades? É possível experimentações como reclama Leonard? (Mlodinow, 2011). Há experiências bem-sucedidas entre neurocientistas e espiritualistas com respeito à meditação com medições interessantes (Danucalov, 2006);

- **Há racionalidade** - Este item quase repete o anterior e é aqui destacado apenas para que cogitemos que há diferentes racionalidades e não apenas a racionalidade das ciências exatas. Olhando assim, além de respeitarmos a lógica do outro, percebemos que cada um de nós considera várias lógicas de percepção, de análise e de comportamento dependendo dos ambientes, das circunstâncias, das agravantes e atenuantes de cada episódio e, sobretudo do nosso comprometimento emocional com as causas e as consequências das diversas ocorrências. Mas há racionalidade no processo evolutivo dos segmentos estudados. Podem ser formalizadas?

- **A evolução é favorecida ou prejudicada por comportamentos da pessoa** - O fato de todos cogitarem que comportamentos são fundamentais no processo de evolução, no alargamento da percepção e da consciência nos remete ao aprofundamento em aspectos éticos e morais. Que ética deveria ser estabelecida, propagada? Que bases sociais poderiam sustentá-la? Que especificidades deveriam ser consideradas? Como desenvolver a consciência e levar a pessoa ao protagonismo de sua existência?

Ciência, Espiritualidade e Ética operam em campos diferentes:

- Ciência é a prática de um modelo de busca da verdade que só reconhece resultados após sua prova, sua validade comprovada por evidências experimentais;

- Espiritualidade é uma propensão humana a buscar significado para a vida por meio de conceitos que transcendem o tangível à procura de um sentido de conexão com algo maior que si próprio. Traduz o modo de viver característico de uma pessoa que quer alcançar a plenitude da sua relação com o transcendental. Alguns autores defendem a existência de uma espiritualidade inclusive em meio ao ateísmo. Karl Marx fala de uma «espiritualidade sem Deus» no sentido de uma abertura para o ilimitado, um reconhecimento de sermos seres relativos, mas abertos para o absoluto. Seria o reconhecimento da dimensão misteriosa e ilimitada da existência? Uma experiência que vai além do intelecto? (Comte-Sponville, 2007). Espiritualidade envolve valores comprometidos com a totalidade. Acreditando na existência de uma energia envolvente para tratar o desconhecido, as pessoas buscam entender o universo, lidar com adversidades, ampliar a consciência;

- Ética é o conjunto de valores que sustentam nossas reflexões na consciência a respeito de nossas escolhas e os seus efeitos depois de nossas ações. A palavra "ética" vem do grego ethos e significa aquilo que pertence ao «bom costume», «costume superior», ou «portador de caráter». Diferencia-se da moral, pois, enquanto moral se fundamenta na obediência a costumes e hábitos recebidos, a ética busca fundamentar as ações morais pela razão. Na filosofia clássica, a ética não se resumia à moral, mas buscava a fundamentação teórica para encontrar o melhor modo de viver e conviver, isto é, a busca do melhor estilo de vida, tanto na vida privada quanto na pública.

Apesar das origens distintas, as doutrinas e propostas espiritualistas e os valores éticos estão alinhados. Uma robusta maioria das linhas espirituais trata de comportamento humano e prega a adoção daqueles próximos do cuidado humano como o caminho de melhor relação com o mundo e com os outros através da ampliação da consciência, portanto, "bom costume", "costume superior".

- Para os Vedas, as pessoas possuem um espírito que é uma força perene e indestrutível. A trajetória desse espírito depende das ações do indivíduo, pois a toda ação corresponde uma reação - Lei do Carma. O ser humano tem o poder de escolher a ação, mas não os seus resultados. Assim, o espírito da pessoa que não age "corretamente" segue reencarnando para amadurecimento até desejar e alcançar autoconhecimento. Neste processo amplia sua percepção e consciência;

- Para as Religiões Africanas a evolução acompanha o ritmo da natureza e as Entidades trabalham para que cada pessoa se identifique e aprenda a superar atitudes ruins e se vincular à energia que permite fazer coisas boas, evitando lidar com o lado negativo. Defendem que cada um deve ser protagonista seguindo o seu caminho buscando sua evolução;

- Para o Espiritismo, (Kardecismo) a evolução do espírito precisa de muitas vidas para alcançar a plenitude. Também creem na reencarnação e na Lei do Carma. A vida é uma oportunidade concedida para a evolução do espírito, e cada um é responsável pelo seu destino, que é definido pela soma das atitudes. Se a pessoa utilizar seu livre arbítrio para a prática do mal, ela não estará evoluindo e terá que retornar à vida para aprendizado. Cada espírito tem seu próprio ritmo de evolução. Dependendo da qualidade das ações praticadas em cada uma das vidas a evolução pode ser mais rápida ou mais lenta;

- O Judaísmo valoriza a moralidade e grande parte de seus preceitos baseia-se na recomendação de costumes e comportamentos comprometidos com a retidão e com o caráter para ampliar a consciência e favorecer a evolução;

- O Cristianismo classifica os erros como pecados, que só serão perdoados se houver o legítimo arrependimento com a assunção dos erros e a adoção de uma vida pautada pelo bem comum como instrumento de aperfeiçoamento;

- As principais e mais conhecidas linhas religiosas e espiritualistas consideram antiéticas as más ações, aí incluídas as atitudes que atrapalham o desenvolvimento das pessoas e que conspiram contra os coletivos;

- Para a ciência, a evolução se desenvolve através do processo de seleção natural onde o mais apto sobrevive e se reproduz. Neste fundamento não se cogitam necessariamente princípios éticos ou morais; seleção natural é para os mais aptos. O próprio processo de pesquisa precisou e precisa estar obediente a códigos de ética formais que inibam o desenvolvimento do conhecimento a qualquer custo. Critérios atuais regulam sacrifícios de animais, neste caso, regulados formalmente através de legislação específica.

Na inauguração de novos paradigmas a ciência criou um conjunto de conhecimentos nomeado física quântica, que considera energia como fonte de tudo, sobretudo da matéria, e considera totalidade, incerteza, comunicação à distância, hierarquias entrelaçadas abrindo novos horizontes para o pensamento, para o conhecimento e para a discussão a respeito de espiritualidade e de ética. Físicos quânticos como Amit Goswami (O Universo Autoconsciente, 2011) e Fritjof Capra (O Tao da Física, 1975 e Ponto de Mutação, 2004) entendem que nas propostas da física quântica tudo no universo está interconectado num encadeamento grandioso onde um acontecimento banal pode provocar mudanças profundas na totalidade.

As propostas de comportamentos éticos se baseiam num profundo sentimento de justiça, do agir preocupado consigo e com o outro preservando a si e o coletivo pertinente, alargando cada vez mais a consciência.

Ao examinarmos as crenças e propostas espiritualistas, em que pesem origens e culturas distintas, identificamos a presença de princípios comprometidos com a evolução da pessoa sustentada em comportamentos que respeitam o coletivo, defendendo a autonomia e as escolhas de cada um para o alcance do bem maior para todos. Isso com linguagens e caminhos que podem ser muito diferentes.

Não podemos esquecer, contudo, que na medida em que não conseguimos conviver com outras linhas de pensamentos, podemos dividir o mundo entre o nós e o eles e adotar, em relação ao diferente, caminhos violentos vendo no extermínio do outro o caminho da purificação do mundo. Este comportamento ainda está presente entre nós, cada vez mais contaminado pelas dimensões políticas e econômicas.

Mas ao lado de reconhecer esta dimensão da violência é necessário também reconhecer que a busca pela harmonia entre diferentes correntes espiritualistas nunca foi tão presente e intensa; tolerância e consciência de que assim o mundo fica melhor. Ações humanitárias, compaixão, trabalho voluntário educacional, provimento de alimentos, ajuda financeira, atendimento médico e ações diversas junto às camadas mais carentes da população, são atividades realizadas pela grande maioria dos segmentos.

A base espiritual da civilização ocidental foi muito influenciada pela visão judaico-cristã, que tem nos princípios e valores uma forte base ética. Durante séculos a consciência do dever para com seus mandamentos moldaram o caráter, não só dos judeus e cristãos, mas de uma parte significativa da sociedade.

Em muitos aspectos, valores judaico-cristãos penetraram a cultura ocidental. A rejeição moderna a esses mandamentos tem suas raízes no materialismo que sustentou e sustenta o modelo científico cujo nascimento e fixação de suas bases metodológicas coincidem com o tempo onde era forte a necessidade do afastamento da religião no estabelecimento da verdade. Ainda hoje se luta por isso.

O individualismo, exacerbado na fixação das bases da modernidade também contribuiu para esta rejeição por conta da intensidade do foco nas liberdades individuais. A preocupação com o coletivo e com a totalidade se enfraqueceram e as sociedades ficaram mais tolerantes com a desonestidade e com a injustiça.

Para o ocidente as bases do modelo científico são fundamentais hoje, assim como foram para nos libertar dos tronos e dos altares do primeiro milênio e parte do segundo; e estamos alinhados com isso.

O pressuposto é que a consciência ética comprometida com o cuidado e com a conduta no dia a dia no trabalho, na família e em todos os coletivos nos quais convivemos favorece os relacionamentos trazendo harmonia aos grupos e aos seus integrantes.

Numa visão espiritualista cada pessoa tem responsabilidade pelo seu próprio destino e pelo destino dos coletivos dos quais participa, na direção, sobretudo, das escolhas pessoais. O espiritualismo enfatiza a responsabilidade humana sobre o curso da história e sobre a vida e, neste Projeto são privilegiadas as iniciativas que conspirem para a libertação da pessoa, no sentido de que cada uma seja protagonista de sua existência.

**Para Concluir**

Neste momento da sociedade destaca-se, de forma confusa e com várias e sérias questões éticas, a exacerbação do uso dos instrumentos tecnológicos. Redes de tudo, e, sobretudo redes sociais, inauguram comportamentos e possibilidades de relacionamentos inimagináveis há anos atrás, talvez menos de uma década. Invasões de privacidade e desrespeito a direitos autorais, prestação de serviços desconectados de qualquer controle e obedientes a nenhuma lei, com intensos desrespeitos a direitos do trabalho, confusas práticas em ambientes chamados colaborativos, subversão dos princípios do cooperativismo, cada vez mais usado como um instrumento das relações de trabalho capitalistas na construção de fuga das responsabilidades trabalhistas, dentre outras. Também aqui a consciência individual e do coletivo precisa ser ampliada para que se aprenda a forma de incluir tantas novidades.

Está convocada a participação de todos na rede e nos ambientes colaborativos.

Mas, uma rede é melhor definida como um conjunto de elementos autônomos unidos por valores compartilhados. É no conjunto de valores compartilhados, na sua natureza e na sua aceitação consciente e comprometida com as pessoas, que reside a possibilidade da cooperação. Não é sem conflitos, mas é com compromisso da visão compartilhada. Todos precisamos ser sujeitos nos espaços onde participamos, protagonistas de nossa existência. Mas isso sempre foi difícil, e é difícil em tempos de uma consciência emergente diante de um quadro de convivência supernovo e de relações, sobretudo de trabalho, onde as questões éticas (novas) não são reconhecidas nas leis (antigas) vigentes.

O que parece se destacar neste palco de relações novas e emergentes é a redefinição de um conjunto grande de práticas ainda desprovidas de regras ou leis que regulem comportamentos que, pela novidade e pela imaturidade de suas definições, ficam relegadas a ambientes que podem manifestar atitudes imorais, antiéticas.

É tudo muito novo e ainda em processo de definição; consciência confusa. Falta, à grande parte dos agentes, consciência do que está acontecendo e de quais são as regras do jogo. Falta, para a maioria dos participantes, entendimento das possibilidades de sua atuação o que os reduz a objetos em circunstâncias em que deveriam ser sujeitos; disso decorre a alienação.

# Capítulo 9 – A Consciência nas Grandes Tradições de Sabedoria[22]

*Um ser humano é uma parte do todo, chamado por nós de "Universo", uma parte limitada no tempo e no espaço. Ele experimenta a si mesmo, seus pensamentos e sentimentos como algo separado do resto, uma espécie de ilusão de ótica de sua consciência. O esforço para libertar-se dessa ilusão é a única questão da verdadeira religião. Não alimentá-la, mas tentar superá-la é o caminho para alcançar a medida possível da paz de espírito.*

(Albert Einstein)

## Uma Introdução

A religião sempre cumpre duas funções importantes, mas diferentes. Em primeiro lugar, ela age de modo a criar significado para o self alienado: oferece mitos, histórias, e rituais que, em conjunto, ajudam o self a entender e suportar as dificuldades da vida. Normalmente, esta função da religião não necessariamente altera o nível de consciência da pessoa; não provoca transformação radical, nem provoca uma libertação definitiva do self alienado. Ao contrário, ela consola, fortalece, defende e promove o self. À medida que o self alienado acredita nos mitos, executa os rituais, balbucia as orações ou aceita os dogmas, então crê fervorosamente que será "salvo".

Em segundo lugar, a religião cumpre uma função de transformação radical e de libertação. Esta função não fortalece o self alienado; ao contrário, questiona-o. Não tem complacência, mas explosão, não provocação, mas revolução, não promove fortalecimento convencional da consciência, mas transmutação e transformação radicais nas profundezas da própria consciência.

Há algumas diferentes maneiras para explicar essas duas importantes funções da religião. A primeira função cria significado para o self – é um tipo de movimento horizontal; a segunda função transcende o self – é um tipo de movimento vertical (para cima

[22] Este capítulo tem centralidade nas pesquisas e propostas de *Smith (1992) e* Wilber (1995, 2000, 2008, 2009, 2012).

ou para o fundo, dependendo da sua metáfora). Wilber denomina a primeira função de interpretação; e a segunda de transformação.

A interpretação simplesmente dá ao self uma nova maneira para pensar ou sentir a realidade. O self passa a ter uma nova crença – talvez holística ao invés de atomística, talvez perdão no lugar de acusação, talvez relacional ao invés de analítica. Assim, o self aprende a interpretar seu mundo e seu ser em termos desta nova crença, nova linguagem, novo paradigma, e esta nova interpretação age, pelo menos temporariamente, para aliviar ou diminuir o terror inerente ao coração do self alienado. A interpretação dá ao sujeito um novo modo de pensar sobre o mundo (ou sobre objetos).

Na transformação, o próprio processo de interpretação é desafiado, interpelado. Porque a transformação autêntica não é uma questão de crença, e sim de quase morte, (ou renascimento) do crente; não é uma questão de interpretar o mundo, mas de transformá-lo; não é uma questão de encontrar alívio, mas o infinito em algum momento da existência.

Mas, é fato que ambas as funções são muito importantes, indispensáveis mesmo. A maioria das pessoas não nasce iluminada; nasce em um mundo de sofrimento, esperança e medo, desejo e até mesmo desespero. Nascem como um self pronto para contrair-se. Bem cedo, aprendem várias maneiras de interpretar seu mundo, de fazer com que tenha sentido, de dar-lhe um significado e de defender-se do sofrimento que nunca está suficientemente distante da superfície feliz do self alienado.

E, apesar de alguns de nós podermos desejar transcender à simples interpretação e encontrar a transformação autêntica, a interpretação, por si só, é uma função absolutamente necessária e crucial na maior parte de nossas vidas. Aqueles que não conseguem interpretar adequadamente, com uma boa dose de integridade e precisão, caem rapidamente em sérias neuroses ou mesmo psicoses: o mundo para de fazer sentido – os limites entre o self e o mundo não são transcendidos; ao contrário, começam a esfarelar-se.

Não é uma descoberta importante ("breakthrough") e sim um colapso ("breakdown"); não é transcendência, pode ser desastre. Toda excelência é elitista. E isto inclui também a excelência espiritual. Mas, a excelência espiritual é um elitismo para o qual todos estão convidados (intimados?) (Wilber, 2012).

## A Grande Cadeia do Ser

Uma notável característica da filosofia/psicologia perene é o fato de ela apresentar o ser e a consciência como uma hierarquia de níveis dimensionais, movendo-se a partir dos domínios mais baixos, mais densos e mais fragmentários até os mais altos, mais sutis e mais unitários.

Todavia, para considerar as propostas da "Grande Cadeia do Ser" no contexto dos conhecimentos atuais é necessário considerá-las desde uma visão metafísica, onde elas se inserem, até uma visão pós-metafísica que é hoje trabalhada.

Wilber (2009, 2012) oferece uma contribuição importante nos seus estudos a respeito da pós-metafísica integral[23]

Metafísica é o que transcende a física. Pós-metafísica é um rompimento com a tradição. Entretanto, continua a busca do entendimento do mundo e do papel da humanidade nele. Na abordagem pós-metafísica[24] razão e fé, ciência e religião são importantes e constituem a dimensão humana na busca permanente de autoentendimento.

As conclusões oferecidas pelos pré-modernos em sua fenomenologia introspectiva – meditação e contemplação - pressupunham que a matéria constituía o nível inferior do ser. Para as grandes tradições de sabedoria os níveis mais sutis da Grande Cadeia do Ser - mente, alma e espírito - foram percebidos como níveis transcendentes ao ser humano e, desta forma, eram concebidos como além do campo físico, portanto, metafísicos.

Como decorrência, quando formularam a Grande Cadeia, posicionaram estes níveis após a matéria, desenhados como círculos externos ao corpo.

[23] Após os esforços modernos e pós-modernos para se livrar da metafísica e da espiritualidade, emerge a pós-metafísica que propõe que o crescimento espiritual humano não precisa depender de crenças. O trabalho de meditação será útil no desenvolvimento da pessoa quer ela pense que Deus é bom, mau ou inexistente. A ideia do pós-misticismo é que a visão radiante de Cristo pode alimentá-lo de forma sublime, sem exigir que você tire qualquer conclusão particular sobre se Ele "existe" ou não. Os exercícios de ioga são bons tanto para hindus como para não hindus. Você não precisa que tudo seja total e fantasticamente verdadeiro de todas as maneiras possíveis. Só tem que funcionar. Essa é a verdade simples da espiritualidade pós-metafísica (Alderman, 2019).

[24] Poder-se-ia pensar que a religião, numa Sociedade Pós-Metafísica, perderia seu lugar, mas não está abandonada a ideia do sagrado. Nas reflexões atuais percebe-se uma reunião de crenças e cada uma ao seu gosto e liberdade, constrói o seu sistema de fé.

Para os antigos, todas as revelações interiores não pareciam físicas, nem materiais, nem conectadas à natureza. Pareciam metafísicas em todos os seus aspectos, como dados externos ontológicos verdadeiros por toda a eternidade, pairando, à espera de serem capturados através de introspecção.

Estudadas as Tradições Espiritualistas pré-modernas e metafísicas, o conceito de consciência e a evolução da consciência pode ser resumido através da Tradicional Cadeia do Ser que é normalmente representada com cinco dimensões: matéria, corpo, mente, alma e espírito.

Na medida em que se estudam as propostas das Tradições de Sabedoria e se consideram os conhecimentos da ciência moderna e até mesmo pensamentos e postulados da pós-modernidade, podemos vislumbrar outras percepções. É relevante destacar os cuidados necessários sempre que lidamos com comparações interculturais.

A Grande Cadeia é um Grande Ninho representado como uma holarquia[25] onde cada nível superior envolve todos os níveis anteriores.

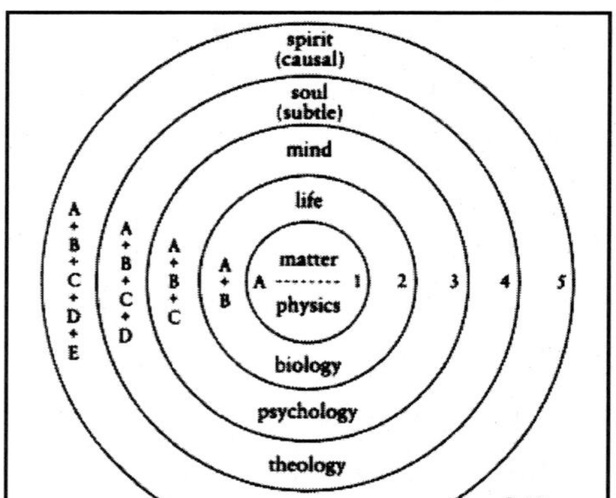


**Figura 9.1**- A tradicional Grande Cadeia do Ser. O Grande Ninho. (Fonte: Wilber, 2012).

Isso sem prejuízo da percepção de que cada nível mais elevado transcende os níveis inferiores e não pode nem ser reduzido a eles, nem explicados por eles. Isso está resumido por Wilber na figura 9.1 como (A), (A + B), (A + B + C), e assim por diante, significando que cada nível sênior contém elementos ou qualidades que são emergentes e irredutíveis.

Assim, quando a vida (A + B) emerge da matéria (A), ela contém certas qualidades (tais como reprodução sexual, sensações interiores, autopoiese, élan vital etc.), representadas por (B) que não podem ser atribuídas estritamente às condições materiais de A. Do mesmo modo, quando a mente (A + B +

[25] Uma holarquia é composta por holons ou unidades que são autônomas e autossuficientes, mas dependentes do todo maior de que participam. Assim, uma holarquia é uma hierarquia de holons autorreguláveis que funcionam tanto como totalidades autônomas quanto partes dependentes.

C) emerge da vida, ela contém características emergentes (C) que não podem ser reduzidas, ou explicadas, somente pela vida e pela matéria. Quando a alma (A + B + C + D) emerge, transcende a mente, a vida e o corpo. Assim, a evolução é esse "desdobramento" do espírito, da matéria para o corpo, para a mente, para a alma, para o espírito em si, ou a realização do espírito absoluto que é a Meta e a Essência da sequência inteira.

## A Grande Cadeia em várias Tradições de Sabedoria

Essa Grande Cadeia ou Grande Ninho do Ser pode ser encontrada em muitas tradições de sabedoria do mundo pré-moderno, como apresentado na figura 9.2. Nela, Huston Smith (1992) indica as semelhanças gerais entre várias origens.

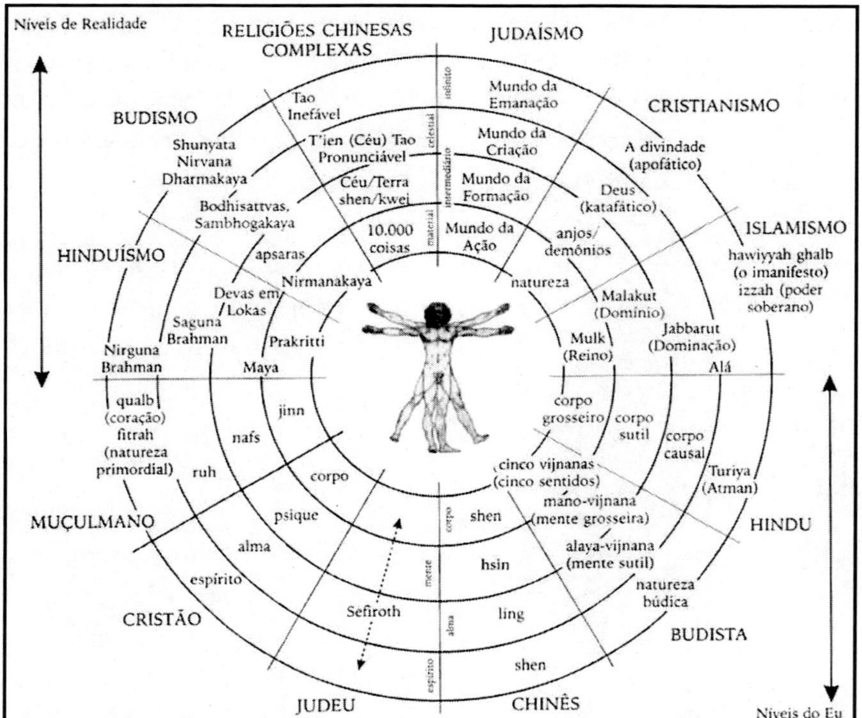


**Figura 9.2** - A Grande Cadeia em várias Tradições de Sabedoria.
(Fonte: Smith, 1992).

Wilber destaca que, segundo as tradições, esse processo completo de evolução ou "desdobramento" nunca poderia ter ocorrido sem um processo prévio de involução ou "dobramento".

Não só não se pode explicar o mais alto em termos do mais baixo, como também o mais alto não emerge, de fato, do mais baixo; mas o contrário é verdadeiro, de acordo com as tradições. Isto é, as dimensões ou níveis mais baixos são realmente sedimentos ou depósitos das dimensões mais altas, e descobrem seu significado por causa das dimensões mais altas, das quais são uma versão diluída ou de nível inferior. Esse processo de sedimentação é chamado de "involução" ou "emanação".

Segundo as tradições, antes que a evolução ou desdobramento do Espírito possa acontecer, a involução ou o dobramento do Espírito deve ocorrer: o mais alto sucessivamente decai para o mais baixo.

Desse modo, os níveis mais altos parecem emergir dos níveis mais baixos durante a evolução – por exemplo, a vida parece emergir da matéria – porque, e só porque, ambas foram primeiramente lá sedimentadas pela involução. Você não pode conseguir o mais alto a partir do mais baixo a menos que o mais alto já esteja lá, em potencial, esperando para emergir. O "milagre da emergência" é simplesmente o jogo criativo do Espírito nos campos de sua própria manifestação, figura 9.3.

**Figura 9.3** - Como é em cima, é embaixo. (Fonte: Wilber, 2009, 2012)

Para as tradições, o grande jogo cósmico começa quando o Espírito se exterioriza para criar um universo manifesto.

O Espírito se «esquece» de si próprio e se projeta para criar a alma, a qual é um reflexo diluído e um degrau abaixo do Espírito. A alma, então, desce para a mente, um reflexo ainda mais pálido do Espírito; em seguida, a mente desce para a vida, e a vida desce para a matéria, que é a forma mais densa, mais baixa, menos consciente do Espírito. Wilber resume que o Espírito-como-espírito desce para o Espírito-como-alma, que desce para o Espírito-como-mente, que desce para o

Espírito-como-corpo, que desce para o Espírito-como-matéria e constituem assim os níveis da Grande Cadeia como formas do Espírito. **Essas formas tornam-se cada vez menos conscientes** de sua Origem e Quididade[26], cada vez menos sensíveis à sua Essência eterna, embora nada mais sejam do que o Espírito.

Se representarmos os principais estágios emergentes da evolução como (A), (A + B), (A + B + C), e assim por diante – onde os sinais de adição significam que algo está emergindo ou sendo adicionado à manifestação – temos a representação da involução como o prévio processo de subtração. O Espírito começa íntegro e completo, com todas as manifestações contidas potencialmente em si mesmo, que podemos representar entre colchetes: [A + B + C + D + E]. O Espírito dá o primeiro passo na manifestação – e começa a perder-se na manifestação – desprendendo-se da natureza espiritual pura e assumindo uma forma manifesta, finita, limitada. A alma [A + B + C + D] agora esqueceu E, ou sua identidade como Espírito; com a confusão e ansiedade resultantes, a alma foge desse descendo para a mente [A + B + C], que esqueceu D, seu esplendor de alma; e a mente foge para a vida, esquecendo C, ou sua inteligência; e, finalmente, a vida perde sua vitalidade vegetativa B e surge como a matéria A, não senciente[27], inanimada. Nesse ponto a matéria explode na existência concreta e parece existir em todo o mundo manifesto apenas assim.

Mas essa matéria é ativa e ela começa a despertar. É a ordem a partir do caos que a física da complexidade chama de estruturas dissipativas, ou auto-organização, ou transformação dinâmica. De acordo com as tradições, uma vez que a involução aconteceu, a evolução começa ou pode começar, movendo-se de (A) para (A + B), depois para (A + B + C), e assim por diante.

Cada passo emergente é um desdobramento ou lembrança das dimensões mais elevadas que foram secretamente dobradas ou sedimentadas nas mais baixas durante a involução. Aquilo que foi desmembrado, fragmentado e esquecido na involução é relembrado, reunido, inteirado e percebido durante a evolução.

[26] Quididade – qualidade essencial, real natureza de algo, essência.
[27] Senciente - que sente, que tem sensações – dicionário do Aurélio.

## Da Grande Cadeia do Ser (Pré-moderna) ao Pós-modernismo

> *A primeira necessidade é a descoberta interior para saber o que se é verdadeiramente atrás das aparências sociais, morais, culturais, raciais, hereditárias. No centro há um ser livre, vasto, conhecedor, que se oferece à nossa descoberta e que deve tornar-se o centro agente de nosso ser, de nossa vida.*
>
> (Mirra Alfassa)

Por mais brilhante que seja esse esquema interpretativo da Grande Cadeia do Ser, os mundos moderno e pós-moderno adicionaram diversos insights profundos que precisam ser incluídos se quisermos ter uma visão mais integral, abrangente. Wilber propõe um caminho da Grande Cadeia do Ser (metafísico) ao Pós-modernismo em três passos.

1. Primeiro passo - A matéria não é o Degrau Inferior da Existência, mas a forma Exterior

## O problema

No Grande Ninho, involução e evolução, os níveis dimensionais do ser foram algumas das contribuições profundas dos grandes sábios do mundo pré-moderno, e podem ser encontradas em tudo, desde as *Enéadas* de Plotino ao *Lankavatara Sutra*, ao *The Life Divine* de Aurobindo, todas expressões dos grandes sistemas metafísicos.

Os grandes sistemas metafísicos foram estruturas interpretativas que os sábios deram as suas experiências espirituais. Wilber aponta que esses esquemas, como a Grande Cadeia, foram interpretações de experiências vividas – eles não foram tipos fixos e rígidos de grades ontológicas que são verdadeiros por toda a eternidade. Na medida que a evolução se desenvolve, novos horizontes recontextualizam e remodelam essas experiências em sistemas de malhas interpretativas, que são mais adequados à luz das contribuições modernas e pós-modernas, de forma que o resultado líquido seja uma integração do melhor das formas pré-moderna, moderna e pós-moderna do desdobramento do Espírito.

Wilber destaca as dificuldades centrais relativas às estruturas interpretativas dos grandes sistemas metafísicos e sugere soluções. Mantém os grandes sistemas tradicionais, ao mesmo tempo em que abandona suas interpretações metafísicas que, além de não serem necessárias para explicar o conjunto de dados, suas inclusões garantem que a espiritualidade não conseguirá um julgamento justo pelo pensamento moderno e pós-moderno.

A dificuldade que pode ser observada nas figuras que representam a metafísica tradicional (figuras 9.1, 9.2, 9.3) é que todos os níveis superiores à matéria são metafísicos, o que significa além da física ou além da matéria.

## Solução sugerida

O que os pré-modernos poderiam ter concluído sobre a relação entre as realidades espirituais e as realidades materiais, como o cérebro? Wilber cogita que teriam concordado com a seguinte sugestão nº 1.

No mundo manifesto, o que chamamos de "matéria" não é o degrau inferior do grande espectro de existência, mas a forma exterior de todos os degraus do grande espectro. A matéria não é inferior e a consciência, superior, e sim matéria e consciência são o exterior e interior de cada situação.

Wilber apresenta um esquema na figura 9.4 e um detalhamento na figura 9.5.

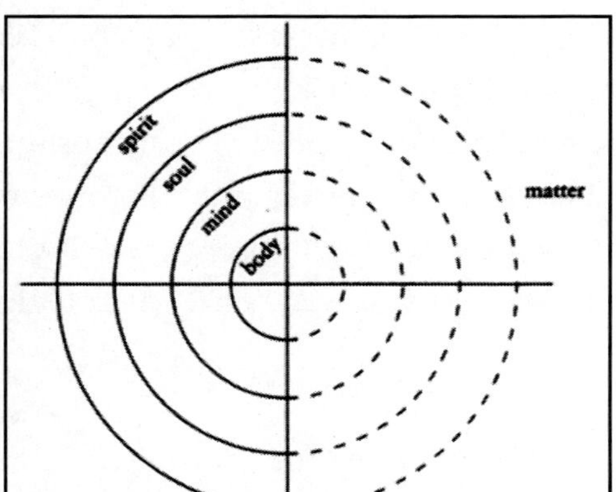


**Figura 9.4** - Primeiro Passo: A matéria não é a "parte inferior" de todos os níveis, mas a "parte exterior" de todos os níveis.
(Fonte: Wilber, 2012).

A ideia básica aqui, mas fundamental para o entendimento da proposta, é considerar a «matéria», que aparece no degrau inferior da existência, com todos os outros níveis sendo mais elevados e metafísicos, e reposicioná-la como a forma exterior de todos os outros níveis.

As tradições sempre entenderam que os níveis mais elevados que a matéria são invisíveis aos sentidos comuns, e o mesmo é verdadeiro na reformulação proposta por Wilber, isto é: todas as dimensões interiores tais como sensações, compreensão mútua, compaixão, conscientização, consciência etc. são invisíveis aos sentidos exteriores, **mas** podemos afirmar isso sem fazer interpretações "metafísicas".

Primeiramente limitemos nossa atenção aos dois quadrantes superiores propostos por Wilber.

No Quadrante Superior Direito, Wilber apresenta a evolução exterior de formas "materiais" ou "físicas", como descoberta pela ciência moderna. Essas formas exteriores incluem, em ordem crescente de complexidade evolucionária, itens como: átomos, moléculas, células primitivas ou procarióticas, células verdadeiras ou eucarióticas, organismos com redes neurais, organismos com cordão neural (por exemplo, camarão), um tronco cerebral reptiliano (por exemplo, lagarto), um sistema límbico (por exemplo, cavalo), um neocórtex ou cérebro trino (por exemplo, seres humanos, com várias "funções estruturais" mais elevadas também apresentadas).

Todas são formas "exteriores" ou "materiais", uma vez que você as pode ver no mundo exterior ou sensório-motor.

Mas cada uma dessas formas materiais de complexidade crescente tem, como correlato interior, um nível de consciência crescente. Desse modo átomos, cujas formas exteriores são entidades físicas como nêutrons, prótons e elétrons, possuem um interior de preensão ou protossensações (protoconscientização); organismos neurais possuem sensações interiores; organismos com cordão neural têm percepção; o aparecimento de animais com tronco cerebral reptiliano gera a emergência de impulsos e instintos interiores; um sistema límbico exterior emerge com emoções interiores; um cérebro trino é a forma exterior ou material de uma consciência interior que pode conter, entre muitas outras coisas, cognição operacional-formal, moralidade pós-convencional, visão-lógica, capacidades linguísticas e assim por diante.

Algumas dessas correlações estão presentes entre os Quadrantes Superior Direito e Superior Esquerdo na figura 9.5.

O que se destaca aqui, relevante para muitas conclusões contemporâneas, é que a matéria não é o degrau inferior da espiral evolucionária, mas, sim, a forma exterior de uma evolução cujos interiores contêm níveis correlatos de sensações, conscientização, consciência e assim por diante.

Wilber trata isso dizendo que toda mente tem um corpo, ou todo estado de consciência tem um estado de assinatura correspondente de matéria-energia, ou cada preensão interior tem uma forma exterior – em resumo, toda situação do Quadrante Superior Esquerdo tem uma correlata no Quadrante Superior Direito e vice-versa.

Não é meramente que os níveis mais elevados (vida, mente e alma) deixem impressões ou pegadas na matéria (que permaneceria no nível mais baixo), mas que o que chamamos de matéria é a forma exterior dos níveis interiores como sugerido nas figuras 9.4 e 9.5.

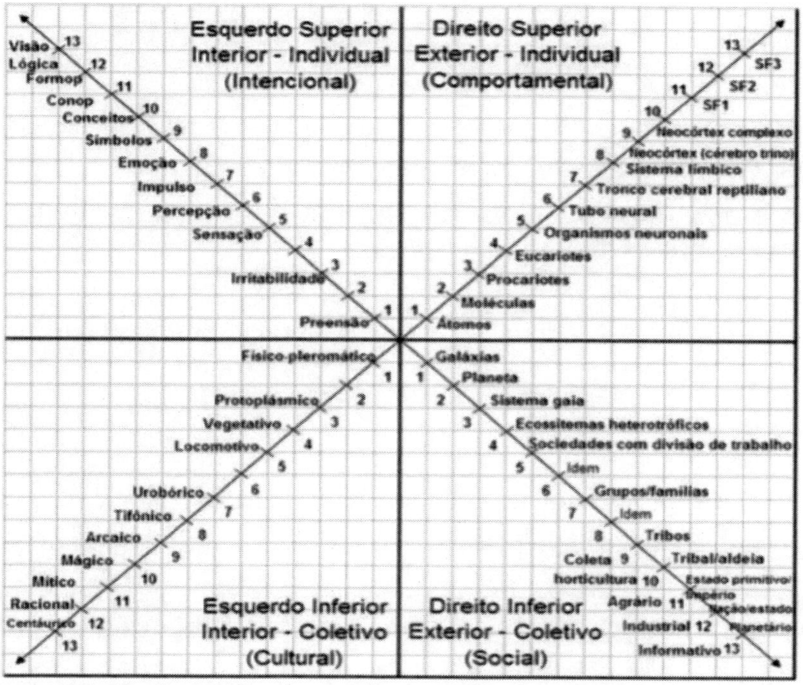


**Figura 9.5** - Os Quatro Quadrantes. Para pensar o aprendizado tem que pensar a integração dos quadrantes. Não vale a visão funcionalista. Tem que considerar comportamento das pessoas e dimensões do exterior. Integração delicada, coevolução, interconectividade. Aprendizado não pode ser reduzido à cognição.

(Fonte: Wilber, 2012).

O que os sábios pré-modernos assumiram como realidades METAfísicas são, em muitos casos, realidades INTRAfísicas: elas não estão acima da matéria, nem além da natureza, nem são metafísicas, nem sobrenaturais; não estão acima da natureza e sim dentro dela; não além da matéria, mas em seu interior.

Mais uma vez Wilber destaca que não existe nenhum modo simples para que um Santo pré-moderno, em meditação profunda sobre a natureza da alma, pudesse saber que seu padrão de ondas cerebrais encontrava-se em estados alfa-teta; nenhum modo para saber que a serotonina estava aumentando, que o ácido láctico neural estava diminuindo, que a necessidade de oxigênio das células fora significativamente reduzida, e que estavam ocorrendo lateralizações hemisféricas. Portanto, todas as revelações interiores da alma pareciam e eram sentidas como se não fossem físicas, não fossem materiais, não fossem conectadas de nenhuma maneira à natureza, não fizessem parte do tecido da manifestação material: elas eram <u>metafísicas</u>, em todos os sentidos.

Existem alguns aspectos das dimensões superiores que podem ser verdadeiramente metafísicos; mas grande parte do que a pré-modernidade assumiu como metafísica é, de fato, intrafísica, não acima, mas interior à natureza. Esse é o primeiro passo para nos movermos da metafísica para a pós-metafísica.

2. Segundo passo - Influência das redes culturais no organismo individual

**O problema**

O Primeiro Passo envolve a adição das contribuições da ciência moderna à profunda sabedoria das tradições pré-modernas.

<u>O Segundo Passo trata de acrescentar as importantes contribuições da pós-modernidade</u>.

Essas contribuições estão representadas nos dois quadrantes inferiores da figura 9.5.

Os quadrantes superiores representam um ser individual. Os quadrantes inferiores representam um grupo, uma coletividade ou sistema de seres individuais.

Os quadrantes esquerdos representam os interiores de um indivíduo ou grupo; e os quadrantes direitos representam os exteriores de um indivíduo ou grupo.

Desse modo, os quatro quadrantes são o interior e o exterior do indivíduo e da coletividade.

Um ponto relativo à pós-modernidade é importante: da mesma maneira que os antigos não puderam aproveitar as descobertas científicas modernas nas interpretações metafísicas das suas experiências espirituais autênticas, eles também não puderam aproveitar as revelações profundas do pós-modernismo, da etnometodologia[28], do contextualismo cultural, da sociologia do conhecimento, e assim por diante. Juntando todas elas chega-se a uma conclusão significativa: muitas coisas que os sábios antigos assumiram como absolutos metafísicos são, de fato, culturalmente moldados e condicionados.

## Solução sugerida

Isso não significa que não existam verdades interculturais ou universais. Simplesmente significa que identificá-las exige muito mais cuidado do que a metafísica imaginou e que essa identificação deve ser feita com metodologia de pesquisa e não com especulação metafísica.

A contribuição pós-moderna para a discussão é resumida por Wilber dizendo que todo indivíduo está aninhado em sistemas de redes culturais e sociais, redes que têm uma profunda influência no ser e saber dos próprios indivíduos[29].

Essas redes estão no Quadrante Inferior Esquerdo (cultural) e no Quadrante Inferior Direito (social) da figura 9.5. O Quadrante Inferior Direito representa sistemas sociais – os sistemas coletivos ou exteriores coletivos de organismos individuais, exteriores que podem ser vistos no mundo exterior ou sensório-motor. É relevante lembrar que os quadrantes direitos podem ser vistos "lá fora" porque são "materiais" ou "exteriores". Esses sistemas exteriores incluem itens como ecossistemas, sistemas geopolíticos, meios

[28] A Etnometodologia considera que a realidade socialmente construída está presente na vivência cotidiana de cada um e que em todos os momentos podemos compreender as construções sociais que permeiam nossa conversa, nossos gestos, nossa comunicação etc. Considera-se como seu principal teórico Harold Garfinkel (1917-2011) que publicou o livro *Studies in Ethnomethodology* (Estudos sobre Etnometodologia) em 1967.

[29] ver capítulo 6 sobre Morfogênese.

de tecnoprodução (caça e coleta, horticultural, informacional etc.) e todos os aspectos visíveis, exteriores, concretos de coletividades ou sistemas.

Novamente Wilber destaca que, para as tradições metafísicas, todos esses "sistemas materiais" estariam no degrau mais baixo da existência, enquanto que, para a pós-metafísica, eles são simplesmente as dimensões exteriores coletivas dos níveis "mais elevados" (agora interiores). O Quadrante Inferior Direito é especialmente a "Natureza" na qual as dimensões mais elevadas agora estão dentro, não acima.

O Quadrante Inferior Esquerdo ou quadrante cultural representa todos os interiores de grupos ou coletividades, interiores (como todos os quadrantes esquerdos) não podem ser vistos "lá fora"; são interiores como valores de grupo, identidades, visões de mundo, convicções culturais, contextos de fundo e assim por diante.

A teoria de sistemas foca o Quadrante Inferior Direito e o pós-estruturalismo pós-moderno foca o Quadrante Inferior Esquerdo – representando os exteriores e interiores do coletivo.

Esta teoria, em suas muitas formas, enfatiza o fato que todo organismo individual está inseparavelmente interconectado com seu ambiente em teias dinâmicas de relações e ecossistemas, tudo podendo ser visto "lá fora" – o que novamente mostra que a "matéria" não é o nível mais baixo do ser, mas, simplesmente a forma exterior de todos os níveis interiores do ser (nesse caso, a forma exterior do sistema coletivo ou comunal).

Nada na teoria de sistemas ou na ecologia lida com estados interiores de beleza, *sartori*, *samadhi*, entendimento mútuo, valores, visões de mundo e assim por diante, porque todos esses são realmente interiores (e, portanto, inacessíveis à ecologia ou teoria de sistemas).

O esforço para reduzir todas as realidades a um único quadrante, como a teoria de sistemas frequentemente faz, é conhecido como absolutismo de quadrante, e é algo que um pluralismo metodológico tenta evitar.

Por outro lado, o pós-modernismo é conhecido por focalizar os aspectos interiores ou culturais de estar no mundo de um indivíduo, onde enfatiza que muito do que qualquer sociedade assume como "dado", "verdadeiro" e "absoluto" é, na realidade, culturalmente inspirado e socialmente construído, condicionado e relativo.

O fato de o pós-modernismo ser frequentemente pego em seu próprio absolutismo de quadrante, onde ele tenta reduzir tudo a construções culturais no Quadrante Inferior Esquerdo, não deve prejudicar as importantes verdades que ele revelou.

Assim, os quatro quadrantes representam quatro dimensões inseparáveis de estar no mundo de qualquer indivíduo. Essas dimensões são tão fundamentais que todas as principais linguagens naturais contêm como pronomes de primeira pessoa, segunda pessoa e terceira pessoa, que podem ser resumidos como eu, nós, isto, e "istos".

- O quadrante superior esquerdo é «eu», as sensações interiores ou conscientização de qualquer ser senciente individual (dos átomos, a formigas, a macacos);

- O quadrante superior direito é «isto,» a forma exterior de um ser senciente (isto é, sua matéria e energia, que inclui, como logo veremos, as energias sutis);

- O quadrante inferior direito é a forma exterior de um grupo, coletividade, ou sistema de seres ou indivíduos sencientes;

- O quadrante inferior esquerdo, o interior ou consciência coletiva, valores coletivos, experiências intersubjetivas, contextos culturais, e assim por diante. Novamente: o interior e o exterior individual e coletivo.

3. Terceiro passo - Complexidade crescente da forma densa

**O problema**

O Terceiro Passo considera o papel e a natureza da energia densa, energia sutil e energia causal. Sugere que massa e energia são aspectos do quadrante superior direito de todo ser individual, isto é, elas representam algumas das formas exteriores de todo indivíduo e de todo sistema. Podemos expressar o problema da seguinte maneira, considerando:

1. A falta de clareza pré-moderna sobre o papel da matéria;
2. O fato que os antigos, por essa razão, consideravam as energias sutis como fundamentalmente metafísicas ou sobrenaturais;

Mas dado que:

1. O entendimento moderno sobre a matéria é que ela não é a parte inferior e sim a exterior;

Então:

2. Como reinterpretar mais adequadamente a relação entre energias sutis e formas materiais densas?

Apresentando de forma mais simples: já que a matéria não é a parte inferior de todos os níveis, mas o exterior de todos os níveis, como a energia sutil se ajusta nesse esquema?

Nas tradições pré-modernas, a energia sutil ou "prana" era normalmente descrita como o segundo nível na Grande Cadeia: era um nível de energia astral ou etérica, acima da energia e matéria física.

Porém, se a matéria em si foi reinterpretada, como poderemos, igualmente, reinterpretar a energia sutil para mantê-la em sintonia com as revelações modernas e pós-modernas do próprio desdobramento do Espírito?

## Solução Sugerida

A solução sugerida por Wilber vem na forma de três hipóteses, duas das quais já vistas e a terceira que trata diretamente desse ponto.

1. **A evolução crescente gera complexidade crescente da forma densa.** No quadrante superior direito, por exemplo, vemos a evolução de quarks, para prótons, para átomos, para moléculas, para células, para organismos complexos. Esse aumento em complexidade da forma, via processos como diferenciação e integração, há mui-

to já foi observado por biólogos evolucionários. Desse modo, ao mesmo tempo em que um novo nível de organização significa uma simplificação da função sistêmica e da correspondente estrutura sistêmica, também significa a iniciação de um processo de complexificação estrutural e funcional progressivo.

2. **A complexidade crescente da forma,** quadrante superior direito, **está correlacionada com a crescente consciência interior** no quadrante superior esquerdo. Essa foi a "lei de complexidade e consciência" de Teilhard de Chardin, isto é, quanto mais da primeira (complexidade), mais da última (consciência). Poderíamos enunciar de modo mais preciso: quanto maior o grau de complexidade exterior da forma material, maior o grau de consciência interior que pode ser desempenhado no âmbito daquela forma, isto é, correlação entre quadrante superior direito e quadrante superior esquerdo.

3. **Por último – e essa é a hipótese conectiva – a complexidade crescente da forma densa está correlacionada com a sutileza crescente de energias.** À medida que a evolução se encaminha para formas densas cada vez mais complexas, o grau crescente de complexidade densa é acompanhado por correspondentes padrões de energias cada vez mais sutis. Neste momento Wilber focaliza seres individuais e entende que **a evolução crescente gera complexidade crescente da forma densa,** quadrante superior direito, **que se correlaciona com um grau crescente de consciência,** quadrante superior esquerdo, e, no próprio quadrante superior direito, **com uma sutilização de energias correspondentes. Portanto, em vez de interpretar níveis mais elevados como estando essencialmente divorciados da matéria densa ou da forma densa, a complexificação da forma densa é o veículo de manifestação tanto de maior consciência quanto de energias mais sutis**.

Se essas ligações conectivas se mantiverem, esse seria o terceiro importante passo para movermo-nos de uma metafísica pré-moderna para uma pós-metafísica integral, uma mudança que, seguindo Wilber, retém as verdades duradouras das grandes tradições metafísicas, sem as suas aparentes estruturas interpretativas antiquadas.

## Revendo as Bases e as Propostas

Queremos nos juntar a Wilber na cogitação da emergência de uma nova ciência, que supera uma razão fechada e propõe uma abertura às demais formas de saber, para inaugurar uma nova aliança entre ciência e consciência que se afaste da separação radical entre espírito e matéria.

Novos modelos científicos que incluam a unidade do mundo e da pessoa, de modo que se restaure o diálogo entre as explicações racionais e os ensinamentos das tradições sobre os aspectos ocultos da realidade do universo.

Nessa proposta um sentido novo é dado às dualidades corpo-espírito, alma-matéria e se define um novo campo onde ciência e imaginário não se excluam, onde a lógica do diálogo supere a lógica dogmática.

Em épocas pré-modernas, muitos santos, iogues e sábios consideraram toda a Grande Cadeia do Ser, mas, na modernidade, boa parte desta Cadeia é normalmente negada.

Todavia, observa-se agora alguma manifestação de espiritualidade. Mas, certamente, a visão de mundo no ocidente moderno é, majoritariamente, a do materialismo científico.

Entretanto, a modernidade trouxe suas próprias verdades importantes e intromissões profundas que também precisam ser consideradas. Podemos cogitar uma maneira de respeitar os pontos fortes e fracos tanto da modernidade, como da pré-modernidade.

A modernidade pode ser identificada por uma diferenciação das esferas de valores culturais, o que significa a diferenciação da arte, da ética e da ciência. Se na pré-modernidade estas esferas tendiam a se fundir, na modernidade elas se diferenciaram e cada uma seguiu em seu próprio ritmo, seguindo suas próprias descobertas.

Essas diferenciações são apresentadas como o mérito da modernidade e foram responsáveis por diversos avanços. Todavia, essas dimensões se afastaram uma da outra, promovendo fragmentação.

De acordo com o materialismo científico, a Grande Cadeia composta de matéria, corpo, alma e esíirito poderia ser totalmente reduzida a sistemas de matéria ou à matéria/energia. Para Wilber, existiria uma maneira simples de compreender este reducionismo científico – assim como uma maneira simples de superá-lo, partindo da proposta da Figura 9.6, que é um resumo da Figura 9.5.

Quando pensamos em integrar o melhor da pré-modernidade com o melhor da modernidade, nos referimos à integração do Grande Ninho com as diferenciações da modernidade – em outras palavras, cada nível do Grande Ninho precisa ser diferenciado de acordo com os quatro quadrantes.

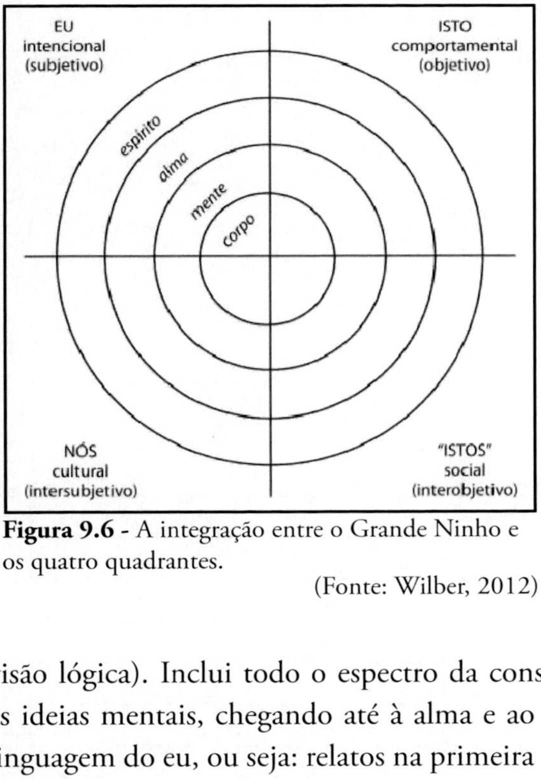


**Figura 9.6** - A integração entre o Grande Ninho e os quatro quadrantes.
(Fonte: Wilber, 2012)

Na Figura 9.6 quatro classes representam o interior e o exterior do individual e do coletivo.

A metade superior corresponde ao individual, enquanto a inferior corresponde ao coletivo; a metade esquerda seria o interior (subjetivo, consciência), enquanto a metade direita é o exterior (objetivo, material).

O quadrante superior esquerdo representa o interior do indivíduo: o aspecto subjetivo da consciência ou percepção individual (representado por uma linha cognitiva, levando à visão lógica). Inclui todo o espectro da consciência, desde as sensações corporais até as ideias mentais, chegando até à alma e ao espírito. A linguagem desse quadrante é linguagem do eu, ou seja: relatos na primeira pessoa do fluxo interior de consciência. É sede da estética, ou da beleza que está no eu do observador.

O quadrante superior direito representa os correlatos objetivos ou exteriores dos estados interiores de consciência. Está presente uma correlação íntima entre a mente interior e o cérebro objetivo (ainda sem a preocupação com a sua relação exata). Voltados para esse quadrante, temos a neurofisiologia, a ciência cognitiva e a psiquiatria biológica. "A linguagem deste quadrante é a linguagem dos objetos, dos 'istos', relatos de terceira pessoa, ou relatos objetivos, de fatos científicos a respeito do organismo individual".

O quadrante inferior esquerdo representa o interior do coletivo – valores, significados, visões de mundo e ética que são compartilhados por um grupo de indivíduos. Sua linguagem é a linguagem dos nós, de como nos arranjamos para nos relacionarmos harmoniosamente. Esse é o quadrante cultural.

O quadrante inferior direito, por sua vez, representa as formas exteriores, objetivas, materiais nas quais estão ancorados os componentes culturais – instituições materiais, formações geopolíticas e forças de produção. Como são fenômenos objetivos, a linguagem desse quadrante (assim como a do indivíduo objetivo) é a linguagem do "isto".

Como tanto o quadrante superior direito como inferior direito são "istos" objetivos, eles podem ser tratados como um único domínio geral – de forma que os quatro quadrantes podem ser resumidos como os "Três Grandes": do eu, do nós e do isto (Quadro 9.1).

Ou a estética do 'eu', a moral do 'nós' e os 'istos' da ciência.
O Belo, o Bom e o Verdadeiro.
O Eu, a Cultura e a Natureza.
A Arte, a Ética e a Ciência (Wilber, 2002).

| **Quadrantes** | | |
|---|---|---|
| Superior esquerdo | Inferior esquerdo | Superior direito / Inferior Direito |
| Intencional | Cultural | Comportamental / Social |
| Relato em 1ª pessoa | Relato em 2ª pessoa | Relato em 3ª pessoa |
| Eu | Nós | Istos |
| A estética do Eu | A moral do Nós | Os Istos da ciência |
| Belo | Bom | Verdadeiro |
| Eu | Cultura | Natureza |
| **ARTE** | **ÉTICA** | **CIÊNCIA** |

**Quadro 9.1** - O desdobramento dos quatro quadrantes nos "Três Grandes" de Wilber.
(Fonte: Extraído de Marçolla, 2009).

A pré-modernidade teve uma força que faltou à modernidade: o reconhecimento de todo o Grande Ninho do Ser, como um mapa geral dos potenciais humanos superiores. Mas teve também a fraqueza de não diferenciar plenamente as esferas de valor em qualquer dos níveis do Grande Ninho.

A modernidade conseguiu diferenciar arte, ética e ciência e cada uma começou a fazer descobertas. Mas, na medida em que se dissociaram, teve lugar o colonialismo científico agressivo, e todos os "eus" e "nós" parecem ter sido reduzidos a padrões de "istos" objetivos. Assim, "parece que nossa tarefa é conservar os pontos fortes tanto da pré-modernidade como da modernidade, e trabalhar seus pontos fracos" (Wilber, 2002):

- Pré-moderno: centra no tradicional e se manifesta através das múltiplas respostas que a sociedade elabora para tornar compatíveis no mesmo espaço e para todos os atores sociais sustentados os sistemas simbólicos construídos pela história e que se encontram e se enfrentam no espaço e no tempo. O sujeito se dissolve no Cosmos;

- Moderno: representação ideal do indivíduo portador de uma razão única, de uma decisão soberana, que se exerce nos quadros de uma lógica universal. A metafísica está morta. Separação, nada media as conexões;

- Pós-moderno: construção eclética, mais do que sincretismo, que se apropria de diversos universos simbólicos e com forma particular para lidar com a complexidade do mundo e buscar evolução. Tudo é relativo, o objeto é secundário, o relevante é o sujeito.

A tarefa é "coordenar e integrar as descobertas feitas em pesquisas em todos os níveis, todos os quadrantes" (Wilber, 2002). Ao focalizar o quadrante superior esquerdo, este precisaria ser examinado à luz de todos os outros quadrantes para que houvesse seu pleno entendimento. Wilber refere-se à promessa de uma "pós-modernidade construtiva", que integrasse a arte, a moral e a ciência em cada nível de todo o espectro da consciência – do corpo para a mente, da mente para a alma e desta para o espírito.

O conceito de níveis de Wilber é derivado do que ele chama de filosofia perene ou o núcleo comum das grandes tradições espirituais do mundo. De acordo com essas tradições a realidade é composta de vários níveis de existência, de ser e de conhecer, variando da matéria ao corpo, à mente, à alma e ao espírito. Cada dimensão sênior transcende, mas inclui seus juniores, de modo que esta é uma concepção de todos dentro de todos.

Quando o self se move através desses níveis básicos de consciência, como parte de sua jornada evolutiva e desenvolvimento, ele os experimenta como realidades experienciais diretas, alcançando desde a experiência sensorial passando pela experiência mental e chegando à experiência espiritual. O desenvolvimento do self é uma escalada vertical, usando uma metáfora da altura, através dos diferentes níveis internos de realidade e complexidade crescente.

Os níveis não são padrões rígidos de consciência, mas de acordo com Wilber são mais como as cores do arco-íris que se interpenetram e se graduam umas nas outras ou como ondas no grande rio da vida, através do qual correm seus muitos rios.

O conceito pré-moderno de níveis e hierarquias interiores não é facilmente aceito pela ciência moderna e pós-moderna, embora tenha sido parcialmente verificado pela tradição e pelos cientistas acima mencionados. Segundo Smith (1976) e Wilber (2000) os níveis foram rejeitados por causa de um materialismo científico que necessita apenas de um nível ontológico: o físico!

## Para Concluir

Como podemos nos entender com a nossa própria vida e percepção? Na aldeia global todas as culturas estão expostas umas às outras. E se puséssemos sobre a mesa tudo que todas as culturas têm a oferecer? Potencial humano, desenvolvimento espiritual, desenvolvimento psicológico, desenvolvimento social ...

E se tentássemos estudos interculturais? Usar as grandes tradições para criar um mapa complexo, inclusivo, integral que abarcasse os melhores elementos de cada uma delas? Desde os Xamãs e sábios da antiguidade até as grandes descobertas das ciências cognitivas; e se integrássemos tudo? (Wilber, 2008).

Algum tipo de "Grande Cadeia do Ser" tem sido central nas tradições espirituais desde tempos imemoriais, na forma xamanista genérica da existência dos mundos superiores e inferiores. Todas elas, sem exceção, postulam a existência de níveis ou dimensões de realidade ou consciência, inclusive dimensões mais elevadas, mais abrangentes ou mais profundas de ser e conhecer – um tipo de arco-íris da existência, cujas ondas, níveis ou faixas possuem uma realidade independente, que pode ser acessada por almas suficientemente evoluídas ou desenvolvidas. Todas elas postulam a existência de realidades metafísicas – exatamente o que é contestado (e completamente rejeitado) por correntes modernas.

Na Pós-Metafísica Integral Deus é ao mesmo tempo transcendente e imanente.

O aspecto transcendente de Deus está fora do tempo e do espaço. É, sempre foi e sempre será. Sob o nosso ponto de vista, imerso na realidade do tempo e do espaço, o Deus transcendente é estático. Simplesmente, É. E é algo "fora" de nós, separado.

O aspecto imanente de Deus está em todas as coisas presentes no tempo e no espaço. O Deus imanente está em construção desde o Big Bang. Sob este ponto de vista, a evolução do Cosmos é simplesmente um processo de autorreconhecimento do Espírito. O Espírito conhecendo a si mesmo; nós somos Deuses.

# Capítulo 10 – A Formação da Consciência e a Espiritualidade

SENHOR

*Não me deixe rezar por proteção contra os perigos, mas pelo destemor em enfrentá-los. Não me deixe implorar pelo alívio da dor, mas pela coragem de vencê-la. Não me deixe procurar aliados na batalha da vida, mas a minha própria força. Não me deixe suplicar com temor aflito para ser salvo, mas esperar paciência para merecer a liberdade. Não me permite ser covarde, sentindo sua clemência apenas no meu êxito, mas me deixe sentir a força de sua mão quando eu cair.*

(Rabindranath Tagore)

## Uma Introdução

Vivemos imersos no conjunto de energias e vibrações que compõem o universo. Somos uma unidade cósmica, ligados indissoluvelmente uns aos outros e a todas estas energias por intrincadas redes fora do nosso controle.

Matéria e energia se confundem, e a matéria, como a percebemos, é ilusória na sua forma pela restrição que nossos sentidos, naturalmente, impõem.

Conscientemente e inconscientemente estas energias configuram o comportamento da pessoa e o esforço é no sentido de canalizar as energias para que as sintonias possam nos conduzir na direção da virtude. É o comportamento de cada pessoa que vai estabelecer as energias a que se conecta e, como consequência, a escolha dos "parceiros" espirituais.

Conexão com o Universo é faculdade da pessoa, conforme o grau de elevação espiritual, de entrar em contato com as vibrações do Universo.

Neste momento de pós-misticismo[30] e de explosão de heterogeneidades semânticas, se multiplicam as linhas espiritualistas, muitas delas se configurando como uma composição de linhas espiritualistas tradicionais e contemporâneas.

---

[30] Ver capítulo 9.

As linhas espiritualistas são desenvolvidas com o objetivo de apoiar as pessoas e, ao se multiplicarem, influenciam-se mutuamente. O mosaico que isso determina é complexo.

A Figura 10.1 apresenta apenas uma visão, certamente parcial, desta complexidade, complementaridade e possibilidades de sinergia.

*By Rafael Pimenta e Shaka Kama-Hari*

**Figura 10.1** -Infográfico das Religiões. Complexidade: Relações e influências mútuas entre as "Religiões". (Fonte: Extraído de https://espacoespiritual.wordpress.com/2011/10/28/infografico-das-religioes/, em Novembro de 2020).

No ocidente verifica-se o surgimento de novas religiosidades que estabelecem um campo religioso ampliado, religião difusa, religiosidade ou identidade religiosa flexível-flutuante, espaço religioso novo ou novas formas do sagrado na sociedade atual e nova sensibilidade místico-esotérica, sacralidade não religiosa e sacralização das relações individuais de transcendência, nova religiosidade sincrética, esotérica-holista da new age, novos movimentos religiosos ou novas formas da religião, nebulosa místico-esotérica e crédulos difusos, nebulosa heterodoxa, religiões seculares, religiosidade inorgânica, nebulosa polivalente da nova era, diversidade de identidades, diversidade nas formas de adesão, orientalização do Ocidente, dentre outras[31].

Para a maioria delas a postura é de transformação interior do indivíduo (autoconhecimento, autoaperfeiçoamento e desenvolvimento espiritual). O religioso articula-se a conteúdos aparentemente profanos de saúde, dietéticos, bem-estar corporal, vitalidade, desenvolvimento das potencialidades pessoais, consciência planetária, harmonia com a natureza e com o cosmos, o que caracterizaria um novo estilo de vida e um movimento de "psicologização" das religiões, terapias e práticas não convencionais, com destaque para a literatura de autoajuda.

Sem entrar no mérito da profundidade, e até mesmo seriedade dos tantos movimentos existentes, eles se somam às antigas religiões numa demonstração da busca humana e da intensidade da dimensão espiritual nas pessoas.

Tanto na ciência como no espiritualismo há experimentação. Na ciência, o centro é o objeto, no espiritualismo o centro é o sujeito; o observador ou experimentador e o objeto de estudo são os mesmos.

## Complexidade da Consciência – Problemas Fáceis e o Problema Difícil

A consciência apresenta os problemas mais desconcertantes da ciência da mente. Não há nada que conheçamos mais intimamente do que a experiência consciente, mas não há nada que seja mais difícil de explicar. Chalmers separa os problemas fáceis e o problema difícil da consciência. Consciência é um termo ambíguo, referindo-se a muitos fenômenos diferentes. Cada um deles precisa ser explicado, mas alguns são mais fáceis de explicar do que outros (Chalmers, 1995).

[31] Termos colhidos em Portais da Internet.

Os problemas fáceis de consciência são aqueles tratáveis pelos métodos da ciência cognitiva, através dos quais um fenômeno é explicado em termos de mecanismos computacionais ou neurais. Os problemas difíceis são aqueles que resistem a esses métodos.

Os problemas fáceis de consciência são aqueles que envolvem explicar fenômenos tais como capacidade de discriminar, categorizar e reagir a estímulos ambientais, integração da informação por um sistema cognitivo, competência para relato de estados mentais, habilidade de um sistema para acessar seus próprios estados internos, foco de atenção, controle deliberado do comportamento, diferença entre vigília e sono.

Esses fenômenos estão associados à noção de consciência e não há nenhuma certeza se esses fenômenos podem ser explicados cientificamente.

Se esses fenômenos fossem tudo o que existe para a consciência, então a consciência não seria um grande problema. Embora ainda não tenhamos uma explicação para esses fenômenos, temos uma ideia clara de como podemos fazer para explicá-los. É por isso que Chalmers chama esses problemas de problemas fáceis. "Fácil" é um termo relativo. Acertar nos detalhes provavelmente levará um ou dois séculos de difícil trabalho empírico, cogita Chalmers. Ainda assim, há todas as razões para acreditar que os métodos da ciência cognitiva e da neurociência terão sucesso (Chalmers, 1995).

O problema realmente difícil da consciência é o **problema da experiência**. Quando pensamos e percebemos, há um processamento de informações, mas também há um aspecto subjetivo. Este aspecto subjetivo é a experiência. Quando vemos, por exemplo, experimentamos sensações visuais: a experiência do escuro e da luz, a qualidade da profundidade em um campo visual. Outras experiências acompanham a percepção em diferentes modalidades como o som de um instrumento musical, o cheiro forte de algo que lembra o passado. Há também sensações corporais, de dores a prazeres, de imagens mentais que são evocadas internamente, a qualidade sentida da emoção e a experiência de um fluxo de pensamento consciente. O que une todos esses estados é que há algo que é estar neles. Todos eles são estados de experiência (Chalmers, 1995).

Como podemos explicar algo como experimentar uma emoção? Por que o processamento físico deveria dar origem a uma vida interior rica?

É comum ver um artigo sobre a consciência começar com uma invocação do mistério da consciência, observando a estranha intangibilidade e inefabilidade da subjetividade.

Os problemas fáceis são fáceis precisamente porque dizem respeito à explicação das habilidades e funções cognitivas.

Por outro lado, o problema difícil é difícil precisamente porque não é um problema sobre o desempenho de funções. O problema persiste mesmo quando o desempenho de todas as funções relevantes é explicado. Para explicar a experiência, precisamos de uma nova abordagem. Os métodos explicativos usuais da ciência cognitiva e da neurociência não são suficientes... ainda?

## Ciência: do Big Bang à vida inteligente

*E o final de nossa exploração*
*Será chegar onde começamos*
*Conhecendo o lugar pela primeira vez.*
(T.S.Eliot)

A ciência nos assegura que desde a singularidade do Big-Bang, há 13.8 bilhões de anos, nosso universo vem se expandindo e se desenvolvendo, gerando e exterminando vidas, espécies inteiras, até chegar ao que é considerada a forma mais inteligente de vida, que ocupa o topo da cadeia alimentar na Terra, o humano. Na cronologia apresentada pelo Prof. Marcelo Gleiser, e representada na Figura 10.2, ficamos com a seguinte cronologia: nosso universo tem 13.8 bilhões de anos, com 100 milhões de anos surgem a estrelas. Durante 3 bilhões de anos, só bactérias, há 3,5 bilhões de anos surge a vida na Terra (unicelular > multicelular > seres complexos > seres inteligentes). Cada surgimento, cada evolução ocorreu de forma ainda inexplicável.

Como a matéria inanimada criou a matéria animada num percurso da não-vida para a vida e daí para a complexificação da matéria?

O Prof. Gleiser nos ensina que vida não tem definição! A NASA definiu vida para poder formalizar o Projeto de busca da vida em outros lugares do Espaço.

Segundo a NASA: Vida é uma rede de reações químicas autossustentáveis que absorve energia do ambiente (metabolizam) e se reproduz segundo a teoria da evolução.

Esta Figura 10.2, apresentada pela ciência para mostrar as fases, os processos, os tempos decorridos e as transformações ocorridas, sempre demonstrando evolução no sentido de uma maior complexidade, nos convida a muitas reflexões de ordem espiritualista.

Tudo começa com um **ponto singular**, um momento de intensa, superlativa, máxima energia, **Energia Primordial**, da qual, conforme a reflexão científica, tudo decorre, Figura 10.2.

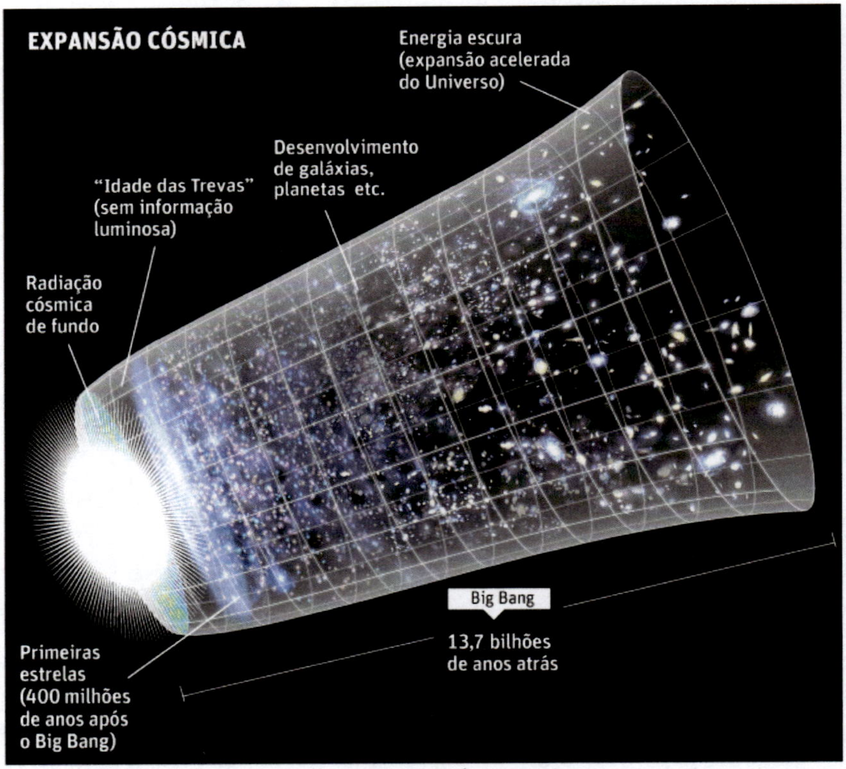


**Figura 10.2** - A história cósmica é a nossa história.
(Fonte: Extraída de https://www.youtube.com/watch?v=_0smSz1FfoE – Prof. Marcelo Gleiser - Do Big-Bang à vida inteligente: as quatro eras da astrobiologia, acessado em maio de 2021).

A manifestação desta energia está presente em tudo e é a razão de cada elemento existente que se expande criando elementos cada vez mais complexos.

Como cada elemento existente decorre da Energia Primordial e está dela impregnado, desde as primeiras rochas até o humano consciente, podemos resumir:

- A Energia Primordial está em tudo;
- Cada elemento existente é a Energia Primordial;
- Tudo é a Energia Primordial.

Esta História Cósmica revela uma evolução profunda desde as rochas mais antigas conhecidas, isso para começarmos de um ponto, até o surgimento do humano, com toda a sua complexidade, num processo evolutivo de bilhões de anos, conforme apresentado no sugestivo desenho da Figura 10.3, das rochas mais antigas ao humano.

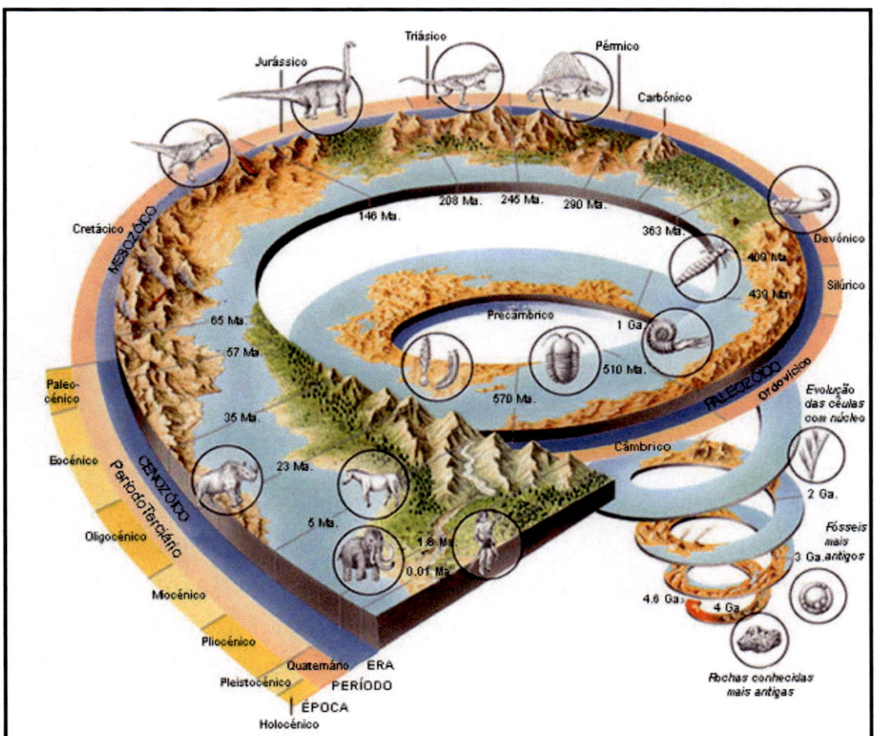


**Figura 10.3** - Origem e Desenvolvimento da Vida na Terra.
(Fonte: Extraído de https://www.planetaenem.com/desenvolvimento-e-evolucao-da-vida-terra/ acessado em novembro de 2020).

Damásio (2011) acrescenta:

- Há cerca de 200 mil anos nossos ancestrais humanos mais diretos andavam pela Terra;

- Há 30 mil anos humanos estavam criando pinturas e esculturas, entalhando em rocha, fundindo metais, confeccionando joias e possivelmente fazendo música;

- Há dezenas de milhares de anos humanos já tinham funerais suficientemente elaborados para requerer um tratamento especial dos mortos e o equivalente de pedras tumulares;

- Há cerca de 5 mil anos o desenvolvimento da escrita fornece-nos um punhado de dados irrefutáveis;

- Há menos de 3 mil anos, na época dos poemas homéricos, o self autobiográfico já existia na mente humana;

- Há apenas alguns milhares de anos, o self capaz de rebeldia, que Damásio cogita como um avanço recente, um mero instante no tempo evolucionário.

Mas podemos cogitar algumas conclusões a partir destas afirmativas científicas, tanto a respeito da história cósmica, que é a nossa história, como das constatações evolutivas que ocorreram nestes 13.8 bilhões de anos.

O Big-Bang da Figura 10.2 é, como vimos, referido pela ciência como um ponto singular caracterizado por uma quantidade infinita de energia que "explodiu" e se expandiu durante todos estes 13.8 bilhões de anos, criando, progressivamente tudo, literalmente tudo o que hoje existe e continua se expandindo e criando mais, tendo sempre como origem este ponto notável de concentração de "infinita energia" – isto nos é ensinado pela ciência.

Assim sendo, podemos cogitar que somos, todos e tudo, originários deste ponto notável.
Mais ainda, conforme colocado acima na citação de Damásio, não surgimos humanos como estamos agora; também nós evoluímos, e tudo indica que continuamos a evoluir. Neste momento da evolução detalhado pela ciência, somos dotados de consciência,

ainda que a ciência não tenha uma definição acabada e definitiva do que seja CONSCIÊNCIA. Mas teremos. As pesquisas continuam sob a responsabilidade dos neurocientistas, dentre outras especialidades, e seguem aceleradas.

O que pode ser observado da proposta científica é que o humano é um recém chegado nesta evolução, há 150 mil dos 13,5 bilhões de anos desde a criação, sobretudo se pensamos no humano como hoje conhecemos e suas cogitações sobre consciência, ciência e espiritualidade.

Enfatizando, podemos ficar então com a conclusão científica que somos, tudo e todos, fruto de uma energia única de criação chamada Big-Bang. Recordemos do princípio ressaltado pela teoria quântica, apresentada no Capítulo 3 que matéria é energia condensada.

Há 2500 anos, numa recuperação da história no ocidente, Tales, Sócrates, Platão, Aristóteles, dentre outros, na Grécia, apresentavam suas visões de mundo e do humano e geravam as sementes do modelo científico; mesma época em que Buda (Índia), Confúcio (China), Lao Tse (China), dentre outros, no oriente, refletiam a respeito de espiritualidade. Citem-se os Vedas, na Índia, escritos, segundo pesquisadores da área, em 1500 aC, embora alguns adeptos cogitem datas ainda mais remotas. Todavia, são datas recentes considerando a idade desta história que começa no Big Bang.

São, portando, recentes no contexto do tempo do nosso Universo. Sobre as cogitações a respeito da consciência, até hoje, mesmo com os extraordinários avanços na ciência, sobretudo da neurociência, não há, ainda, uma definição clara e aceita por todos os segmentos e estudos sobre o que é a consciência[32].

Estamos, neste momento envolvidos em cogitações com várias visões de mundo e de espiritualidade, a maioria delas válida neste momento de pós-modernidade que trata de várias dimensões do conhecimento, desde o misticismo até o pós-misticismo[33] considerando a pré-modernidade, a modernidade e a pós-modernidade.

[32] Ver Capítulo 5 sobre Neurociência e a história da formação da Consciência.

[33] Ver pós-misticismo no Capítulo 9. Misticismo é a busca pela experiência direta de Deus, do Ser ou da Realidade Suprema, como quer que sejam entendidos, isto é, teisticamente ou não. Místico é um iniciado em uma religião de mistérios, contato com uma divindade, verdade espiritual através da experiência direta ou intuitiva. O místico aspira a uma união pessoal com o Absoluto. Misticismo é uma tendência para crer em entidades ou forças sobrenaturais. Comportamento ou postura caracterizada pela convicção de que é possível comunicar diretamente com aquilo que é divino ou com divindades ou deuses. Vida meditativa ou reflexiva Queiruga (2003, 2011).

O que é comum em todas as linhas espiritualistas, com cada vez mais respaldo de resultados científicos apresentados, sobretudo pela neurociência, é uma compulsão pela vida representada pela homeostase, ainda inexplicável pela ciência.

A homeostase é o grande mistério que sustenta a vida e o desenvolvimento dos organismos vivos. E repetimos "o fato de a homeostase ter começado inadvertidamente, no nível dos organismos sem consciência, mente ou cérebro, traz a questão de onde e como a intenção homeostática se instalou na história da vida" (Damásio, 2011).

Várias linhas espiritualistas entendem haver uma "semente", impulsionadora do desenvolvimento da vida, e que alcança no humano a maturidade e as condições para o desenvolvimento da CONSCIÊNCIA.

## Um exemplo no mundo vegetal

> *Escondida dentro de nós, há uma fonte de inteligência, criatividade e intuição. Porém, pelo fato de corrermos o tempo todo, angustiados na luta pela sobrevivência, ignoramos esse fato. Muitos cientistas, poetas, artistas e filósofos bebem nessa fonte a partir da qual nos legam suas contribuições. Nós também podemos desenvolver a disciplina de dedicar períodos do nosso dia para nos retirar um pouco da agitação da vida e acessar esse manancial inesgotável. Dessa forma, ele pode tornar-se o grande amigo que vai ajudar-nos a caminhar pela vida.*
>
> (Paulo e Lauro Raful)

Pensemos em um caroço de abacate; uma "bolinha", Figura 10.4. Mas ela "sabe" fazer uma coisa que a ciência não sabe fazer, sequer cogita: ela "sabe fazer" abacate.

Tem todas as informações e todos os processos necessários. E só sabe fazer abacate, mais nada, não conseguiria fazer nenhuma outra coisa – abacate ou nada.

Ponha esta "bolinha" na terra, proveja condições adequadas e esta "bolinha estabelecerá" uma interação com o ambiente, iniciará um processo de transformação que, meses depois gerará uma arvorezinha, Figura 10.5, anos depois uma "arvorezona" Figura 10.6, e mais um pouco, abacates.

**Figura 10.4** - Caroço do Abacate. *Designer Gabriel Santos.*

**Figura 10.5** - Arvorezinha do Abacate. Designer Gabriel Santos.

**Figura:10.6** - Abacateiro. Designer Gabriel Santos.

Tem dentro dela uma "essência" que no fim do processo vai gerar um abacateiro.

Como pode acontecer isso? Onde estavam o conhecimento, os processos para as transformações que se sucederam; do caroço à grande árvore e aos abacates?

Não parece exagero supor que alguma "coisa", na bolinha, semente do abacateiro, de alguma forma "conduziu" o processo.

"Seres vivos não são estáticos e rígidos como os cristais e tampouco são evanescentes e transitórios como a fumaça. Entre a repetição e as simetrias perfeitas e a imprevisibilidade, a natureza criou uma forma de organização, ainda largamente misteriosa, na qual substâncias, células e tecidos são continuamente renovados, mas a estabilidade do conjunto se mantém. Presente no mais simples dos organismos e impossível de ser mimetizado na máquina mais complexa, este processo de auto-organização é a criação da ordem a partir da desordem – o segredo da vida. As organizações vivas são fluidas e móveis; qualquer tentativa de fixá-las – no laboratório ou em nossa representação – faz com que caiam numa ou noutra de duas formas de morte, oscilando entre o cadáver (Cristal) e o fantasma (Fumaça)" (Atlan, 1992).

## Uma leitura da visão da teosofia sobre a formação da consciência[34]

*A virtude não é uma voz que fala*
*e, sim, um poder que irradia*

(Chico Xavier)

[34] Este segmento do texto está baseado nos livros de Blavatsky e de Bessant colocados na bibliografia.. As figuras são adaptadas de Palestras do Professor Osmir Clemente, principalmente da Palestra "Um Mergulho no Inconsciente", da Loja Teosófica Liberdade – Disponível no Youtube https://www.youtube.com/watch?v=Xr-2-0wM16Q&list=PLMINn7BBr0nV5GFyqCN77Xoc9EYNzu-Tx, visitado em Novembro de 2020.

Quem somos? De onde viemos? Para onde vamos? Para que vivemos? Por que vivemos? São questões recorrentes a partir do momento que alcançamos a autoconsciência. Eu sou e sei que sou, me reconheço e me pergunto: quem sou?

No ser humano emerge a consciência e mais recentemente a consciência de si. Para o mal e para o bem, fazendo disso um bom ou um mau uso no ser humano surge a consciência de si. Um cachorro quando late olhando para o espelho está latindo para "outro cachorro".

A Teosofia, convergente com a ideia de um momento singular, notável de criação, entende que a vida humana tem uma origem em uma fonte iluminada da qual emana uma mônada, semente do humano, com o propósito de aprendizado, desenvolvimento e ascensão espiritual para se integrar a um Plano Superior.

A Teosofia (Besant, 1991) apresenta a ideia da mônada como um fragmento de uma dimensão superior que passará por um longo processo, desde um desenvolvimento primário, passando pelos diversos reinos (mineral, vegetal e animal) da vida, até formar e desenvolver Consciência.

A mônada é o verdadeiro "átomo", não com relação à matéria, mas sim em relação ao Espírito. É a "chispa divina" que evolui através da sua relação com os planos de existência. As mônadas são os peregrinos que por milhões de anos descendem e ascendem pelos Planos de Desenvolvimento ganhando consciência e autoconsciência.

A Doutrina Secreta expõe em suas proposições que existe uma «identidade» entre a Alma Humana e a "Super Alma Universal", e que a peregrinação pelos Planos de Existência é uma Lei Cósmica.

Vamos aqui apresentar de forma resumida esta proposta teosófica, bastante detalhada nos livros de Teosofia e constantes da bibliografia.

No esforço de uma representação gráfica, a proposta teosófica considera um Logos Solar, do qual as emanações se originam, para buscar desenvolvimento, desde os estágios mais densos até os estágios mais espiritualizados.

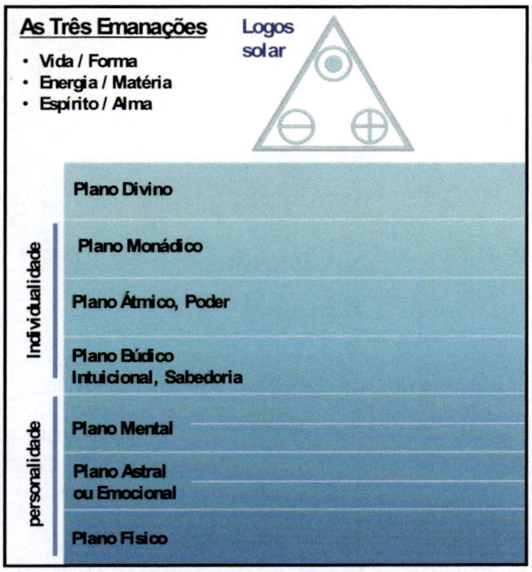


**Figura 10.7**- Plataforma do surgimento e do percurso da Mônada em busca da Consciência e da Divindade.
(Fonte: Adaptado de Clemente, 2020).

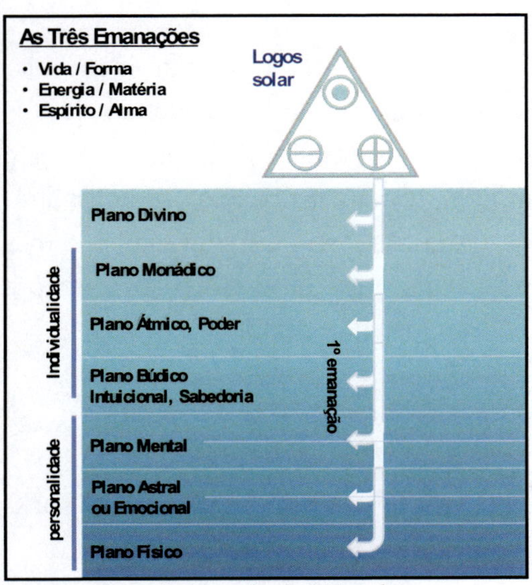


**Figura 10.8** - A Descida da Mônada.
(Fonte: Adaptado de Clemente, 2020).

Considera a existência desta fonte, o Logos Solar, e Sete Planos de Desenvolvimento ou Planos de Existência, desde o mais denso, o Plano Físico, até o mais Espiritualizado, mais consciente (o Plano Divino) objetivo e destino de todos os seres. A Figura 10.7 mostra a plataforma do surgimento e do percurso da mônada em busca da Consciência e da Divindade.

## A Descida da Mônada

A energia da origem é extremamente forte e para se manifestar no Plano Físico precisa se velar em cada Plano. Assim, se vela no Divino e se revela no Monádico; se vela no Monádico para se revelar mais densa no Átmico. Se vela mais ainda no Átmico para se revelar com mais densidade no nível Búdico, daí se densifica para alcançar o Plano Mental, e mais ainda para o Plano Astral e, finalmente na sua manifestação mais densa, no Plano Físico.

Esta é a Primeira Emanação da Energia Suprema, como podemos ver na Figura 10.8, para a manifestação da Mônada no Plano Físico e começo de seu desenvolvimento e sua transformação, que será individual no coletivo do universo, da matéria, em toda sua complexidade, para realização do Divino.

Neste momento desta proposta, é bastante pertinente resgatar a imagem do caroço de abacate que comentamos acima, neste Capítulo; está no caroço de abacate, definitivamente imperceptível, a possibilidade do esplendor do abacateiro.

Quando atinge o Plano Físico no processo de se velar em cada Plano para se revelar no Plano mais denso inferior, desde o Logos Solar até o Plano Físico, a energia Divina é imperceptível: todavia presente.

Interessante aqui também pensar no Big Bang, momento singular de energia intensa e o desenvolvimento que se segue por bilhões de anos até alcançar o nível de consciência de nossos dias atuais.

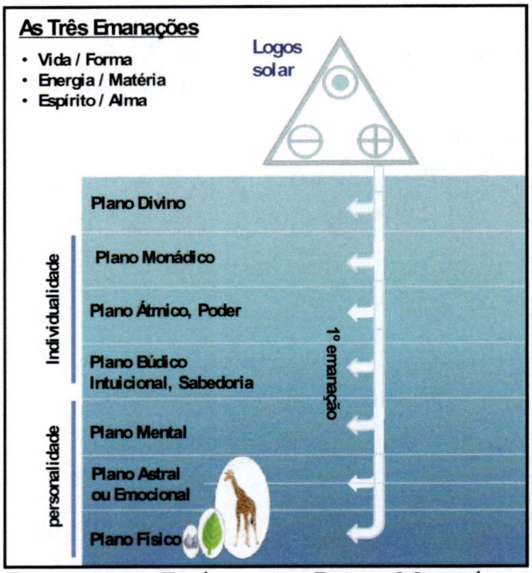


**Figura 10.9** - Evolução nos Reinos Mineral, Vegetal e Animal.
(Fonte: Adaptado de Clemente, 2020).

A Mônada em sua peregrinação pelos níveis densos no processo de desenvolvimento, depois de muita transformação, alcança o Reino Mineral, evolui para o Reino Vegetal, desperta no Reino Animal e busca realização no Reino Humano.

No Reino Mineral a Teosofia inclui não só o que usualmente é chamado de minérios, mas também os líquidos, gases e muitas substâncias etéreas. Toda a matéria da qual sabemos alguma coisa é matéria viva, e a vida contida está sempre evoluindo, Figura 10.9.

Quando atinge o ponto central do estágio mineral a pressão descendente cessa, e é substituída por uma tendência ascensional; cessa a exteriorização e inicia a interiorização.

Quando a evolução mineral é completada, a Vida vai animar formas vegetais e começa a mostrar-se muito mais claramente como o que comumente chamamos de vida - vida vegetal de todos os tipos; e num estágio posterior de seu desenvolvimento, evolui e anima o reino animal.

Em cada um destes reinos ela não só passa por períodos de tempo, que para nossa concepção é inacreditavelmente longo, mas também percorre um curso definido de evolução, começando das manifestações inferiores daquele reino e terminando com as manifestações superiores.

No Reino Vegetal, por exemplo, a força-vida pode iniciar sua trajetória ocupando musgos e terminar animando magníficas árvores de florestas. No Reino Animal pode evoluir desde insetos e alcançar as mais refinadas espécies de mamíferos.

O processo todo é de constante evolução de formas inferiores para as superiores, das mais simples para as mais complexas. Mas o que está evoluindo não é principalmente a forma, mas a vida interna. As formas também evoluem e tornam-se melhores à medida que o tempo transcorre; mas evoluem para que possam ser veículos apropriados para manifestação de vida mais e mais avançadas.

Nas manifestações superiores, se o animal desenvolve devotada afeição por seu amigo humano, também desenvolve "poderes intelectuais» ao tentar entender aquele amigo e antecipar seus desejos.

Somam-se a isto, as emoções e os pensamentos do homem que constantemente agem sobre os do animal, e tendem a elevá-lo a um nível mais alto, tanto emocionalmente como intelectualmente. Sob condições favoráveis, este desenvolvimento pode ir tão longe a ponto de alçar o animal, em termos vibracionais, pondo-o fora de contato com o grupo a que pertence, de modo que seu fragmento de alma-grupo se torna capaz de responder à Segunda Emanação da Deidade, Figura 10.10.

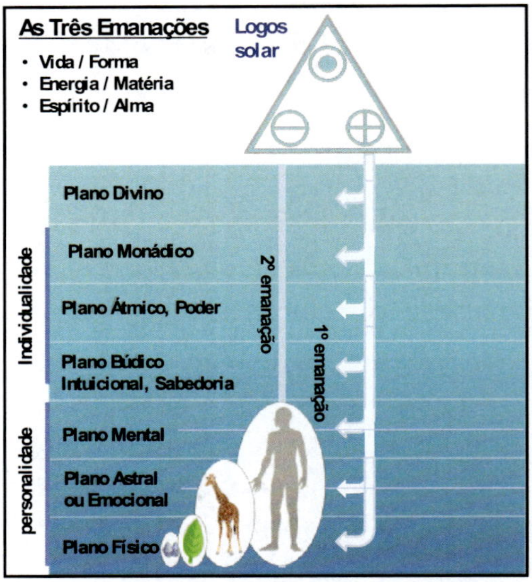


**Figura10.10** - A Segunda Emanação – O princípio da evolução na dimensão humana.

(Fonte: Adaptado de Clemente, 2020).

Esta Emanação é uma poderosa torrente que afeta milhares ou milhões simultaneamente; é alcançada por cada um na medida em que estiver pronto para recebê-la.

Ela já terá descido até o mundo intuicional; mas não procede mais além disso até que o ímpeto ascendente esteja presente na alma do animal de baixo para cima; a Emanação sempre esteve disponível.

A Purificação é uma transmutação. Uma lâmpada de bulbo escuro ilumina pouco, uma lâmpada de bulbo claro, transparente, ilumina muito.

Esta é a transmutação da purificação que leva à iluminação. Assim somos nós, e a iluminação virá da purificação que pudermos manifestar em nossos pensamentos, sentimentos e ações. Temos este filamento interno auto iluminado. Não emana simplesmente luz, emana também consciência, bem-aventurança, sabedoria, poder, compaixão, graça. Esta Chispa é igual em todas as pessoas; o que diferencia as pessoas é a “transparência” do bulbo Figura 10.11.

**Figura 10.11** - Do opaco ao translúcido. (Fonte: O Autor).

Mas quando isso acontece uma Terceira Emanação é alcançada e no mundo Mental Superior é formado um Ego, uma individualidade permanente, até que, muito mais adiante em sua evolução, o humano o transcenda e retorne à Divina Unidade de onde veio.

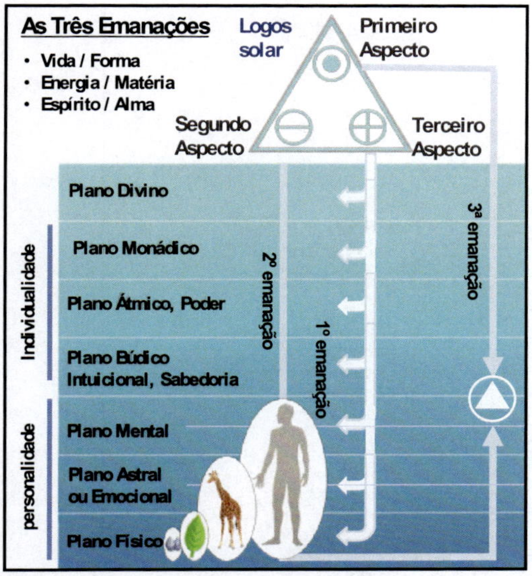


**Figura 10.12** - A Terceira Emanação – o princípio da evolução na dimensão humana.
(Fonte: Adaptado de Clemente, 2020).

Nesta visão Teosófica, o humano é, portanto, em essência, uma Centelha do Fogo Divino, pertencendo ao Plano Monádico. O referido ego é o humano durante o estágio inicial de evolução. O corpo que podemos ver, este corpo que nasce e morre, é uma "roupa" que o humano veste para os propósitos de certo momento de sua evolução.

Da mesma forma que a potência da energia que sai de uma hidroelétrica sofre um declínio energético para acender uma lâmpada sem explodi-la, a energia vinda do Espírito também sofre uma adaptação energética para poder agir nas diversas dimensões sem danificar os corpos que irá utilizar, Figura 10.12.

Na dimensão do Humano uma consciência mais desenvolvida opera e acelera o processo de busca por desenvolvimento. A Evolução normal da Humanidade se processa nos três Plano Inferiores: Físico, Emocional e Mental. Mas é nos Planos Búdico e Átmico que o Humano buscará desenvolvimento Espiritual através de processos Iniciáticos.

A ascensão através dos Planos configura a ascensão da materialidade para a espiritualidade, no quadro completo mostrado na Figura 10.13.

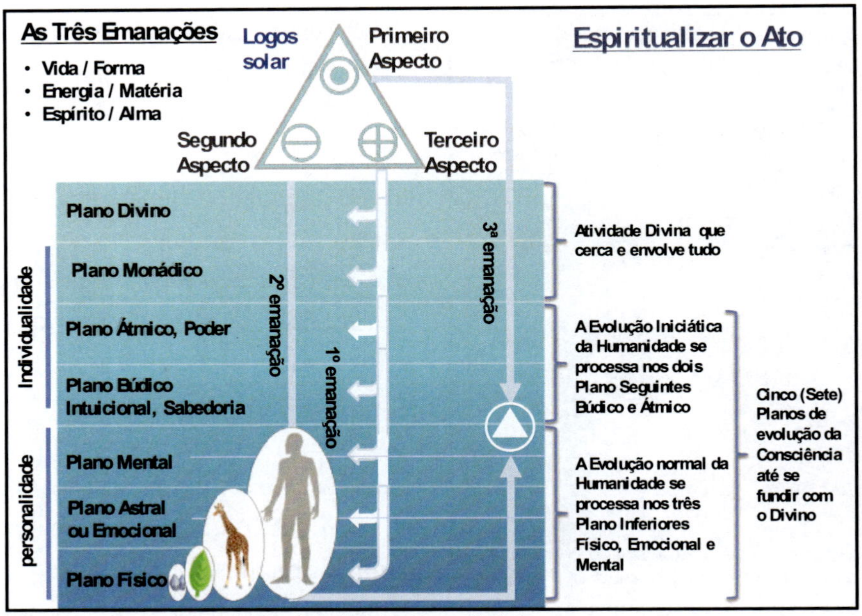


**Figura 10.13** - Da Materialidade à Espiritualidade.

(Fonte: Adaptado de Clemente, 2020).

A proposta Teosófica entende os Diversos Planos como estágios do desenvolvimento da Consciência

## 1- Plano Físico - Corpo Físico

É o nosso físico, corpo carnal, corpo exterior, corpo mortal, corpo somático, soma, habitat físico que são pontes vivas abertas para a natureza material do mundo. É o veículo que permite a atuação do espírito na matéria.

Este Corpo é composto de energia inerente ao Planeta Terra nele vivem somatizados os impulsos desarmônicos oriundos dos sub-níveis da consciência, em forma de doenças, desajustes ou desarmonias, que são simples efeitos e não causa.

## 2- Plano Astral - Corpo Etérico e Corpo Astral

### 2.1 – Corpo Etérico

Também conhecido com duplo etérico, lastro do psicossoma, é o agente intermediário entre o mundo dos sentimentos e o corpo físico; é a camada mais próxima do  corpo físico.

A propriedade do Corpo Etérico é manter a vida no corpo físico, sustentando sua harmonia. É associado à produção do ectoplasma, é de estrutura extremamente tênue, quintessência da matéria, sutil, fluída. Tem a função de distribuir as energias captadas do cosmo, através dos chacras, pois é no Corpo Etérico que eles estão localizados.

A estrutura do Corpo Etérico está em constante movimento e o duplo etérico (duplo porque constitui uma duplicata do nosso corpo físico) tem a função de estabelecer a saúde, automaticamente, sem a interferência da consciência. Possui individualidade própria, mas não tem consciência. Por intermédio da estrutura etérica todos os atos da vontade, os desejos, as emoções e quaisquer manifestações da consciência superior, passam a atuar sobre o corpo físico. Grande número de doenças e desarmonias estão alojadas no Duplo Etérico, influenciando o Corpo Físico.

### 2.2 - Corpo Astral

Também chamado corpo emocional, perispírito, Corpo Espiritual. É modelo organizador biológico do corpo físico, a estrutura do corpo físico. É o agente intermediário entre o corpo mental e o corpo físico, o invólucro espiritual mais próximo a ele.

É também conhecido como corpo emocional, onde expressa a sensibilidade ao prazer e à dor, onde se registram todas as emoções comandadas pela vontade e pela força do psiquismo, todos os vícios, paixões e sentimentos. *É a sede do instinto* lugar do subconsciente.

## 3 – Plano Mental

### 3.1 - Corpo Mental Inferior - Concreto

Possui função intelectual, inclui as percepções que sensibilizam os cinco sentidos. É o corpo cognitivo, do raciocínio. É naturalmente seletivo e impressiona diretamente o sistema nervoso. Está diretamente relacionado à personalidade da pessoa e é um lugar onde a mente física busca as informações que precisa.

### 3.2 - Corpo Mental Superior - Abstrato

Elabora e estrutura princípios e ideias abstratas buscando as sínteses e conclusões que definirão as ações da pessoa que geram novas ideias, num ciclo permanente. Este corpo é responsável pelo desenvolvimento científico e tecnológico, além de todo o embasamento filosófico da pessoa. É um segundo lugar onde a mente física busca as informações que precisa; o outro lugar é o Corpo Mental Inferior.

É a fonte dos mais sublimes desejos, pensamentos e inspirações nobres e elevadas. Representa a intuição pura. Trata do subjetivo e está mais relacionado com o Eu Superior ou Crístico, e com a Individualidade. É o Corpo Causal, é causa, detentor da vontade e imaginação, é normalmente o gerenciador dos programas e ações do ser. Apega-se facilmente ao mando e ao poder.

### 4 - Plano Búdico - Corpo Búdico

Estrutura extremamente sutil, também chamado de corpo cósmico, e é atemporal. Tem como atributo principal o grande núcleo de potencialização da consciência. Nesta dimensão ficam os registros das experiências e todos os acontecimentos ocorridos nas existências de um ser, em seus detalhes.

O Corpo Búdico é pouco conhecido. É nele que se gravam as ações do espírito e dele partem as notas de harmonia ou desarmonia ali impressas, ou seja, as experiências mais significativas estão ali registradas e são patrimônio do espírito. As experiências mal resolvidas são remetidas de volta à personalidade encarnada para novas experiências e melhores significações. E por ser, no espírito, o grande núcleo de potenciação da sua consciência cósmica, suas impulsões terão seus efeitos visíveis e somatizados no Corpo Físico ou no psiquismo da personalidade encarnada.

### 5 - Plano Átmico Corpo Átmico

Atman é Espírito, Essência, Eu Cósmico, Eu Crístico, Eu Divino, Centelha Divina. Constitui a Essência Divina presente em cada criatura. Princípio, semente e motor da vida. É a própria partícula da vida, o princípio coordenador. É imortal, consciência pura. O corpo Átmico ou Espírito Puro constitui a Essência Divina em cada ser criado.

## 6 e 7 - Planos Monádico e Divino

A Vontade humana, que é o poder Divino dentro da Pessoa, pode subjugar e controlar as energias inferiores e assim produzir os resultados elevados. Os Planos Monádico e Divino só são alcançáveis por Espíritos que se ergueram às alturas da ética e da moral e que se dedicaram à Plenitude do Ser, à conexão com as Forças da Criação.

A consciência no Plano Físico, das funções vitais, no Plano Emocional/Sentimental e no Plano Mental Concreto é experimentada no mundo exterior visível, mutável, limitado, perecível.

A consciência no Plano Monádico é experimentada apenas através da meditação e do trabalho interior, levando a um estado de união interior entre o "Eu Pessoal" e o Divino, não-manifestado, imutável, livre de todas as «limitações».

O desenvolvimento cíclico dos veículos da personalidade, correspondentes aos sucessivos estados de consciência, é influenciado pelos estados de consciência anteriores. O processo leva a um "refinamento" desses planos de consciência. Este processo é acompanhado por uma transmutação interior intensa, resultando numa expansão do Campo de Consciência e da Percepção.

## Para Concluir

Vivemos em um mundo de mudanças fantásticas. A sociedade pós-industrial é apontada como a era da informação. O avanço científico, especialmente a informatização e novos meios de comunicação, colocou enorme quantidade de informações ao alcance das pessoas.

Mas enquanto nossas mentes estão atoladas por uma nova era de ouro da informação e da ciência, e as empresas lutam numa corrida furiosa para dominar mercados em rápida expansão, a sociedade global definha na falta de entendimento espiritual da natureza humana. Entre as atividades frenéticas, a harmonia e o entendimento interior são esmagados sob o peso do sistema nervoso sobrecarregado. À medida que a sociedade global se torna cada vez mais urbanizada, o estresse e a tensão crescem exponencialmente. As pessoas se veem invadidas em todos os níveis, mental, emocional, físico e social.

Há uma série de pressões psicológicas e ambientais que resultaram em uma desintegração da personalidade, intensa como em poucos momentos da história da humanidade. O caldeirão de estresse trouxe uma percepção da necessidade de um meio de alcançar a coesão interna, uma quietude interior. Na psicologia, pesquisadores e profissionais começam a verificar a eficácia das técnicas de expansão da mente das práticas de meditação na reintegração da personalidade. No entanto, a meditação e suas práticas associadas são muito mais que um processo de resolução de fatores de estresse, e pretendem elevar o indivíduo a um estado de liberação da consciência.

O processo no campo da pessoa é sempre o mesmo: conheça a ti mesmo. Exame de consciência e reforma íntima.

# Capítulo 11 – Conhecimento Pessoalmente Relevante – Ciência e Espiritualidade

*Para onde quer que tu vás, vai todo,*
*leva junto teu coração.*

(Confúcio)

## Uma Introdução

Para o pensamento espiritualista a natureza é um organismo vivo, dotado de inteligência e de consciência. O postulado fundamental do pensamento mágico é o da interdependência universal. A visão mecanicista-positivista concebe a natureza não como um organismo, mas como um mecanismo, a qual basta desmontar peça por peça para possuí-la inteiramente (Nicolescu, 1999).

Duas abordagens que percebem e agem no mundo de formas diferentes, uma espiritualista e outra científica. Duas racionalidades que, por fazerem perguntas diferentes ao universo, obtêm respostas diferentes que conduzem a relacionamentos diferentes com os elementos da realidade. Perguntas diferentes que podem estar sendo feitas pela mesma pessoa.

A dimensão espiritual, presente em todas as sociedades conhecidas, banida no modelo científico de produção de conhecimento, pode ser desenvolvida, nem em conflito, nem de forma homogeneizante, mas de forma paralela, complementar, no reconhecimento das diferenças e convivendo, sem síntese, no processo de formalização que só se integra verdadeiramente quando em presença do sujeito, no contexto e na circunstância.

O modelo científico precisa ser preservado, mas podem ser acrescentados outros modelos de produção de conhecimento que, eventualmente incompatíveis com princípios do modelo científico, possam complementar a percepção da Pessoa em relação ao mundo e à vida.

Uma pessoa que não tenha mínima sensibilidade tecnológica está praticamente alienada do universo contemporâneo. Educação é aspecto fundamental para a inclusão das pessoas; isso é consenso. Atualmente mínimos conhecimentos e alguma sensibilidade sobre tecnologia, sobretudo redes, e saber trabalhar prosperando em grupos heterogêneos, sempre lidando com incertezas, são fundamentais. A falta destes conhecimentos está criando uma multidão de alienados, cada vez mais incapazes de entender e participar do mundo do trabalho.

Sabemos disso, mas nos esquecemos de nossas conexões não físicas, emocionais, espirituais que, da mesma forma, encontram-se em posição de fragilidade diante de tantas mudanças na vida atual, que nos confunde e, por vezes, nos exclui.

A vida também precisa ser pensada sob a ótica dos mistérios, da espiritualidade, precisa de valores, alguma relação melhor informada e mais profunda com o universo.

## O imperativo da tecnologia e as relações sociais

*Uma aspiração coletiva harmoniosa pode mudar o curso das circunstâncias.*

(Mira Alfassa)

No início do 3º Milênio vivemos uma explosão tecnológica que afeta toda a humanidade de forma mais rápida e mais profunda do que antes; não só pelas mudanças que promove, mas, sobretudo, pelas exclusões que estabelece.

Dependemos cada vez mais de tecnologias de todo tipo. Desde sofisticados instrumentos de prospecção cósmica, equipamentos de apoio a diagnósticos na área de saúde, poderosas plataformas de processamento de dados e mais recentemente redes sociais de toda natureza.

Neste contexto emergem desafios do protagonismo e da alienação. Há novos comportamentos no campo dos negócios, mas, sobretudo, no campo social. Há novos atores, novos papéis, novos relacionamentos, novas formas de produzir as coisas e novas coisas a produzir. Novos dilemas éticos a tratar.

No campo da Pessoa, como lutar contra uma alienação que é "imposta" pelo não entendimento da lógica que advém das profundas mudanças tecnológicas e suas implantações na "vida cotidiana"? Há dificuldade em compreender as formas de uso, mas quase uma impossibilidade de entender as intrincadas conexões que propiciam – coisa para especialistas, em algumas áreas, para superespecialistas.

As relações sociais não são mecânicas, são caóticas. Como equalizar potenciais? Só se pode falar de harmonia diante de diferentes, do diverso, no reconhecimento das diferenças, da diversidade, e no esforço da integração.

Estamos vivendo um tempo intenso em conhecimento como fonte de riqueza e um processo crescente de comunicação e intercomunicação individual, social e econômica.

Culturas diferentes se encontram em vários espaços de produção e de tomada de decisão e de realização de trocas de várias ordens, seja no campo politico, social, econômico com influência no cotidiano das pessoas através das inúmeras manifestações das redes sociais. É preciso energia intelectual (intuitiva?) substancial e constante para tratar dos impactos das transformações provocadas pela automação acentuada. Que novas competências precisam ser desenvolvidas? Que novos conceitos de serviços terão que ser lançados? Que novos programas de desenvolvimento? Como conviver com uberização (trabalho sob demanda)? Que regulamentações em curto e longo prazos? Que novos comportamentos? Que novos Princípios Éticos?

## O Ambiente que compartilhamos – Criacionismo e Evolucionismo

Neste nosso contexto, evolução é o processo pelo qual todas as coisas vivas desenvolveram-se de organismos primitivos através de mudanças que ocorreram por bilhões de anos. Exatamente como a evolução ocorre é ainda uma questão controvertida, mas que ela ocorre é um fato científico. Os processos evolutivos continuam em operação. É plausível que todos os organismos possam ser derivados de uma Vida original e esta da Matéria original. A evolução não tem uma direção ou propósito definidos. Mutações ocorrem espontaneamente.

Sri Aurobindo propõe um ambiente com Criacionismo e Evolucionismo afinado com a proposta de Wilber[35] e da Teosofia[36].

Na criação, a Consciência Suprema precipitou-se até o Inconsciente da Matéria (Involução) e está se desenvolvendo progressivamente em direção à Consciência Suprema, na Matéria.

Para Aurobindo os estágios dessa evolução são a Matéria, a Vida (vegetal, animal), a Mente. A matéria tem uma consciência "inconsciente". A vida vegetal dá indícios de uma "consciência" em desenvolvimento, que só surge mais claramente no animal. O estágio final da evolução é a manifestação plena da Consciência Suprema Original, que no Universo tornou-se esta multiplicidade de formas conscientes.

Sri Aurobindo (2011), convergente com propostas Teosóficas apresentadas no Capítulo 10 vai além do Criacionismo e do Evolucionismo: a evolução é precedida por uma involução e tem um propósito bem definido: manifestar a consciência divina na matéria. O processo Matéria, Vida, Mente, Supramente, proposto por Aurobindo é impelido pela necessidade interior de manifestação da consciência divina, já presente na Matéria. Os passos iniciais são primeiro formar um novo organismo, para depois manifestar nele um novo grau de consciência.

Quando o nível humano é alcançado é iniciada uma colaboração consciente com o processo de manifestação da consciência divina.

Para Aurobindo a evolução é coletiva. Um pequeno avanço em uma parte auxilia o avanço do todo. O peso e a inércia do todo dificultam o avanço da parte.

## Conhecimento em Sri Aurobindo

A Proposta de Sri Aurobindo (1976) pode ser assim esquematizada, Figura 11.1.

[35] Ver Capítulo 9.
[36] Ver Capítulo 10.

**Figura 11.1** - Involução e Evolução em Sri Aurobindo.

(Fonte: Adaptado e Sri Aurobindo, 1976).

Aurobindo (1976) identifica 4 dimensões de conhecimento:

1. Conhecimento Vulgar ou Empírico: é o conhecimento que todas as pessoas adquirem na vida cotidiana, ao acaso, baseado apenas na experiência vivida ou transmitida por alguém. Em geral resulta de repetidas experiências casuais de erro e acerto, sem observação metódica nem verificação sistemática, por isso carece de caráter científico.

2. Conhecimento Científico: resultado de investigação metódica, sistemática da realidade. É verificável na prática por demonstração ou experimentação.

3. Conhecimento Filosófico: tem por origem a capacidade de reflexão humana e por instrumento o raciocínio. Como a ciência não é suficiente para explicar o sentido geral do universo, a pessoa tenta essa explicação através da filosofia. Filosofando ela ultrapassa os limites da Ciência – delimitados pela necessidade de comprovação concreta – para compreender ou interpretar a realidade em sua totalidade.

4. Conhecimento Teológico: é produto da Fé humana na existência de uma ou mais entidades divinas. Provém das revelações do mistério, do oculto, por algo que é interpretado como mensagem ou manifestação divina. Tais revelações são transmitidas por alguém, por tradição acumulada ao longo da história ou através de escritos sagrados. Apresenta respostas para questões que a pessoa não pode responder com os conhecimentos Empírico, Científico e Filosófico. Depende da Fé da Pessoa.

A mais alta aspiração humana – sua busca de perfeição, seu anseio de liberdade e maestria, sua procura da verdade pura e deleite – está em flagrante contradição com sua existência presente e sua experiência normal.

Tal contradição faz parte do método geral da Natureza; é um sinal de que ela trabalha em direção a uma harmonia maior. A reconciliação é alcançada através de um progresso evolucionário.

A Vida evolui a partir da Matéria; a Mente, a partir da Vida, porque elas já estão "involuídas" lá: a Matéria é uma forma de Vida que está velada; a Vida, uma forma da Mente que está velada. Então a aspiração mais alta da pessoa só indicaria o desvendamento gradual do Espírito dentro; a preparação de uma vida alta sobre a Terra.

Assim, para Aurobindo, a evolução de consciência é o motivo central da existência. O trabalho evolucionário da Natureza tem um duplo processo: uma evolução de formas, uma evolução de consciência. O humano ocupa a crista da onda evolucionária. Com ele ocorre a passagem de uma evolução não consciente para uma evolução consciente.

A cada passo recebe-se uma indicação do que será o passo seguinte. A natureza do próximo passo é indicada pelas profundas aspirações que despertam no humano.

Uma mudança de consciência é o fato principal da próxima transformação evolucionária, e a consciência, por sua própria mutação, vai impor e efetuar qualquer mutação do corpo que for necessária. O anseio da pessoa pela espiritualidade é uma indicação incontestável da íntima propensão do Espírito, dentro, para emergir, sua insistência rumo ao próximo passo de sua manifestação.

Por que a pessoa tem fé na razão? Porque a razão tem uma legítima função a cumprir, para a qual está perfeitamente adaptada; e esta função é justificar e iluminar, para o homem, suas diversas experiências, dando-lhe fé e convicção para persistir na tarefa de ampliar sua consciência.

Mas a razão não pode chegar a uma verdade final, porque ela nem pode alcançar a raiz das coisas nem abraçar a totalidade delas. Ela lida com o finito, o separado, e não tem medida alguma para o todo e o infinito.

A atual crise evolucionária origina-se de uma disparidade entre as faculdades limitadas das pessoas – mental, ética e espiritual – e os meios técnicos e econômicos à sua disposição. Sem uma mudança interior, a pessoa não pode mais fazer face ao gigantesco desenvolvimento da vida exterior.

A espiritualidade é um despertar progressivo para a realidade interior de nosso ser, para um espírito, que é diferente de nossa mente, vida e corpo. É uma aspiração interior a conhecer, a entrar em contato e união com a Realidade maior que está além, a qual também preenche o universo e habita em nós, e, como resultado dessa aspiração, desse contato e dessa união, uma virada, uma conversão, o nascimento rumo a um novo ser. Somente a realização da experiência espiritual pode efetuar a mudança do ser mental em um ser espiritual (Aurobindo, 1976).

## Um Projeto sobre a evolução da Consciência

> *A primeira necessidade é a descoberta interior para saber o que se é verdadeiramente atrás das aparências sociais, morais, culturais, raciais, hereditárias. No centro há um ser livre, vasto, conhecedor, que se oferece à nossa descoberta e que deve tornar-se o centro agente de nosso ser, de nossa vida.*
>
> (Mira Alfassa)

Num certo sentido um projeto sobre a evolução da consciência pode ser percebido como o correlato psicológico do projeto do genoma humano que envolve o mapeamento científico de todos os genes do DNA. Uma "abordagem psicológica" num projeto sobre a evolução da consciência humana seria um mapeamento intercultural dos estados, estruturas, tipos, níveis, estágios e ondas de consciência humana considerando as dimensões física, biológica, cultural e espiritual.

O trabalho de Clare Graves foi desenvolvido e aperfeiçoado por Don Beck e Christopher Cowan e apresentado por Ken Wilber (2000) numa teoria que chamaram de Dinâmica em Espiral, Figura 11.2.

Palheta Cognitiva - Níveis de Desenvolvimento – Níveis de Ser Modelo de Desenvolvimento Humano baseado em Ciência e Espiritualidade Envolve Corpo (mineral, vegetal, animal), Mente/Cérebro e Espírito

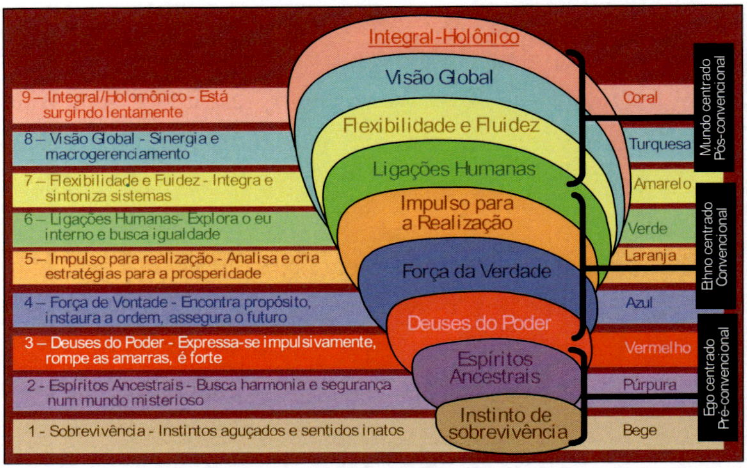


**Figura 11.2** - Projeto da Consciência Humana – Dinâmica em Espiral.
(Fonte: Wilber, 2000, 2012).

Genes carregam as informações genéticas sobre a vida, as características físicas da vida. Memes são similares aos genes, mas carregam as características culturais, as informações culturais e consideram também os aspectos ligados ao nível de desenvolvimento da pessoa e sobre as comunidades de pessoas.

Genes e Memes, juntos, criam as condições e o ambiente para analisar uma pessoa ou uma comunidade sob o ponto de vista biocultural.

Uma pessoa que está procurando entender sua evolução deve observar estes níveis – memes – e estudar suas características. Esta espiral é também útil para a análise do nível em que uma pessoa, ou uma comunidade, se encontra.

A Dinâmica em Espiral considera o desenvolvimento humano como um processo com nove estágios. Para a Dinâmica em Espiral os estágios não são níveis rígidos, mas ondas fluidas, com muitas sobreposições e entrelaçamentos que resultam numa malha ou espiral dinâmica de desenvolvimento da consciência. Nove cores definem a Palheta Cognitiva (Wilber, 2012).

1. Bege: Arcaico-Instintivo. Nível básico de sobrevivência; alimento, água, abrigo, sexo e segurança têm prioridade. Usa hábitos e os instintos só para a sobrevivência. Um eu diferenciado começa a despertar e a ser mantido. Forma bandos de sobrevivência para assegurar a vida.

2. Púrpura: Mágico-Animista. O pensamento é animista; espíritos mágicos, bons e ruins, enxameiam a terra, espalhando bênçãos, maldições e feitiços que determinam os acontecimentos. Forma tribos éticas. Os espíritos existem nos ancestrais e unem a tribo. O parentesco e a linhagem estabelecem vínculos políticos. Dá a impressão de ser holístico, mas é, na verdade, atomístico.

3. Vermelho: Deuses de Poder. Primeira manifestação de um eu distinto da tribo; poderoso, impulsivo, egocêntrico, heroico. Espíritos míticos ou mágicos, dragões, bestas e povos poderosos. Deuses e Deusas arquetípicos, seres prodigiosos, forças que têm de ser enfrentadas, sejam elas boas ou más. Os senhores feudais protegem os servos em troca de obediência e trabalho. A base dos impérios feudais eram poder e glória. O mundo é uma selva cheia de ameaças e predadores. Conquistadores, dominadores e dominados; desfruta do eu ao máximo, sem pena ou remorso; está aqui e agora.

4. Azul: Ordem Mítica. Mentalidade de Rebanho. A vida tem significado, direção e propósito, com resultados determinados por um Outro ou por uma Ordem todo-poderosos. Essa ordem correta reforça um código de conduta baseado no absolutismo e na invariabilidade de princípios como "certo" e "errado". A violação dos códigos ou das regras tem repercussões graves, às vezes permanentes. O respeito ao código traz recompensas. É a base das antigas nações. Hierarquias sociais rígidas, paternalismo, um único caminho certo e um único modo de pensar sobre tudo. Lei e ordem, impulsividade controlada por meio da culpa; crença literal-concreta e fundamentalista; obediência ao regime da Ordem; extremamente convencional

e conformista. Frequentemente religioso ou mítico, no sentido da afiliação mítica - "religioso/absolutista", mas também pode ser uma Ordem ou Missão ateísta ou secular.

5. Laranja: Conquista Científica. Nesse nível ou onda o eu "se liberta" da "mentalidade de rebanho" do nível azul e busca a verdade e o sentido em termos individuais – hipotético-dedutivos, experimental, objetivo, mecanicista, operacional - científico no sentido típico. O mundo é um mecanismo racional e bem lubrificado, com leis naturais que devem ser conhecidas, controladas e manipuladas para seus próprios propósitos. Extrema orientação para resultados, no que se trata de ganhos materiais. As leis de ciência governam a política, a economia e os acontecimentos humanos. O mundo é tabuleiro de xadrez no qual as partidas são disputadas de modo que os vencedores ganhem proeminência. Alianças de mercado; exploração dos recursos do planeta com uma estratégia de ganhos pessoais.

6. Verde: O Eu Sensível. Comunitário, preocupado em criar vínculos, sensível do ponto de vista ecológico, disposto a trabalhar em rede. O espírito humano precisa se libertar da ganância, do dogma e do divisionismo; os sentimentos e a solidariedade suplantam a fria racionalidade; amor a Terra, à Gaia, à vida. Contra as hierarquias, estabelece laços e vínculos laterais. Eu permeável, eu relacional, redes grupais. Ênfase no diálogo, nos relacionamentos. Base em valores comunitários (afiliações escolhidas livremente com base em sentimentos compartilhados). Tomar decisões por meio da reconciliação e do consenso (aspectos negativos: negociações intermináveis e incapacidade de tomar decisões). Fortemente igualitário, anti-hierárquico, valores pluralistas, construção social da realidade, diversidade, multiculturalismo, sistema de valores relativistas. Subjetivo, pensamento não linear; apresenta uma dose maior de calor humano, de sensibilidade e preocupação pelo planeta e por todos os seus habitantes.

Com a conclusão do meme verde, a consciência humana fica pronta para dar um salto quântico rumo ao pensamento de segunda ordem.

Basicamente, com a consciência de segunda ordem pode-se pensar tanto vertical quanto horizontalmente. Daí é possível apreender vividamente todo o espectro do desenvolvimento interior e, dessa maneira, reconhecer que todo nível, todo meme e toda onda tem importância fundamental para a saúde de toda a Espiral.

É importante compreender que cada onda "transcende e inclui" sua precedente. Cada onda da existência é um ingrediente fundamental de todas as ondas subsequentes.

Além disso, cada onda pode ser ativada ou reativada conforme as circunstâncias da vida. Em situações de emergência, podem ser ativados comandos vermelhos; em resposta ao caos, poderíamos acionar a ordem azul; na busca por um novo emprego, precisaríamos do impulso de realização laranja; no casamento e com amigos, precisaríamos das ligações próximas que os comandos verdes proporcionam. Cada um desses memes tem uma contribuição importante a fazer.

Porém, o que nenhum meme de primeira ordem pode, por si mesmo, é valorizar plenamente a existência dos outros memes. Cada um dos memes de primeira ordem acredita que sua própria visão do mundo é a correta ou a melhor; reage negativamente se for contestado; reage violentamente usando as próprias armas, toda vez que se sente ameaçado. A ordem azul se sente muito pouco à vontade, tanto com a impulsividade vermelha quanto com o individualismo laranja. O individualismo da ordem laranja acha que a ordem azul é para os bobos e que a equanimidade do verde é fraca e inconsequente. O sentido de igualdade do verde não consegue se conformar com a excelência e a classificação de valores, com os grandes quadros, com as hierarquias ou com qualquer coisa que pareça autoritária e, dessa forma, o verde reage fortemente ao azul, ao laranja ou a qualquer coisa pós-verde.

Tudo isso começa a mudar como pensamento de segunda ordem. Como a segunda ordem está plenamente consciente dos estágios interiores de desenvolvimento – mesmo que não possa articulá-los de maneira técnica – ela dá um passo para trás e tem uma visão geral do todo; por isso o pensamento de segunda ordem valoriza o papel necessário que todos os vários memes desempenham.

A consciência de segunda ordem pensa em termos de toda a espiral da existência e não meramente em termos de qualquer um dos níveis.

Enquanto o meme verde apenas começa a apreender os vários sistemas e contextos pluralistas que existem nas diferentes culturas, o pensamento de segunda ordem dá um passo adiante. Ele procura pelos ricos contextos que ligam e unem esses sistemas pluralistas e começa a incluí-los em espirais holísticas e redes integrais.

A extensa pesquisa de Graves, Beck e Cowan que Wilber (2000) apresenta, indica que existem ao menos duas grandes ondas nessa consciência de segunda ordem:

7. Amarelo: Integrativo. A vida é um caleidoscópio de hierarquias (holarquias), de sistemas e de formas naturais. A flexibilidade, a espontaneidade e a funcionalidade têm de ser uma prioridade. Diferenças e pluralismos podem ser integrados em fluxos interdependentes e naturais. O igualitarismo é complementado com graus de classificação e excelência. O conhecimento e a competência deveriam substituir o poder, o *status* ou a sensibilidade grupal. A ordem mundial que prevalece é o resultado da existência de diferentes níveis de realidade (memes) e dos inevitáveis padrões de movimento para cima e para baixo da espiral dinâmica. Um bom governo facilita o surgimento de entidades ao longo dos níveis de complexidade crescente (hierarquia aninhada).

8. Turquesa: Holístico. Sistema holístico universal, hólons/ondas de energia integradora: une sentimento e conhecimento, múltiplos níveis se entrelaçam num sistema consciente. Ordem universal, mas de uma maneira viva e consciente, que se baseia em regras externas (azul) ou em laços grupais (verde). Algumas vezes implica o surgimento de uma nova espiritualidade como uma malha de toda a existência. A forma de pensar turquesa usa a espiral inteira, vê múltiplos níveis de interação, detecta a harmonia, as forças místicas e os estados fluidos e difusos que permeiam qualquer organização.

Novos MEMEs continuarão a ser criados conforme a evolução da consciência humana se desenvolva. Beck e Cowan (Wilber, 2020) afirmam que existe um novo MEME, Coral, mas que não possui um número suficiente de pessoas para ser estatisticamente significativo. Da mesma forma, Wilber acredita que MEMEs além do Coral também existem. Ele chama isso de "Terceiro Nível" de consciência. Wilber cogita que seres plenamente realizados, como Buda e Jesus, dentre outros, evoluíram para esta Terceira Camada. A consciência não dual e o amor e a compaixão universais caracterizam este nível de consciência.

Cada nível é transcendido e incluído conforme a pessoa se desenvolve. Se necessário, dependendo das circunstâncias, é possível acessar novamente um nível inferior dentro da pessoa. Se alguém se encontrasse em uma ilha deserta, o nível Bege precisaria entrar em ação com seu foco na sobrevivência animal. As pessoas que se encontram nesta situação relatam que seus sentidos se tornam muito mais focados e aguçados. Na teoria de Grave, tanto o progresso quanto a regressão são possíveis.

Os níveis têm aspecto ontogenético (crescimento do indivíduo) e filogenético (evolução das espécies). Os níveis se aplicam aos indivíduos conforme eles amadurecem, mas esses níveis se desenvolveram historicamente a partir de grupos. Cada nível representou a vanguarda da evolução cultural humana em algum momento e grupos de pessoas terão um nível médio de desenvolvimento, com alguns indivíduos acima deste nível e outros abaixo.

A Dinâmica da Espiral revela os códigos escondidos que constituem a natureza humana, que criam diversidades globais e impulsionam a mudança evolucionária. Estas forças magnéticas atraem e repelem indivíduos, formam as teias que associam as pessoas nas organizações e forjam a ascensão e a queda de nações e de culturas. A Dinâmica da Espiral identifica a nossa emergência histórica, desde os clãs e as tribos até às redes e aos hologramas; identifica variações sobre a mudança e acrescenta poder e precisão à concepção de sistemas humanos e à liderança do século XXI.

## Somos responsáveis – os humanos podem produzir Virtudes

> *"O fogo ardente emite chamas e brilho a partir de tudo que é jogado nele".*
>
> (Marco Aurélio)

Cada um pode conduzir sua vida na direção da virtude, da transformação interior, desenvolver as potencialidades pessoais, a consciência de si, o poder da vontade, o controle de desejos, o desenvolvimento e prática da compaixão, evitar pensamentos negativos, desenvolver poder de concentração, dominar arrogância, prepotência e desrespeito. Consciência é estar consciente e o Humano alcança a AUTOCONSCIÊNCIA, consciência de si.

A pessoa pode se libertar de hábitos e de condicionamentos para alcançar a escolha, o exercício do Livre Arbítrio. O Livre Arbítrio é uma possibilidade – a maioria das pessoas vive no automatismo. Além disso, sofremos influência dos movimentos dos Astros, das irradiações do Sol, da Força da Lua, das outras pessoas. O livre arbítrio é uma possibilidade e exige um esforço grande no sentido da pessoa assumir o protagonismo de sua vida, sofrendo todas as influências fora do seu controle, que afetam sua percepção, a forma de sentir, pensar e agir. Somos movidos por hábitos e automatismos ainda que possamos pensar que temos total liberdade.

O Livre Arbítrio exige consciência, autoconsciência, do aqui e agora. É necessário encontrar o seu sentimento de existir. Pense em princípios e não em pessoas, pense nos ensinamentos que as pessoas deixaram. O medo é natural, alimenta; é doença quando nos paralisa. Descubra seus talentos e desenvolva-os, harmonize-os, expresse-os.

Descubra suas características comportamentais, desenvolva qualidades, maximize tendências; o caminho é uma construção de cada um. O Sábio quer a verdade, o Santo quer a virtude; e você?

A vida nos coloca diante de dificuldades para nos esforçarmos, superarmos e desenvolvermos espiritualidade. O Universo, tal como conhecemos, existe em somente um lugar, NA MENTE DE CADA UM. O Universo é subjetivo, condicionado cultural e intelectualmente; não vemos o mundo como ele é. O Mundo em que vivemos é uma construção arbitrária de nossa percepção (Kant)[37].

A Ciência lida com o mistério – anda além do conhecimento, avança porque vai se autocorrigindo. A Ciência é um permanente flerte com o desconhecido. Tem dificuldade de estudar a consciência – como isolar a consciência para estudá-la?

"O mundo se tornou um lugar estranho e enigmático, no qual não posso mais contar com o que sabia, e ainda não me sinto apoiada por novas fontes de confiança. É difícil não ter certeza. Tudo o que podemos esperar uns dos outros são novas e interessantes informações. Não podemos esperar respostas. As soluções, como ensina a realidade quântica, constituem um evento temporário, específico de um dado contexto e desenvolvido por meio das relações entre pessoas e circunstâncias. Não haverá mais

---

[37] Ver Kant no Capítulo 3.

patrocinadores esperando cheios de expectativas pelo nosso retorno, mas apenas um número cada vez maior de exploradores aventurando-se por sua própria conta e risco" (Wheatley, 1992).

Podemos imaginar que estamos migrando da consciência egossistêmica para a consciência ecossistêmica, conforme proposto na - Teoria U[38].

Scharmer inclui o conceito de presença e propõe projetos a partir do futuro emergente, e não a partir do passado, de históricos. Uma mesma pessoa, em uma mesma situação, fazendo sempre a mesma coisa, pode produzir um resultado totalmente diferente dependendo do lugar interior a partir do qual essa ação está vindo.

A navegação no U passa por seis pontos de inflexão, além de um limiar de transformação, na base do U, como pode ser observado na Figura 11.3.

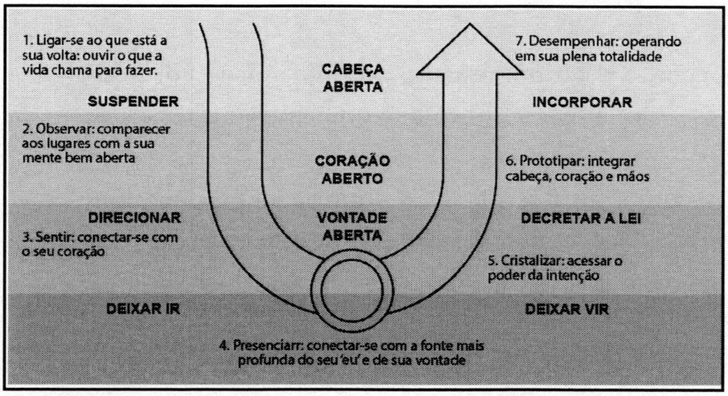


**Figura 11.3** - Teoria U. (Fonte: Adaptado de Scharmer, 2019).

Cada uma das etapas do movimento em U é associada a temas relevantes como complexidade, aprendizagem, mudanças:

**Descida no U**: um caminho para compreender seus modelos mentais e como eles estão relacionados à realidade na qual está inserido.

**Fundo no U**: é um espaço de reflexão, quando o indivíduo já tem um maior conhecimento sobre si e do ambiente e tem a possibilidade de compreender a realidade atual e

[38] Texto baseado em "Teoria U: Como Liderar pela Percepção e Realização do Futuro Emergente"; Scharmer (2019).

iniciar um processo de inovação, que é a subida no "U".

**Subida no "U"**: novas ideias são colocadas em prática, embora o processo possa iniciar novamente ou etapas serem revistas, sempre que necessário.

## Os pontos cegos

Existem dois pontos cegos nas discussões globais de hoje que nos obrigam a buscar entendimento das possibilidades de mudanças desestabilizadoras em que estamos imersos a partir de um lugar que nos conecte ao futuro, ao invés de apenas reagirmos aos padrões do passado, o que, em geral, leva à perpetuação desses padrões.

1. O primeiro ponto cego diz respeito ao pensamento econômico vigente, que reflete uma realidade econômica amadurecida nos últimos séculos. Fixar aí não nos prepara para perceber e agir nas novas realidades do século XXI.

2. O segundo ponto cego diz respeito ao self, nosso ego, nosso eu, que representa quem somos realmente e o futuro que queremos criar.

Nunca tivemos tantos futuros possíveis como agora. Temos que emergir diferentes, com menos desigualdade, mais educação – educação com participação – alunos e crianças como protagonistas.

Reconhecer a dificuldade em abandonar compromissos estabelecidos pela história (pelo passado de cada um de nós). A vida acumula na história de cada um de nós, vínculos indesejáveis, mágoas, derrotas; por vezes insistimos em mantê-los – já passaram, como descartar?

Alguém afirmou: O divino está entre nós! Mas o diabólico também. E parece que o diabólico está sempre à mão e o Divino precisa ser intensamente buscado.

O que define a pessoa num dado momento é o que ela pensa, sente, faz, vive. Cada pessoa é agora a soma de todos os seus momentos ao longo da vida; mas podemos sacralizar a vida.

## A Dimensão da Espiritualidade

> *Tudo o que resiste desaparecerá no tempo certo com o progressivo desabrochar da natureza espiritual.*
>
> (Sri Aurobindo)

Na base de nossas reflexões, há a convicção de que o desenvolvimento da existência material da pessoa e o misterioso ciclo da vida e da morte transcendem aspectos e valores que se possam reduzir simplesmente à matéria. Na Pessoa, o poder da vontade não será mais dirigido por puros e restritos instintos como nos reinos mineral e vegetal e nas formas primitivas do reino animal.

Identifica-se, na atualidade ocidental, um crescimento da busca por novas religiosidades, religiosidades não convencionais ou nova consciência religiosa. Nesse sentido, encontram-se na literatura específica, dentre outras, expressões como campo religioso ampliado, religião difusa, espaço religioso novo ou novas formas do sagrado na sociedade atual e nova sensibilidade místico-esotérica, sacralidade não religiosa e sacralização das relações individuais de transcendência, nova religiosidade sincrética, esotérica-holista da New Age, novos Movimentos religiosos ou novas formas da religião, nebulosa místico-esotérica e crédulos difusos, nebulosa heterodoxa, religiões seculares, religiosidade inorgânica, nebulosa polivalente da Nova Era, diversidade de identidades, diversidade nas formas de adesão, orientalização do Ocidente (Siqueira, 2008).

Para a maioria dos adeptos de Linhas Espiritualistas não convencionais a postura é de transformação interior do indivíduo (autoconhecimento, autoaperfeiçoamento e desenvolvimento espiritual) e certo estado de ser e de se relacionar com o mundo (a presença do divino em tudo e em todos e, como consequência, negação das separações e dualidades, tais como natural-sobrenatural, sagrado-profano, racionalidade-sensibilidade). A espiritualidade articula-se a conteúdos aparentemente materialistas de saúde, dietéticos, bem-estar corporal, vitalidade, desenvolvimento das potencialidades pessoais, consciência planetária, harmonia com a natureza e com o cosmos, o que caracterizaria um novo estilo de vida e um movimento de "psicologização" das religiões, terapias e práticas não convencionais, com destaque para a literatura de autoajuda (Siqueira, 2003).

Estes inúmeros novos movimentos se somam às antigas e tradicionais religiões numa demonstração irrefutável da busca humana e da intensidade da dimensão espiritual na Pessoa.

A espiritualidade, ou caminho espiritual, se refere não apenas à reestruturação do campo propriamente religioso, mas remete a campos como a psicologia e a medicina, em um movimento em que novos significados, autoridades, competências se encontram em processo de legitimação – outras racionalidades.

A espiritualidade manifesta sua racionalidade através dos símbolos que utiliza. Decifrar um símbolo é buscar sua racionalidade, encontrar uma ordem através de uma mudança de nível de percepção que, de outro ponto de vista, é caos, desordem, contradição.

Já o percurso científico sustenta-se na crença de que a racionalidade mecânica é capaz de decifrar a ordem existente na complexidade da experiência do mundo.

O que diferencia o humano dos demais seres vivos é a consciência. Todavia a maioria de nós é movida pelas reações instintivas que comandam comer, beber, dormir e reproduzir.

Viver Consciente significa prestar a atenção nas coisas e focar no presente, é ficar atento a sua postura diante das coisas, das pessoas, dos acontecimentos, é estar atento ao corpo físico, às suas mensagens que manifestam seus desejos e necessidades.

Viver Consciente é observar o fluxo de pensamentos que passa pela mente. A mente, se deixada solta, nos foca no passado, nas experiências que não deram certo, nos sofrimentos, ou no futuro, fazendo planos e construindo controles. É fundamental tomar consciência dos pensamentos para que a pessoa se torne senhor da sua mente, ao invés de seu escravo.

Viver Consciente é conhecer a natureza dos sentimentos. Observar qual sentimento está por trás de cada atitude ou reação que temos aos acontecimentos cotidianos. Ter consciência dos próprios sentimentos e daquilo que nos motiva, é um passo essencial para cada um conhecer a si mesmo e libertar-se do estado de adormecimento em que se encontra a maior parte dos seres humanos.

## Produção de Conhecimento Socialmente Robusto

*A paz não prosperará na obrigação de sermos iguais, mas no direito de sermos diferentes.*

(São Francisco de Assis)

Sob o atual contrato social entre ciência e sociedade a agenda de pesquisa é estabelecida pelos cientistas das Universidades e a expectativa é, na maior parte dos casos, que os resultados sejam comunicados à sociedade de forma abrangente. Nesta forma de engajamento a informação flui preliminarmente em uma direção, da ciência universitária para a sociedade. A ciência tem obtido sucessos espetaculares e não há dúvida quanto a contribuição da ciência universitária na manutenção da competitividade internacional e na melhoria da qualidade de vida. Todavia, o engajamento da ciência com a sociedade, se dá através de ligações específicas. Com a indústria (negócios) há pontes intrínsecas e os resultados são aplicados quase que imediatamente nos produtos, serviços e processos. Pontes com a indústria são de mão dupla e têm influência sobre as Universidades e sobre as agendas de pesquisa.

Com o social, em geral, as ligações são, na média, apenas unidirecionais – da universidade para a sociedade – verificando-se pouca influência da sociedade na universidade, na sua organização ou sobre suas práticas e destino.

Poder-se-ia pensar em um novo contrato social entre a sociedade e a ciência que pudesse significar a abertura das ciências para os contextos de aplicação, tanto nos objetos de pesquisa, como nos seus resultados, com grande participação no mundo real para a produção de conhecimento socialmente robusto? Poder-se-ia pensar na produção de conhecimento contextualizado?

Contextualização é o processo que estende a pesquisa e a produção de conhecimento meramente seguro e confiável – conhecimento válido em determinadas e controladas condições em laboratório - para a produção de conhecimento socialmente robusto – conhecimento válido além do laboratório, conhecimento aplicado em contextos sociais reais (Gibbons, 2006). Através da contextualização demandas sociais podem penetrar no processo de pesquisa influenciando a formulação dos problemas, a implementação de soluções e a avaliação de resultados. Em ciência, como de resto em praticamente todas as atividades humanas, a forma como se constroem as perguntas determina os processos de busca das respostas e o contexto costuma apresentar interessantes questões e formular boas perguntas a respeito de situações reais.

O pensamento complexo lida com a diversidade e convive com a incompletude e com a incerteza. A proposta é considerar o conhecimento tradicional de cada local, de cada contexto social, e dar a ele espaços em relação ao conhecimento científico para que, juntos, se transformem para criar conhecimento socialmente robusto capaz de intervenções que façam prosperar novas relações, tanto sociais, como de produção, na busca permanente de evolução das Pessoas em seus contextos culturais.

Nunca podemos garantir que os padrões decorrentes da intuição e das integrações quase autônomas oriundas dos aspectos culturais, impregnados das crenças de cada pessoa, são reais ou imaginários sem submetê-las à reflexão da racionalidade científica. Da mesma forma a racionalidade linear sem as conexões com a intuição, com a criatividade, com a busca de novos padrões, adequados aos contextos e às pessoas é estéril. O tratamento de problemas complexos, em circunstâncias novas, demanda a atuação de ambas as racionalidades, a racionalidade espiritual – intuitiva, racionalidade sustentada pela cultura, desejos e crenças de cada pessoa ou grupo de pessoas – e a racionalidade científica – linear, fragmentada sustentada pelo conhecimento das partes e na relação formais de causa e efeito entre as partes - isso para que seja produzido conhecimento socialmente robusto e pessoalmente relevante.

Um conhecimento é socialmente robusto quando culturalmente inspirado e socialmente construído.

## Produção de Conhecimento Pessoalmente Relevante

*Uma Utopia está lá no horizonte.*
*Me aproximo dois passos, ela se afasta dois passos.*
*Caminho dez passos e o horizonte corre dez passos.*
*Por mais que eu caminhe, jamais alcançarei.*
*Para que serve a utopia? Serve para isso,*
*PARA QUE EU NÃO DEIXE DE CAMINHAR.*

(Eduardo Galeano)

A experiência, o conhecimento e a virtude são vividos em solidão. Vivemos, agimos e reagimos uns com os outros; mas existimos a sós. Os condenados entram na arena de mãos dadas, mas são sacrificados sozinhos. Abraçados, os amantes buscam fundir seus êxtases isolados em uma única autotranscendência, mas cada espírito, em sua prisão corpórea, está condenado a sofrer e gozar em solidão. Sensações, sentimentos, concepções, fantasias são elementos privados e, a não ser por meio de símbolos, e indiretamente, não podem ser compartilhados.

Em grego virtude é Arete significando aquilo que torna uma coisa boa e perfeita, excelência; modo de ser que aperfeiçoa cada coisa, fazendo-a ser aquilo que deve ser. Virtude é uma inclinação para a prática do bem, é o conjunto das qualidades essenciais que constituem a pessoa de bem. Para Aristóteles, virtude é uma disposição adquirida de fazer o bem e que se aperfeiçoa com o hábito. As sete virtudes sagradas podem ser destacadas:

1. Castidade - opõe luxúria - Autossatisfação, simplicidade. Abraçar a moral de si próprio e alcançar pureza de pensamento através de educação e melhorias.
2. Generosidade - opõe avareza - Desprendimento, largueza. Dar sem esperar receber.
3. Temperança - opõe gula - Autocontrole, moderação. Constante demonstração de uma prática de abstenção.
4. Diligência - opõe preguiça - Presteza, ética, decisão, concisão e objetividade. Ações e trabalhos integrados com as próprias crenças.
5. Paciência - opõe ira - Serenidade, paz. Resistência a influências externas e moderação da própria vontade.
6. Caridade - opõe inveja - Autossatisfação. Compaixão, amizade e simpatia pelo próximo.
7. Humildade - opõe vaidade - Modéstia. Comportamento de total respeito ao próximo.

Como preparar as pessoas para a virtude? Que conhecimentos são pessoalmente relevantes para as pessoas no sentido das práticas virtuosas, diante da pluralidade de visões de mundo, das formas diversas das pessoas verem a vida e dos contextos políticos, econômicos, sociais e, sobretudo, culturais com grande destaque para a dimensão espiritual da cultura? Como as pessoas desenvolvem a consciência e a autoconsciência? Como preparar o caminho que coloque a pessoa no comando consciente de suas iniciativas? Como fazê-la evoluir dos impulsos provenientes dos instintos e voltados para a satisfação das necessidades da matéria, para o compromisso consciente com as necessidades do espírito?

Todas as civilizações passadas e atuais das quais se dispõe de documentação apresentam manifestações Espirituais. Espiritualidade refere-se, especialmente, a questões de natureza pessoal: responde a aspectos fundamentais da vida, relacionamento com o sagrado ou com o transcendente, e que pode ou não conduzir ao desenvolvimento de rituais religiosos e à formação de comunidades.

Weber identifica uma tensão constante entre o pensamento religioso e a racionalidade instrumental da ciência, entre o domínio da crença na ciência e o domínio da salvação religiosa. Referindo-se à crescente intelectualização e racionalização da modernidade, remete ao desencantamento do mundo, afirmando que: [...] significa que sabemos ou acreditamos que, a qualquer instante, poderíamos, bastando que o quiséssemos, provar que não existe, em princípio, nenhum poder misterioso e imprevisível no decurso de nossa vida, ou, em outras palavras, que podemos dominar tudo por meio de cálculo. Isto significa que o mundo foi desencantado. Já não precisamos recorrer aos meios mágicos para dominar os espíritos ou exorcizá-los, como fazia o selvagem que acreditava na existência de poderes misteriosos. Podemos recorrer à técnica e ao cálculo (Weber, 1992).

## Cooperação entre Ciência e Espiritualidade para evolução da Pessoa

Para Produção de Conhecimento Socialmente Robusto a cogitação é uma nova Universidade estendida para novas relações com a sociedade. O ambiente acadêmico só reconhece como legítimo o conhecimento cientifico, relegando à desconfiança saberes dos lugares, dos contextos que sustentam a vida de determinados segmentos da sociedade.

Uma nova Universidade com participação social que promova fertilização cruzada entre o conhecimento acadêmico e o conhecimento tradicional com benefícios para a ciência e para as pessoas em contextos reais; uma Universidade solidária e participante comprometida com resolução dos problemas da exclusão social. Neste modelo, com cumplicidade entre os segmentos da sociedade e a academia, ambos tiram proveito das tecnologias da informação e da comunicação para alargar as fronteiras sociais dos beneficiados pelos conhecimentos já disponíveis.

Na nova Universidade, portanto, no lugar dos muros que separam, há pontes que ligam a academia com a sociedade e a universidade está imersa em ambientes plurais, complexos, com crescente diversidade e interdependência. Conhecimento está sempre sendo gerado. A cidadania depende de soluções locais.

Para a Produção de Conhecimento Pessoalmente Relevante é mandatório considerar a dimensão espiritual. Não é exagerado cogitar que a finalidade da maior parte das propostas espiritualistas é desprender a pessoa da matéria para aproximá-la de forças que lhe são superiores e de ordem espiritual.

As iniciações pretendem fornecer os meios seguros para alcançar este fim. Mas a devoção não precisa ser cega, precisa se apoiar em saberes conscientes. A pessoa só evolui sozinha, mas as religiões falam para multidões e neste caso não vale em cada cabeça uma sentença, mas para cada epistemologia, um conjunto de princípios axiomáticos diretores. A fé pode trazer formas específicas de ver o mundo e viver a vida, mas a pessoa precisa submeter as iluminações às luzes da consciência.

Para cada proposta espiritualista, quais seus princípios, axiomas, qual sua base de pressupostos, qual sua lógica, quais seus processos? Sobre quais referenciais se constrói o caminho de cada religião? O que há em comum? Em que diferem?

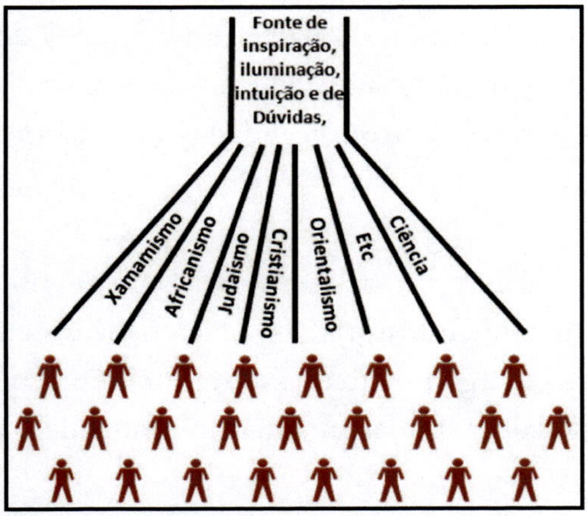


**Figura 11.4** - Fontes de Espiritualidade. (Fonte: Durville, 1926).

As diferentes visões de mundo possuem pressupostos, princípios e axiomas sobre os quais se sustentam; a ciência também, ainda que com método explicitado e rigoroso.

Mas todas podem explicitar seus fundamentos e a Pessoa pode caminhar mais solidamente diante de suas explicitações, qualquer que seja a proposta espiritual, Figura 11.4. Uma linha espiritual precisa de sacerdotes que saibam o que estão fa-

zendo e de adeptos que saibam o que está sendo feito.
As diferenças que se apresentarão irremovíveis serão aquelas advindas da Pessoa, unidade de conhecimento e de experiência aberta, de apreensões jamais satisfeitas, porque caminhando em direção a níveis de ser e de percepção cada vez mais complexos; não são os métodos ou as crenças, ou as racionalidades que estabelecem diferenças, a diferença é a presença do sujeito, da Pessoa.

Cada Pessoa participa destes ciclos de forma específica, mas desarmada de conhecimentos que propiciem seus mais adequados aproveitamentos em direção à evolução nos níveis de ser. Como preparar melhor as Pessoas? Qual a direção das melhores atualizações?

Estas e inúmeras outras questões extrapolam tanto o domínio da ciência como o da espiritualidade. Como pesquisar, de forma transdisciplinar, considerando as diferentes racionalidades da ciência e da fé? Qual a metodologia para o trabalho?

Para produzir conhecimentos pessoalmente relevantes, a Universidade precisa inaugurar áreas novas de estudo, para pesquisar os níveis do ser, seus fundamentos. Tanto a produção de conhecimentos socialmente robustos como a produção de conhecimentos pessoalmente relevantes só nascerão de uma relação estreita entre a ciência e a pessoa comum.

## Para Concluir

A realidade não se deixa perceber em sua totalidade; o mundo não é um conjunto de objetos e sim um conjunto de processos em movimento e nos quais os objetos estão em permanente estado de transformação. Nenhum elemento da realidade está acabado, nenhum conhecimento é definitivo.

A Produção de Conhecimento Socialmente Robusto e Pessoalmente Relevante considera a pessoa e suas circunstâncias reais; o contexto e a história, as características, seu nível de ser e seu nível de saber. A metodologia emergirá da tensão entre fundamentalismos (independência, verdade única) e diversidade (interdependência, pluralidade e a integração de diferenças).

"O Homem é um ser incompleto e só se completa com o exercício de sua liberdade" (Leite, 2020).

Mas, para buscar completude não pode se alienar, precisa ser protagonista.

Ser protagonista significa ter o controle da sua vida, poder para ajustar o rumo e exercer o poder de decisão. É não ter expectativas que dependem de pessoas e situações externas, é perseguir objetivos que dependem das suas ações para se efetivarem. É elevar a consciência diante dos desafios que a vida apresenta, abandonar o caminho das reações automáticas face aos problemas que surgem, e assumir o controle sobre a vida que deseja construir para si.

O Protagonista sabe controlar suas ambições, sabe que é a ambição comedida que produz bons resultados, uma evolução positiva e que a ambição desmedida resulta em agressões, desrespeito e provoca retrocessos. O protagonista constrói alternativas de ação, de forma consciente e realista em direção aos seus propósitos.

Tudo está em evolução concomitante: a visão de futuro, a forma de organização empresarial, as diretrizes e sistemáticas adotadas, os sistemas em uso, as plataformas tecnológicas e suas utilizações, as normas e procedimentos, as práticas e os aspectos culturais... Tudo precisa ser reexaminado e atualizado à luz das emergências para buscar as melhores inserções nos ambientes políticos, econômicos e sociais e da permanente emergência de novos conhecimentos.

São pessoalmente relevantes conhecimentos que ampliem a Consciência e a Percepção da Pessoa, a sua participação no mundo, que o revele como protagonista de sua existência.

# 12 – Conclusão

*A coruja de Minerva só alça voo ao anoitecer.*

(Hegel)

Começamos este trabalho anunciando, no Capítulo 1, ser este projeto centrado na pessoa e na evolução da consciência e dos modelos de produção de conhecimento. Considera o modelo científico de produção de conhecimento – centrado principalmente em objetos –, o modelo de produção de conhecimento socialmente robusto – centrado principalmente nos grupos sociais, comunidades -, e cogita a produção de conhecimentos pessoalmente relevantes, aqueles que estejam centrados, principalmente, na pessoa, com destaque para a ampliação da consciência e da percepção e de sua constituição como sujeito, protagonista na sua relação com o mundo.

**A história do modelo científico é uma história de séculos, pelo menos desde Sócrates, Platão e Aristóteles, até Descartes e Newton, chegando aos nossos dias. Suas bases estabelecem a busca da verdade por métodos racionais, positivistas. Ao longo de alguns poucos séculos proporcionou um fantástico volume de conhecimentos formalizados e universalmente reconhecidos. Modelo relevante para tratar objetos, apresenta dificuldades para tratar sujeitos.**

No Capítulo 2 fizemos uma discussão a respeito do modelo científico ocidental numa viagem de Sócrates até Kant destacando os esforços no sentido de estabelecer uma forma de acesso a um conhecimento verdadeiro a respeito do mundo, e das coisas do mundo, passando por racionalistas e empiristas, e chegando a Kant.

No contexto da modernidade surge Kant que faz uma crítica da razão pura e amadurece o conceito de que o mundo em que vivemos é uma construção arbitrária da nossa percepção. Aponta definitivamente a relevância do sujeito e sua solidão na apreensão do mundo real. A pessoa está só na sua apreensão da realidade.

**Kant é um conhecimento pessoalmente relevante, sobretudo para alertar a todos e a cada um sobre as limitações da visão de tudo e de cada coisa, sempre dependente da história, da cultura e dos conhecimentos, da sensibilidade de cada pessoa. Com Kant o homem está de novo no centro do universo, mas do seu universo.**

No Capítulo 3 apresentamos o caminho percorrido pela ciência desde a visão da física clássica até o advento da física quântica num paralelo ao movimento do determinismo racional ao emergente espiritual e suas consequências para os estudos da consciência. A ciência moderna consagrou o homem como sujeito epistêmico, mas o eliminou como eliminou a Deus, como sujeito empírico.

Um conhecimento objetivo, factual e rigoroso tem dificuldades para conviver com valores humanos elevados ou espirituais. Nos estudos e propostas, ainda na física clássica, surge Einstein com sua proposta de relatividade que constata que energia e matéria são da mesma natureza; na realidade, tudo é energia.

Seguem-se a formalização dos princípios da física quântica e a emergência da importância da mente e da consciência na percepção do mundo. Estamos imersos num conjunto de vibrações que influenciamos e que nos influenciam. Desenvolve-se uma visão espiritualista destacando as interferências mútuas, nativas, entre matéria e energia. O que pensamos interfere no universo. O problema da verdade e do conhecimento sempre envolve crenças e valores, paradigmas e princípios, que dependem da cultura, mudam ao longo do tempo e se apoiam em várias lógicas, muitas vezes contraditórias entre si.

**Um conhecimento pessoalmente relevante precisa considerar que há várias possibilidades de perceber a realidade e tratar a verdade – muitas são lógicas.**

No Capítulo 4 discutimos os fundamentos da Transdisciplinaridade no caminho desde a fragmentação até uma nova síntese. Quando se estuda o mundo como um sistema complexo, os sistemas filosóficos que mantêm a divisão de conhecimentos em disciplinas, com toda a coerência interna que alcancem, ou com a validade e confiabilidade que mostrem na construção de conceitos e realidades, perdem uma grande parte da significação que tinham antes.

Não há mais certezas a respeito da realidade e, muitas vezes, é difícil o entendimento das formalizações científicas fora do círculo restrito dos especialistas.

A cogitação de níveis de realidade coloca a pesquisa científica em outro patamar. A metodologia científica é única e invariável, mas é também verdade que o paradigma científico caracteriza-se por sua constante evolução. A ciência flerta sempre com o desconhecido, que é inesgotável. O conhecimento tradicional está baseado na revelação, na contemplação, na percepção direta da realidade. Num outro polo o conhecimento científico está baseado na compreensão da realidade através da razão, por intermédio de construções lógicas, matemáticas, estritamente racionais.

O modelo da divisão do conhecimento em disciplinas fragmenta a percepção. As disciplinas se multiplicaram e seus conteúdos vão ficando herméticos a não ser para especialistas. A metodologia científica moderna, separada por disciplinas, não dá conta da complexidade dos conteúdos das ciências humanas e sociais onde as relações são mais termodinâmicas que mecânicas.

A transdisciplinaridade considera diversos níveis de realidade acessíveis na medida em que a pessoa se capacita a integrações pertinentes em determinadas realidades. E quando nosso olhar sobre o mundo muda, o mundo muda. Na visão transdisciplinar, a realidade não é apenas multidimensional, mas também multirreferencial. Os diferentes níveis de realidade são acessíveis ao conhecimento humano graças à existência de diferentes níveis de percepção.

É um conhecimento pessoalmente relevante saber que **várias, contraditórias e concomitantes lógicas definem e redefinem "o que é conhecer", mobilizam a vontade e identificam o bem comum, estruturam a produção, o trabalho e a organização política em ambientes plurais e em mudança permanente.**

No Capítulo 5 foram considerados estudos e resultados da neurociência. A neurociência avançou passos gigantescos nos últimos anos e, hoje, traz revelações e explicações que permitem novas visões do ser humano e, sobretudo, descortinam um universo de possibilidades de mais desenvolvimento, sobretudo agora que somos dotados de mente, de self capaz de reflexão, de consciência. Damásio nos apresenta um histórico do desenvolvimento do corpo, do organismo e, mais especificamente, do desenvolvimento da capacidade cognitiva, sempre estimulada pelo ainda não completamente explicado fenômeno da homeostase. A homeostase se apoia e favorece características que conspiram para a sobrevivência e, como consequência, para a evolução. Dimensões mais sutis do campo espiritual carecem de mente e consciência sofisticadas para suas mais elevadas manifestações. Apoiados nas conclusões de Damásio a respeito da evolução, precisamos acrescentar a dimensão espiritual e colocar a pessoa em contato com um mundo de energias e vibrações do Universo.

**O conjunto corpo, mente e consciência, agora presente e tão bem apresentado por Damásio, favorece, determina e sente necessidade de conexão com o universo da espiritualidade não alienada e que coloque a pessoa como protagonista de sua evolução. Extraímos daqui que o conhecimento pessoalmente relevante é, neste caso, aquele que favorece a evolução integrando o que já sou, me permitindo dar passos à frente no caminho permanente, que se revela interminável. Exprime direção e é comprometido com a evolução da pessoa; o exemplo mais contundente apresentado por Damásio é a homeostase.**

**A hipótese deste trabalho é que conhecimento pessoalmente relevante é aquele que conspira para que a pessoa seja protagonista na sua relação com o seu universo. As conclusões de Damásio caminham neste sentido; o desenvolvimento da matéria, em cada um de seus estágios, prepara a pessoa para conexões cada vez mais complexas e sofisticadas com a dimensão da espiritualidade.**

No Capítulo 6 examinamos uma nova ciência da vida, a Morfogênese. À medida que aumenta a complexidade de um sistema, também aumenta a probabilidade de que ele gere uma singularidade ou uma perturbação não previsível. O conceito de atratores mórficos na teoria da ressonância mórfica, à semelhança do conceito de enteléquia[39] na noção de alma segundo Aristóteles, tenta lidar com o fato de que, de alguma maneira, o sistema, a pessoa, o animal, a planta em desenvolvimento estão sujeitos, no presente, à influência de um estado potencial futuro, que ainda não passou a existir. É o estado potencial futuro que dirige, guia e atrai o desenvolvimento do sistema no presente. A hipótese da causação formativa proposta por Sheldrake considera que a natureza segue hábitos, que evoluem permanentemente, diferindo radicalmente da premissa convencional de que a natureza é governada por leis eternas. Neste momento de intensas e rápidas mudanças a proposta dos campos morfogenéticos ressalta a capacidade e a importância de cada pessoa e sua força nas influências e nas mudanças. A mudança de cada um desperta o coletivo, para o bem e para o mal.

[39] Enteléquia - Enteléquia é uma palavra grega cuja raiz en-telos indica alguma coisa que leva a sua finalidade ou meta em si mesma; ela "contém" a meta para a qual se dirige um sistema sob seu controle (Sheldrake, 2013).

É um conhecimento pessoalmente relevante saber que **somos influenciados por campos que se constituem como consequência de atitudes na família, das pessoas do local de trabalho, do lugar em que moramos, no grupo de amigos, da escola, de todos os lugares e grupos de que participamos. Neste momento de intensas e rápidas mudanças a proposta dos campos morfogenéticos ressalta a capacidade e a importância de cada um nas influências e nas mudanças. Neste ponto fica ressaltada a responsabilidade de cada um. Somos criadores de futuro.**

No Capítulo 7 examinamos um tema contemporâneo, a tecnologia e a emergência de uma nova pessoa. As Redes Sociais promovem mudanças de toda ordem, estão mudando a forma de nos relacionarmos, de aprendermos, de trabalharmos, novas formas de viver. São tempos intensos em mudanças, sobretudo mudanças no conhecimento e na percepção. As redes provocam mudanças em tudo. Vale destacar que os novos instrumentos tecnológicos não vêm mais acompanhados das técnicas necessárias às suas utilizações e que os novos e necessários conhecimentos surgirão, de forma tácita, em consciências que tenham se expandido para alcançá-los, efetivamente utilizá-los e torná-los explícitos. Mas a evolução no sentido da harmonia e da reunião do interesse de todos na participação de cada um só se dará na emergência de princípios e valores de ordem espiritual que faça de cada um instrumento de evolução permanente comprometido consigo, com o outro e com o todo.

É um conhecimento pessoalmente relevante saber que o que está presente é uma grande transformação das pessoas e das sociedades motivada pelas intensas inovações tecnológicas. As análises apresentadas revelam a necessidade de fixação de princípios que minimamente regulem os usos dos instrumentos tecnológicos, sobretudo redes, para que a utilização destes importantes instrumentos esteja a serviço das pessoas e da sociedade. Já estão a serviço de crimes. É sempre complexo estabelecer limites às pessoas, mas as redes têm demonstrado um poder de devastar reputações com a divulgação de informações falsas. É **mandatório a fixação de limites para que a rede venha a ser instrumento de desenvolvimento de conhecimento pessoalmente relevante.**

No Capítulo 8 tratamos de consciência, ciência e espiritualidade. Nossos estudos consideram ser extremamente complexo o entendimento da consciência, da pessoa, da participação da pessoa no mundo, sua superação no enfrentamento de problemas, na solução de dilemas éticos, que se apresentam de formas desafiadoras nestes momentos de pós-modernidade. A busca humana por evolução em condições emergentes em ambientes com forte presença de tecnologia, cada vez mais invasiva, sustentada por redes de toda ordem, com destaque para as redes sociais carregadas de formas inéditas de comunicação interpessoal, requer aprofundamentos em visões, questionamentos de premissas, construção de hipóteses inovadoras, que promovam uma evolução na forma de ver, de tratar as pessoas e as relações entre as pessoas nos seus ambientes diversos.

Está convocada a participação de todos na rede e nos ambientes colaborativos. É tudo muito novo e ainda em processo de definição; consciência confusa. Falta, a grande parte dos agentes, consciência do que está acontecendo e de quais são as regras do jogo. Falta, para a maioria dos participantes, entendimento das possibilidades de sua atuação o que pode reduzi-los a objetos em circunstâncias em que deveriam ser sujeitos; disso decorre a alienação.

É um conhecimento pessoalmente relevante saber que há um novo mundo reclamando uma nova pessoa que discuta a utopia da fraternidade. A pessoa moderna é um sujeito autônomo, emancipado pela ciência com a razão exercendo autoridade sobre mitos e valores tradicionais. É individualista, materialista, cartesiano, mas também fragmentado, egoísta e narcisista. Os pontos fortes deste sujeito são a vitalidade e a criatividade que, somados à vontade de experimentar novas ideias, transcendem os valores tradicionais.

No Capítulo 9 fizemos uma apresentação da forma como as Grandes Tradições de Sabedoria cogitaram a consciência e entenderam a pessoa e seu desenvolvimento material e espiritual. Algum tipo de «Grande Cadeia do Ser» tem sido central nas tradições espirituais desde tempos imemoriais, na forma xamanista genérica da existência dos mundos superiores e inferiores. Todas elas postulam a existência de níveis ou dimensões de realidade ou consciência, inclusive dimensões mais elevadas, mais abrangentes ou mais profundas de ser e conhecer – um tipo de arco-íris da existência, cujas ondas, níveis ou faixas possuem uma realidade independente, que pode ser acessada por espíritos suficientemente evoluídos ou desenvolvidos. Todas elas postulam a existência de realidades metafísicas – exatamente o que é contestado (e bastante rejeitado) por correntes modernas.

Deus é uma energia, energia primordial, Seu aspecto transcendente está fora do tempo e do espaço. É, sempre foi e sempre será. Está imerso na realidade do tempo e do espaço, é estático. Simplesmente, É. Seu aspecto imanente está em todas as coisas presentes no tempo e no espaço que está em construção desde o Big Bang. Sob este ponto de vista, a evolução do Cosmos é simplesmente um processo de autorreconhecimento do Espírito. O Espírito conhecendo a si mesmo; nós somos a energia primordial.

É um conhecimento pessoalmente relevante saber que a modernidade conseguiu diferenciar arte, ética e ciência e cada uma começou a fazer descobertas. Mas, **na medida em que se dissociaram, teve lugar o intenso colonialismo científico. Assim, uma tarefa necessária é conservar os pontos fortes, tanto da pré-modernidade, como da modernidade, e trabalhar seus pontos fracos. O pré-moderno é tradicional e se manifesta nas múltiplas respostas que a sociedade oferece, para tornar compatíveis para todos os atores sociais, os sistemas simbólicos construídos pela história e que se encontram no espaço e no tempo. No pós-moderno tudo é relativo, o objeto é secundário, o relevante é o sujeito.**

No Capítulo 10 estudamos a Formação da Consciência e a Espiritualidade. Vivemos em um mundo de grandes mudanças, mas que busca compreender o mundano, a vida cotidiana. A sociedade pós-industrial é apontada como a era da informação.

O avanço científico, especialmente a informatização e novos meios de comunicação, colocou enorme quantidade de informações ao alcance de muitos. Mas enquanto nossas mentes estão impregnadas por uma nova era da informação e da ciência, e as empresas lutam para dominar mercados em rápida expansão, a sociedade global padece da falta de entendimento espiritual da natureza humana.

À medida que a sociedade global se torna cada vez mais urbanizada, a tensão cresce. As pessoas são invadidas em todos os níveis, mental, emocional, físico e social. Há uma série de pressões psicológicas e ambientais que resultaram em uma desintegração da personalidade, intensa como em poucos momentos da história da humanidade.

Na psicologia, pesquisadores e profissionais começam a verificar a eficácia das técnicas de expansão da mente das práticas de meditação na reintegração da personalidade. No entanto, a meditação e suas práticas associadas são muito mais que um processo de resolução de fatores de estresse, e pretendem elevar o indivíduo a um estado de liberação da consciência. O processo no campo da pessoa é sempre o mesmo: conheça a ti mesmo, exame de consciência e reforma íntima.

É um conhecimento pessoalmente relevante saber que tudo começa com um ponto singular, um momento de intensa, superlativa, máxima energia, Energia Primordial, da qual, conforme a reflexão científica, tudo decorre. A manifestação desta energia está presente em tudo e é a razão de cada elemento existente que se expande criando elementos cada vez mais complexos. Como cada elemento existente decorre da Energia Primordial e está dela impregnado, desde as primeiras rochas até o humano consciente, podemos resumir que a Energia Primordial está em tudo, que cada elemento existente é a Energia Primordial, tudo é a Energia Primordial.

No Capítulo 11 discutimos algumas bases para o estabelecimento de Conhecimento Pessoalmente Relevante. Vivemos uma diversidade intensa num mundo em mudança permanente. Constatações cotidianas do inesperado desatualizam competências e instituições e expõem a fragilidade de métodos sofisticados de percepção. Como manter o mundo institucional em meio à vitalidade das mudanças na conjuntura, no conhecimento, nas demandas, nos ambientes políticos, econômicos e sociais? Como acomodar gestão racional (lógica determinista) com a natureza política da cúpula das organizações e com a mudança permanente, emergente, global-local? Que modelo teórico de vida social pode orientar uma reorganização social em meio a tanta diversidade? No campo da Pessoa, como lutar contra uma alienação que é "imposta" pelo não entendimento da lógica que advém das profundas mudanças tecnológicas e suas implantações na "vida cotidiana"? Há dificuldade em compreender as formas de uso, mas quase uma impossibilidade de entender as intrincadas conexões que propiciam – coisa para especialistas, em algumas áreas, para superespecialistas. A realidade não se deixa perceber em sua totalidade; o mundo não é um conjunto de objetos e sim um conjunto de processos em movimento e nos quais os objetos estão em permanente estado de transformação. Nenhum elemento da realidade está acabado, nenhum conhecimento é definitivo. A Produção de Conhecimento Socialmente Robusto e Pessoalmente Relevante considera a pessoa e suas circunstâncias reais; o contexto e a história, as características, seu nível de ser e seu nível de saber. A metodologia emergirá da tensão entre fundamentalismos (independência, verdade única) e diversidade (interdependência, pluralidade e a integração de diferenças). "O Homem é um ser incompleto e só se completa com o exercício de sua liberdade" (Leite, 2020). Mas para buscar completude não pode se alienar, precisa ser protagonista.

É um conhecimento pessoalmente relevante saber que ser protagonista significa ter o controle da sua vida, poder para ajustar o rumo e exercer o poder de decisão. É não ter expectativas que dependem de pessoas e situações externas, é perseguir objetivos que dependem das suas ações para se efetivarem. É elevar a consciência diante dos desafios que a vida **apresenta, abandonar o caminho das reações automáticas face aos problemas que surgem, e assumir o controle sobre a vida que deseja construir para si. O Protagonista sabe controlar suas ambições, sabe que é a ambição comedida que produz bons resultados, uma evolução positiva e que a ambição desmedida resulta em agressões, desrespeito e provoca retrocessos. O protagonista constrói alternativas de ação, de forma consciente e realista em direção aos seus propósitos.**

Do conjunto deste trabalho e da observação da realidade, o que se percebe é que tudo está em evolução concomitante: a visão de futuro, a forma de organização empresarial, as diretrizes e sistemáticas adotadas, os sistemas em uso, as plataformas tecnológicas e suas utilizações, as normas e procedimentos, as práticas e os aspectos culturais... Tudo precisa ser reexaminado e atualizado à luz das emergências para buscar as melhores inserções nos ambientes políticos, econômicos e sociais e da permanente emergência de novos conhecimentos.

A tecnologia e as redes se apresentam e são utilizadas como o local do encontro. A Tecnologia dos computadores tem sido um indutor de mudanças e a estruturação do instrumento tecnológico, sobretudo redes, tem fornecido uma metáfora para o comportamento das pessoas e até mesmo para a estruturação das organizações. Assim, no momento dos computadores de grande porte, décadas de 1950, 1970, a estrutura do uso da tecnologia era centralizadora com um único e conhecido provedor atendendo a todas as unidades da organização, que dele dependiam. A estruturação das organizações acompanhou este esquema e as decisões, as normas e os procedimentos emanavam para todo o espectro do empreendimento de um único centro.

Mas ocorreu o advento das redes de computadores, e a surpreendente Internet, fornecendo outra metáfora, a princípio descentralizada e logo a seguir distribuída por toda parte. Neste ambiente, se a individualidade se fixar fortemente, a unidade se isola e não usufrui, nem da rede, nem mesmo, em alguns casos, da possibilidade de participação. Por outro lado, se a individualidade se aniquilar e for inteiramente dominada pela rede, ela perderá a oportunidade de influir e em seguida a própria rede perderá a possibilidade de se alimentar. Na rede, a busca permanente é de equilíbrio entre a autonomia da unidade e a integração do conjunto. Mas como funciona a rede? Como funciona a Internet? O que é o espaço virtual, o hiperespaço? Que riscos, dificuldades e oportunidades ele proporciona? Que formas antigas de relacionamento ele sepulta? Que novas formas ele inaugura? Como afeta as pessoas? Estamos diante de uma nova forma de amar? E de odiar? De nos encontrarmos? De nos desencontrarmos? Com que consciência vamos lidar com isso?

Na mudança de percepção de mundo, seja no contexto do novo aparato tecnológico, seja na nova ciência, seja na nova espiritualidade, a nova pessoa está aturdida entre um individualismo que não satisfaz e uma fraternidade sempre dependente do outro. O fazer junto depende de novo estatuto num ambiente que muda durante a transação. As demandas emocionais são desproporcionais às ofertas de prazer. As emoções reivindicam tempo, o prazer por vezes se coloca no imediato. A rapidez dos relacionamentos desconhece o outro, no primeiro momento, para descobrir logo adiante que o sujeito também não se reconhece. Como ser fraterno e com que outro? Quem é o outro? Não dá para ser fraterno sozinho? Como encontrar o sentimento do outro? Como chamar o outro para a fraternidade? Como tratar o fracasso nas tentativas frustradas de fraternidade? Como empreender a mudança do individualismo para a fraternidade?

No Campo do desenvolvimento da Pessoa se encontram a Materialidade e a Espiritualidade, o Desejo e a Virtude. Antes que possamos falar temos que perder a capacidade de ferir. A angústia faz parte de um desenvolvimento sublime da Alma Humana, sublime angústia que pode ser um ponto de mutação, ponto de transformação daquilo que nos parecia inseto que não voa, preso ao casulo, para o aparecimento efetivo da própria borboleta, símbolo da transformação.

Ficamos prisioneiros daquilo que deu sentido às nossas existências, pelo desejo, pela nossa visão materialista, competitiva, egoística e na luta cotidiana não damos espaço à plena manifestação da pureza, das virtudes. Queremos prevalecer, sermos reconhecidos. A virtude se afasta da humanidade em tempos sombrios. O ódio está difundido pelo mundo e perturba o equilíbrio, atrai a insensatez exacerba o lado animal da humanidade. A destruição do Meio Ambiente encontra suas raízes na ganância, na ambição; aprofundamos na sombra. Em alguma medida os conflitos, e mesmo as guerras, são instrumentos para promover a volta da normalidade e a valorização da virtude.

Parece que a única coisa que percebemos permanente é a mudança.

**Na proposta do que seja um conhecimento pessoalmente relevante entendemos que, quando polarizadas nos desejos, as pessoas se enchem de armas, quando polarizadas nas virtudes buscam conhecimentos, buscam ideias inatas que fazem sentido à vida e, neste caso a guerra não é externa, é interna. Busca conhecer, se conhecer!**

Os vícios, os defeitos, as dificuldades devem ser vistas como sementes de virtudes que ainda precisam ser cultivadas. Em alguma medida somos filhos das necessidades, mas temos que nos liberar, não podemos ser escravos dos nossos desejos. Mas antes de pretender a iluminação temos que desenvolver as virtudes. É necessário observar os impulsos e as paixões antes de tentar dar vazão a novos pensamentos, sentimentos, atitudes. Temos que nos preparar se quisermos trilhar o caminho para alcançarmos um ponto de mutação, uma transformação.

As Revoluções do Séc. XVIII determinaram a separação dos objetivos do Estado e das Religiões, o que caracteriza o Estado Secular contemporâneo. Tronos e Altares foram removidos no formal das políticas, mas permaneceram no interior, na cogitação das pessoas. A relação entre Estado e Religião na ordem política contemporânea passou a ser regulada a partir de dois fundamentos: o da separação do Estado e religião e o da liberdade de Religião (Leite, 2020).

Mas os direitos, sem valores, aprisionam o ser no seu mundo privado. A modernidade, no que diz respeito à pessoa, propõe uma dinâmica de emancipação do indivíduo em relação às tradições e às hierarquias; a modernidade pretendeu superar tronos e altares inaugurando uma forma de individualismo que se opõe às sociedades tradicionais, aos feudos. Para os conceitos e propostas da modernidade o indivíduo só se permite estar submetido a si próprio.

Mas a modernidade não se implementou completamente. Novos sistemas de poder inauguraram novos "tronos", e antigos e novos sistemas espiritualistas estabeleceram novos "altares", e as formas de viver e de se inserir nos novos sistemas de reprodução social e de sobrevivência foram estabelecendo diversas formas de alienação, sobretudo através da dificuldade no acesso às informações e aquisição de novos conhecimentos neste mundo novo impregnado das tecnologias de rede, com destaque para as redes sociais.

O indivíduo como ser independente, autônomo, é um ser essencialmente não social, alienado do nexo que emana das relações. Quando sou olhar, sou sujeito; quando sou olhado, sou objeto. Somos imigrantes da subjetividade. Mexer-se não é mais deslocar-se de um ponto a outro da superfície da terra, mas atravessar universos de problemas, mundos vividos, paisagens de sentidos. Não se trata apenas de passar de uma cultura para outra, mas de uma humanidade para outra humanidade que permanece obscura, indeterminada e que ainda nos recusamos a interrogar completamente (Lévy, 1998).

Interagindo com diversas comunidades, os indivíduos que animam o espaço do saber, longe de serem os membros intercambiáveis de castas imutáveis, são ao mesmo tempo singulares, múltiplos, nômades e em vias de metamorfose, de aprendizado permanente. Neste contexto toda manifestação de força só pode ser temporária; o efeito, ao ligar seu destino à força, logo estará esgotado, a pessoa se condena ao efêmero (Lévy, 1998).

Precisamos de novas visões que coloquem o sujeito no centro com todas as dificuldades inerentes à subjetividade e aos obstáculos do caminho. A pessoa é um complexo de pensamentos, sentimentos e desejos que permanecem latentes do passado, do presente e do futuro; e a cada momento presente uma miríade de possibilidades pode animar a pessoa. É como numa geometria de hipertexto[40] onde, a partir de um evento qualquer, nunca podemos dizer, determinar, tanto na física quanto na previsão das possibilidades de navegação para usuários do hipertexto, que caminho será adotado, principalmente por dois aspectos muito bem representados no sistema de hipertexto, Figura 12.1 (Rosenberg, 2002):

[40] A internet é um modelo de hipertexto.

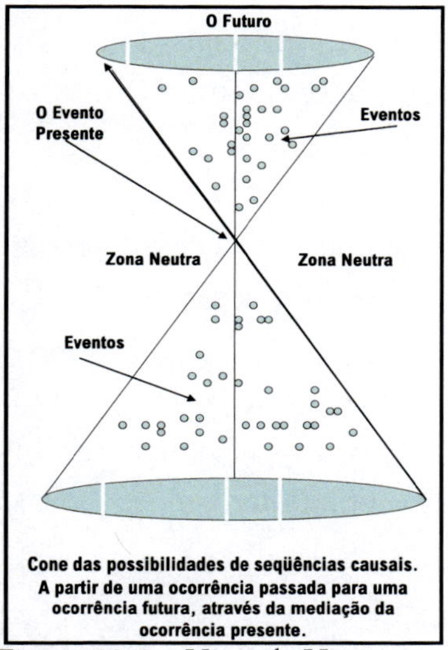


**Figura 12.1** - Visão de Hipertexto. (Fonte: Adaptado de Rosenberg, 2002).

1. No passado não está só o que aconteceu, mas tudo que poderia ter acontecido;
2. No futuro não está só o que vai acontecer, mas tudo que poderá acontecer.

Embora estes silenciosos futuros pareçam ser um enevoado de opções para aqueles que estão observando, para um suposto operador pode aparecer como um mapa determinista.

Nos momentos que se seguem a cada movimentação, o tempo para, deixando uma gama silenciosa de futuras possibilidades em resposta aos possíveis movimentos na mente de cada operador.

Ícones instáveis e trajetórias continentes que parecem transformar aquilo que, de outra maneira, poderiam ser caminhos ordenados, em labirintos rizomáticos. As características rizomáticas do pensamento encurtam o caminho de estruturas arbóreas e processos.

**Figura 12.2** - Um Rizoma. (Fonte: Obtida na Internet).

Um rizoma, Figura 12.2, é um aglomerado de elementos conectados que têm a capacidade de se agregar através de divisão simples, como nos extensos sistemas de raiz de grama, que produzem uma coletividade viva que atravessa as lâminas individuais de grama a partir das quais as raízes tiveram sua origem.

A organização dos elementos não segue linhas de subordinação hierárquica. Uma base ou raiz dá origem a múltiplos ramos e qualquer elemento pode afetar ou incidir em qualquer outro. O rizoma carece, portanto, de centro.

É fácil representar ícones e funções quando estes pontos, e suas potenciais trajetórias, se mantêm fixos e estáveis; todavia, qualquer ícone se mantém necessariamente instável em um sistema complexo.

O ícone instável é um espaço de fases perpetuamente circunstancial. Fica envolvido em uma ou outra cadeia crescentemente complexa de caminhos e destinos possíveis.

As interfaces de hipertexto são caracterizadas por ícones instáveis que conectam aleatoriamente espaços textuais e visuais, os quais podem ser estáticos ou sequenciais. As trajetórias de e para estes ícones não são previsíveis; impossível mapear a navegação e as operações cognitivas das pessoas.

Enquanto mantivermos o propósito em foco, tanto em nossa vida organizacional, como em nossa vida privada, seremos capazes de nos movimentarmos pelos domínios do caos, de tomar decisões sobre que ações serão coerentes com o nosso propósito e, possivelmente, emergir. Conectar-nos com quem somos nos permite compreender o passado, ao mesmo tempo em que conectamos com o futuro que quer emergir através de nós. Isso possibilita que indivíduos, instituições e grandes sistemas promovam, individual ou coletivamente, profundas mudanças, na medida em que facilitarão a emergência de intenções, objetivos, propostas e projetos que inspirarão a transformação coletiva. Quando essa mudança acontece, as pessoas começam a operar de acordo com a essência do ideal de liderança hoje – mudança permanente, conectada no presente, com os olhos no futuro.

Sistemas sociais, vivos, são redes autogeradoras de comunicação que comunicam significado. Cada comunicação gera pensamentos e significados que dão origem a novas comunicações. A rede inteira gerencia a si mesma produzindo um contexto comum de significados, um corpo comum de conhecimentos, regras de conduta, um limite e uma identidade coletiva para seus membros o que vai promovendo evolução no inconsciente cognitivo - operações cognitivas automáticas, crenças e conhecimentos tácitos.

É relevante reconhecer a natureza distinta e as metodologias específicas de cada dimensão, a da ciência e da espiritualidade, para que afastemos qualquer possibilidade com relação à redução de uma dimensão à outra. Ambas são empíricas, mas divergem, nas suas naturezas, processos e finalidades.

- A ciência experimental, voltada para a explicação sustentada na prova e na racionalidade mecânica – na presença do objeto.

- A cogitação espiritual, experiencial e voltada para a compreensão e para a explicação sustentada na espiritualidade e numa racionalidade que inclui o casual, o emergente, o singular - na presença do sujeito.

Na essência, ciência e espiritualidade não devem ser unificadas nem devem estar em conflito. Cada uma tem seu específico magistério. Gold (1999) propôs o elegante conceito de Magistérios não sobrepostos (NOMA – non-overlapping magisteria).

Mais do que respeito, deve haver também entendimento das duas partes sobre o que é ciência e o que é espiritualidade. Não é possível falar cientificamente de Deus que não é objeto da ciência empírica. Deus só pode ser objeto de fé. Podemos mesmo cogitar que o hábito das mãos unidas significa a união destas duas racionalidades – espiritual e científica. Mas também temos que ter em mente que os resultados desta junção, em presença do sujeito, jamais explicitarão caminhos definitivos para escolhas e tomadas de decisão; a presença do sujeito garante para sempre um espaço aberto de cogitações, de percepções da realidade e de caminhos para intervenção.

A busca do padrão, a ilusão da verdade única, além de não resolver a verdade, tem o efeito desastroso de fagocitar a diversidade e a diferença.

A excelência humana é um conceito de progresso geral de um indivíduo e é, de fato, a busca pela excelência, que faz com que alguém canalize a energia da maneira mais proveitosa. É o pensamento de fazer melhor e ainda melhor, fazer certo a coisa certa, e tendo em mente o bem-estar da sociedade no contexto em que se desenvolve a própria vida que pode ser construída a excelência humana.

A pessoa está em mudança permanente, se constrói e se reconstrói. Quem é a pessoa do futuro?

Joseph Brenner (in Groupe 21, 2002) propõe: "Não é difícil imaginar a Pessoa do futuro. Ela aprendeu a aprender, participa da meditação transreligiosa e transcultural, é info-rica e infogenerosa, faz parte de uma hierarquia entrelaçada, distributiva, é sensível aos riscos sociais, culturais e éticos, tem uma atitude transdisciplinar vívida, mudou seu sistema de referência, aceita a complexidade da vida, inclusive a de todos os dias, realiza seu potencial criativo, compreende as normas e as leis que regem as relações entre os seres vivos".

Esta pessoa convive em rede e relaciona-se com fraternidade, menos privado, menos competitivo e mais cooperativo, inclusivo, moral e ético, convive num hiperespaço onde entrega e recebe numa auto-organização permanente de suas estruturas e de seus processos, capaz de mapear sua posição neste espaço mutante e continuar atuando em cooperação com ele, que conviva com a permanente explosão de heterogeneidades semânticas e dissonâncias cognitivas entre os vários atores, construtores e participantes do hiperespaço. Suas sensações, seus instintos estão em nível superior em relação às qualidades que na pessoa atual estão no estado de formação. As virtudes, a moral a intelectualidade estão assimilados e incorporados ao instinto. É poeta, artista, músico, filósofo, cientista, herói, chefe, santo, um intelectual que desenvolve as forças do pensamento, um dinâmico da vontade e da ação, um místico que cria no campo do sentimento ou do amor na plenitude de sua fecundidade".

As intuições do gênio e as criações morais do santo são apenas antecipações desta pessoa.

Talvez a ciência não precise da espiritualidade, talvez a espiritualidade não precise da ciência. Entretanto a pessoa precisa das duas em sua busca por conhecimentos relevantes no seu desenvolvimento como ser liberto, não alienado, consciente, protagonista da sua existência.

# Referências Bibliográficas


1. ABBAGNANO, N., Dicionário da Filosofia, Editora Martins Fontes, SP, 1998.

2. ALEXANDER, Igor. The world in my mind, my mind in the world: key mechanisms of consciousness in people, animal and machines. Exeter: Imprint Academic, 2005.

3. AMABIS & MARTHO. Guia de apoio didático para os três volumes da obra Conceitos de Biologia. São Paulo: Moderna, 2001, p. 206. Extraído de https://acervoeducarede.wordpress.com/2013/05/22/origem-e-evolucao-da-vida-em-100-m-de-linha-do-tempo/ em janeiro de 2016.

4. Atlan, Henri; "Entre o cristal e a fumaça – ensaio sobre a organização do ser vivo", Jorge Zahar Editor, RJ, 1992.

5. AUROBINDO, A evolução futura do homem, Editora Cultrix, Rio de Janeiro, 1976.

6. AUROBINDO. Sabedoria de Sri Aurobindo - seleção de seus escritos, extraído de https://groups.google.com/d/topic/yogahumani2010/xqFvRqfAyWU, em outubro de 2015. Edições Shakti, 2001.

7. AUROBINDO. Sri Aurobindo ou A Aventura da Consciência; Tradução de Sandra Mafra Amora, Editora Perspectiva, São Paulo, 2011.

8. BEAUREGARD, Mario; O'LEARY, Denyse; O cérebro espiritual - uma explicação neurocientífica para a existência da alma; Editora BestSeller, Rio de Janeiro, 2010.

9. BESANT, Annie; Um Estudo Sobre a Consciência - Uma Contribuição à Psicologia, Tradução de Gilson César Cardoso de Souza, Editora Pensamento, São Paulo. 1991.

10. BESANT, Annie. O Enigma da Vida. Editora Pensamento, São Paulo, 1997.

11. BESANT, Annie. Os Avatares, Encarnações Divinas. Editora Pensamento, São Paulo, 1997.

12. BESANT, Annie. Os Mestres. Editora Pensamento, São Paulo, 1999.

13. BESANT, Annie. Yoga, Ciência da vida espiritual. Editora Pensamento, São Paulo, 1983.

14. BHAGAVAN SRI KRISHNA, Srimad Bhagavad Gita, Obra Completa traduzida do

texto original com 26 Capítulos e 745 Slokas, Tradução, Resumo do Mahabhárata, Glossário e Artigos Complementares por Haydée Touriño Wilmer, Śuddha Dharma Mandalam, 1ª Edição, Ribeirão Preto. São Paulo, 2016.

15. BLAVATSKY, Helena Petrovna. A Chave para a Teosofia. Editora Teosófica, Brasília, 2004.

16. BLAVATSKY, Helena Petrovna. A Doutrina Secreta. Volume I, II, III e IV Editora Pensamento, São Paulo, 1995.

17. BLAVATSKY, Helena Petrovna. A Voz do Silêncio, Editora Pensamento, São Paulo, 2001.

18. BLAVATSKY, Helena Petrovna. A Voz do Silêncio. Editora Pensamento, São Paulo, 1997.

19. BLAVATSKY, Helena Petrovna. Fundamentos da Filosofia Esotérica. Editora Teosófica, Brasília, 1993.

20. BLAVATSKY, Helena Petrovna. Glossário Teosófico, Editora Ground, São Paulo,1995.

21. BLAVATSKY, Helena Petrovna. Resumido e Comentado por GOMES, Michael, A Doutrina Secreta. Volume, Editora Pensamento, São Paulo, 2009.

22. BOEHME, Jacob. O Príncipe dos Filósofos Divinos. Biblioteca Rosacruz. Composto e Impresso na Grande Loja do Brasil - 1.ª Edição em Língua Portuguesa, Curitiba, Paraná, 1983.

23. BUARQUE DE HOLANDA, Aurélio, Novo Dicionário da Língua Portuguesa, Editora Nova Fronteira, 2000.

24. BURTT, E., As Bases Metafísicas da Ciência Moderna, Editora Universidade de Brasília, Brasília, 1983.

25. CAMPBELL, Joseph; MOYERS, Bill; O poder do mito. org. por Betty Sue Flowers, tradução de Carlos Felipe Moisés. Palas Athena, 1990. São Paulo.

26. CAPRA, Fritjof, A teia da vida, Uma nova compreensão científica dos seres vivos, Editora Cultrix, São Paulo, 1996.

27. CAPRA, Fritjof, As Conexões Ocultas – Ciência para uma Vida Sustentável, Editora Cultrix, São Paulo, 2002.

28. CAPRA, Fritjof, O Ponto de Mutação, Editora Cultrix, São Paulo, 1982.

29. CAPRA, Fritjof; O tao da física, Editora Cultrix, Rio de Janeiro, 1975.

30. CASANOVA, Pablo González; As novas ciências e as humanidades da academia à política, Editora Bomtempo, São Paulo, 2006.

31. CASTRO, Gustavo, Edgard Assis de Carvalho e Maria da Conceição de Almeida (Organizadores), Ensaios de Complexidade, Editora Sulina, Rio Grande do Sul, 1997.

32. CHALMERS, David; Facing Up to the Problem of Consciousness. Journal of Consciousness Studies. Publicado no Journal of Consciousness Studies 2 (3): 200-19, 1995. (uma extensão está em Avançando no Problema da Consciência - http://consc.net/papers/moving.html).

33. CHARDIN, Teilhard de. The Future of Man. Harper & Row, New York, 1964.

34. CHOPRA, Deepak; MLODINOW Leonard; Ciência x Espiritualidade, Dois pensadores, duas visões de mundo, Tradução: Claudio Carina, Editora Zahar, Rio de Janeiro, 2011.

35. CHOPRA, Deepak; O poder da consciência, Editora Casa da Palavra, Rio de Janeiro, 2012.

36. CLEMENTE, Osmir, Palestra "Um Mergulho no Inconsciente", da Loja Teosófica Liberdade – Disponível no Youtube, https://www.youtube.com/watch?v=Xr-2-0wM16Q&list=PLMINn7BBr0nV5GFyqCN77Xoc9EY Nzu-Tx, visitado em Novembro de 2020.

37. COMTE-SPONVILLE, André; O espírito do ateísmo: introdução a uma espiritualidade sem Deus. Editora Martins Fontes, São Paulo, 2007.

38. D'AMBROSIO, Ubiratan, Gaiolas Epistemológicas: habitat da ciência moderna, Apresentação na Mesa Redonda sobre "Etnomatemática e Epistemologia", no 2º Congresso Brasileiro de Etnomatemática, em Natal, RN, de 04 a 07 de abril de 2004.

39. DAGNINO, Renato; Seminário Tecnologia para inclusão social e Políticas Públicas na América Latina, Editado pela FINEP, Rio de Janeiro, 2008.

40. DAMÁSIO, António R. E o Cérebro criou o Homem; Tradução: Laura Teixeira Motta; Editora Companhia das Letras; São Paulo, 2011.

41. DAMÁSIO, António R., O Erro de Descartes. Emoção, Razão e Cérebro Humano, 12ª edição, Lisboa, Publicações Europa-América, 1995.

42. DANUCALOV, Marcello Árias; Simões, Roberto Serafim. Neurofisiologia da Meditação. Editora Phorte, Paraná, 2006.

43. DE GEUS, Arie, The Living Company, Harvard Business Press, USA, 1997.

44. DEMPSTER, Beth, Sympoietic and autopoietic systems: a new distinction for self-organizing systems, in Proceedings of the World Congress of the Sciences and ISSS 2000, J. K. Allen Eds. Presented at the International Society for Studies Annual Conference, Toronto, Canadá, July, 2000.

45. DESCARTES, René, Discurso do Método, Coleção 'Os Pensadores', Editora Nova Cultural, São Paulo, 1991.

46. DIVERSOS AUTORES, Tecnologia Social – uma estratégia para o desenvolvimento, Antonio E. Lassance Jr, Claiton José Mello, Eduardo José Siqueira Barbosa, Fabiana Alves Jardim, Flávio Cruvinel Brandão, Henrique Tahan Novaes, Jacqueline Rutkowski, Jacques de Oliveira Pena, Juçara Santiago Pedreira, Ladislau Dowbor, Martina Rillo Otero, Paul Singer, Renato Dagnino, Sidney Lianza, Silvio Caccio Bava, Sonia Maria Portella Kruppa, Editora Fundação Banco do Brasil, Rio de Janeiro, 2004.

47. DURVILLE, Henri. A Ciência Secreta. Versão 2 Volumes, Editora Pensamento, São Paulo, 1926.

48. ESTEVES DE VASCONSELLOS, Maria José, Pensamento Sistêmico – O Novo Paradigma da Ciência, Editora PUC-Minas / PAPIRUS, Belo Horizonte, 2002.

49. FAN, K.W. "On Hua Tuo's Position in the History of Chinese Medicine,", in The American Journal of Chinese Medicine, 32.2:313-320. 2004.

50. FOGLIANO, Fernando; Externalização da inteligência e expansão da consciência; Anais da Anpap 2015, UNESP, disponível em http://anpap.org.br/anais/2015/comites/cpa/fernando_fogliano.pdf, extraído em fevereiro de 2017

51. FRANK, Manfred. Self-Consciousness and Self-Knowledge: On some difficulties with the reduction of subjectivity. In: Constellations, Volume 9, Number 3, p. 390-408. Cambridge, 2002.

52. FRANZ, Marie-Louise Von Franz, Adivinhação e Sincronicidade.- A Psicologia da Probabilidade Significativa, Tradução Álvaro Cabral, Editora Cultrix, São Paulo, 1980.

53. FRIAÇA, Amâncio. O vácuo e o espaço interdisciplinar. Educação e Transdisciplinaridade III. São Paulo: TRIOM, 2005, pp. 433-451.

54. GAARDER, J., O mundo de Sofia, Editor Schwarcz, São Paulo, 1996.

55. GADDIS, John Lewis, Paisagens da História – como os historiadores mapeiam o passado, Tradução de Marisa Rocha Motta, Editora Campus, Rio de Janeiro, 2003.

56. GAUKROGER, S., Descartes – Uma Biografia Intelectual, Editoras UERJ e Contraponto, Rio de Janeiro, 1999.

57. GELL MANN, Murray. O Quark e o Jaguar - as aventuras no simples e no complexo. Editora Ciência Atual Rocco, Rio de Janeiro. 1996.

58. GLEICK, James, Caos - A criação de uma nova ciência, Editora Campus, Rio de Janeiro, 1989.

59. GOSWAMI, Amit; A Física da Alma, Tradução Marcello Borges, Editora ALEPH, São Paulo, 2005.

60. GOSWAMI, Amit; REED Richard E.; GOSWAMI, Maggie. O Universo Autoconsciente - Como a consciência cria o mundo material. Editora Rosa dos Tempos, Rio de Janeiro, 2002.

61. GOULD, Stephen Jay, Lance de Dados – A Ideia de evolução de Platão a Darwin, Editora Record, Rio de Janeiro, 2001.

62. GOULD, Stephen Jay; Rocks of Ages – science and religion, Ballantine Books, New York, 1999.

63. GREENE, Brian, O universo elegante, supercordas, dimensões ocultas e a busca da teoria definitiva, Editora Companhia das Letras, São Paulo, 1999.

64. GROF, Stanislav, A aventura da autodescoberta, Editora Summus, Rio de janeiro, 1997.

65. GROF, Stanislav, Além do Cérebro – Nascimento, Morte e Transcendência em Psicoterapia, McGraw-Hill, São Paulo, 1988.

66. GROUPE 21 (Organização); O homem do futuro - um ser em construção, Tradução de Lucia Pereira de Souza, Participação - Adonis, José Anès; René Barbier. René Berger; Jean-Paul Bertrand; Jean Biès; Joseph Brenner; Ron Burnett; Michel Camus; André Chouraqui; Olivier Germain-Thomas; Jean-Yves Leloup; Basarab Nicolescu; Patrick Paul; Philippe Quéau; Manuel Rainoird; Michel Randon; Organização,Centro de Estudos Marina e Martin Harvey, Editora TRIOM, São Paulo, 2002.

67. HAGERTY, Lawrence. The Spirit of the Internet, Volume I: Speculations on the Evolution of Global Consciousness, Matrix Masters, Inc., Tampa, Florida, 2000.

68. HART, William; MEDITAÇÃO VIPASSANA - A arte de viver segundo S. N. Goenka - Título Original the Art of Living - Copyright © 1987 by William Hart - Tradução para o Português: Associação Vipassana de Portugal / Associação Vipassana do Brasil - Produzido por: Dhamma Livros – Lisboa, 1987.

69. HOCK, Dee, Nascimento da Era Caórdica, tradução de Carlos A.L. Salum e Ana Lucia Franco, Editora Cultrix, São Paulo, 2003.

70. HUXLEY, Aldous. A Filosofia Perene. Uma interpretação dos grandes místicos do

Oriente e do Ocidente, Tradução de Geraldo Galvão Ferraz. Editora Globo, São Paulo, 2010.

71. JAPIASSÚ, Hilton. A crise da razão e do saber objetivo: as ondas do irracional. Editora Letras & Letras, São Paulo, 1996.

72. JIAO Guorui; DAI Yetao e HU Yaozhen. (tradução por Mardaga Grégory), "Le Jeu des cinq animaux, méthode de santé créée par Hua Tuo, Le saint médecin de l'antiquité chinoise." Editions Chariot d'Or, 2006.

73. KANT, Immanuel, Crítica da Razão Pura, Coleção 'Os Pensadores', Editora Abril Cultural, São Paulo, 1980.

74. KUHN, Thomas Samuel; A Estrutura das Revoluções Científicas. Perspectiva, São Paulo, 1975.

75. LEADBEATER, C.W.. Os Chacras. Editora Pensamento, São Paulo, 1994.

76. LEADBEATER, C.W.. Os Mestres e a Senda. Editora Pensamento, São Paulo, 1999.

77. LEITE, Edgard. Identidade Dissidente, Temas para uma nova história do Brasil, Editora Jaguatirica, Rio de Janeiro, 2020.

78. LÉVY, Pierre, A Inteligência Coletiva – Por uma Antropologia do Ciberespaço, Edições Loyola Rio de Janeiro, 1998.

79. LEWIN, Roger, Complexidade – A vida no limite do Caos, Editora Rocco, Rio de Janeiro, 1994.

80. LUPASCO, Stéphane, O Homem e a Obra, organizado por Horia Badescu e Basarab Nicolescu, Tradução de Lucia Pereira de Souza Editora Trion, São Paulo, 2001.

81. MANOVICH, Lev. Software takes control. Disponível na Internet em http:// softwarestudies.com/ softbook/ manovich_softbook_11_20_2008.pdf, acesso realizado em 30/11/2009.

82. MARÇOLLA, Bernardo. Psicologia, Ciência Pós-Moderna e Espiritualidade - Reflexões a partir das contribuições de Ken Wilber. Encontro - Revista de Psicologia - Vol. XII, No. 17, Pontifícia Universidade Católica de Minas Gerais, Belo Horizonte, 2009.

83. MARTINS DA SILVA; Ricardo Capitanio. Análise da Arquitetura Baars-Franklin de Consciência Artificial Aplicada a uma Criatura Virtual. Dissertação de Mestrado apresentada à Faculdade de Engenharia Elétrica e de Computação da Universidade de Campinas - UNICAMP - como parte dos requisitos para obtenção do titulo de Mestre em Engenharia Elétrica. Área de concentração: Automação. Campinas, São Paulo, Julho

de 2009.

84. MATURANA, Humberto R., Varela, Francisco J. (1987), El arbol del conocimiento, translated in English as The Tree of Knowledge, 1992, Horticultural Hall, MA: Shambhala Pub, 1992.

85. MATURANA, Humberto R., Varela, Francisco J., Autopoiesis and Cognition: The Realization of the Living, Dordrecht: Reidel, 1980b.

86. MATURANA, Humberto, A Ontologia da Realidade, Editora UFMG, Belo Horizonte, 1999.

87. MATURANA, Humberto, Autopoiesis: Reproduction, Heredity and Evolution, In Milan Zeleny Ed. Autopoiesis, Dissipative Structures, and Spontaneous Social Orders, Boulder, CO: Westview Press, 1980.

88. MLODINOW Leonard; CHOPRA, Deepak; Ciência x Espiritualidade, Dois pensadores, duas visões de mundo, Tradução: Claudio Carina, Editora Zahar, Rio de Janeiro, 2011.

89. MLODINOW, Leonard. Subliminar Como o inconsciente influencia nossas vidas. Rio de Janeiro: Zahar, 2013.

90. MONOD, Jacques, O Acaso e a Necessidade - Ensaio sobre a filosofia natural da biologia moderna, título original francês - Lê Hasard et la Necessite - Editions du Seuil, 1970, tradução de Bruno Palma e Pedro Paulo de Sena Madureira, 3ª Edição, Editora Vozes, Petrópolis, 1976.

91. MORIN, Edgar, A cabeça bem feita, Editora Bertrand Brasil, São Paulo, 2000.

92. MORIN, Edgard; Os sete saberes necessários a educação do futuro, Editora Cortez, São Paulo, 2000.

93. MURPHY, Stephen. Media Technologies, Cognition And Consciousness-Expansion. 2012. Extraído de http://assembleit.net/wp-content/uploads/2016/09/Media-Technologies-Cognition-and-Consciousness-Expansion.pdf , em Abril de 2017.

94. NICOLELIS, Miguel; Muito além do nosso eu, Editora Companhia das Letras, São Paulo, 2011.

95. NICOLESCU, Basarab, Ciência, Sentido & Evolução - A Cosmologia de Jacob Boehme; Seis Pontos Teosóficos de Jacob Boehme, tradução de Américo Sommerman, Editora Attar, São Paulo, 1995.

96. NICOLESCU, Basarab, O Manifesto da Transdisciplinaridade, Tradução de Lucia Pereira de Souza, Editora Trion, São Paulo, 1999.

97. NICOLESCU, Basarab; in, GROUPE 21 (Organização); O homem do futuro - um ser em construção, Tradução de Lucia Pereira de Souza, Participação - Adonis, José Anès; René Barbier. René Berger; Jean-Paul Bertrand; Jean Biès; Joseph Brenner; Ron Burnett; Michel Camus; André Chouraqui; Olivier Germain-Thomas; Jean-Yves Leloup; Basarab Nicolescu; Patrick Paul; Philippe Quéau; Manuel Rainoird; Michel Randon; Organização,Centro de Estudos Marina e Martin Harvey, Editora TRIOM, São Paulo, 2002.

98. NICOLESCU, Basarab. Fundamentos metodológicos para o estudo transcultural e transreligioso IN: Educação e Transdisciplinaridade II. TRIOM, São Paulo, 2002.

99. NICOLESCU, Basarab. O manifesto transdisciplinar. Tradução de Lucia Pereira de Souza, São Paulo: TRIOM, 1999.

100. NONAKA, Ikujiro, TAKEUCHI, Hirotaka, The knowledge-creating company: how japanese companies create the dynamics of innovation, Oxford University Press, New York, 1995.

101. ONG, Walter. Orality and Literacy: the Technologizing of the World. London: Methuen Publishing, 1982.

102. OUSPENSKY, P.D.; Fragmentos de um ensinamento desconhecido, Editora Pensamento, São Paulo, 1998.

103. PADOVANI, Umberto; Castagnola, Luís, História da Filosofia, 12ª Edição, Edições Melhoramentos, São Paulo, 1978.

104. PESSIS-PASTENAK, Guitta (Entrevistadora), Do Caos à Inteligência Artificial, Editora Unesp, São Paulo, 1992.

105. PIAGET, J. Psicologia e Pedagogia. Editora Forense. Rio de Janeiro. 2013.

106. PIAGET, J. Seis Estudos de Psicologia. Editora Forense. Rio de Janeiro. 1994.

107. PINGUELLI, Luiz Rosa, Notas de aula, Teoria do Conhecimento I, primeiro semestre de 2001, COPPE/UFRJ, Rio de Janeiro, 2001.

108. PRIGOGINE, Ilya, O Fim das Certezas – Tempo, caos e leis da natureza, Editora Unesp, São Paulo,1996.

109. QUEIRUGA Andrés Torres. O Fim do Cristianismo pré-moderno. Paulus, São Paulo, 2003.

110. QUEIRUGA Andrés Torres. Repensar o mal: da Ponerologia à Teodiceia. Tradução de Afonso Maria Ligorio Soares. Paulinas, São Paulo, 2011.

111. RANDOM, Michel, O Pensamento Transdisciplinar e o Real, entrevistas com: Michel Camus, Olivier Costa de Beauregard, Nicola Dallaporta, Jaqueline Kelen, Gilbert Durand, Roberto Juarroz, Lima de Freitas, Edgar Morin, Basarab Nicolescu, Philippe Quéau, Editora Trion, São Paulo, 2000.

112. RANDOM, Michel. O território do olhar. Educação e Transdisciplinaridade II. São Paulo: TRIOM, 2002.

112. RITTO, Antonio Carlos de Azevedo; Organizações Caórdicas – Modelagem de organizações inovadoras, Editora Ciência Moderna, Rio de Janeiro, 2004.

113. RITTO, Antonio Carlos de Azevedo; Carvalho, Marinilza Bruno de.- Metodologia do Ensino: Princípios para um Paradigma com uso da Tecnologia – ISBN 978-85-62331-0309– Editora POD - Rio de Janeiro, 2009.

114. RITTO, Antonio Carlos de Azevedo; Metodologia para Produção de Conhecimento Socialmente Robusto, Editora Ciência Moderna, Rio de Janeiro, 2010.

115. RITTO, Antonio Carlos de Azevedo; Carvalho, Marinilza Bruno de. - Design do Processo de Desenvolvimento de Cursos via Rede, in, Ritto, Antonio Carlos de Azevedo; Carvalho, Marinilza Bruno de.; Educação à Distância – Flexibilidades e Paradigmas, ISBN 978-85-62331-24-4 - Editora POD, Rio de Janeiro, 2010.

116. RITTO, Antonio Carlos de Azevedo; Carvalho, Marinilza Bruno de.; Avaliação Transdisciplinar – Gestão e acompanhamento de intervenções, in, Ritto, Antonio Carlos de Azevedo; Carvalho, Marinilza Bruno de.; Avaliação em Ambientes Complexos, ISBN 978-85-62331-23-7 Editora POD, Rio de Janeiro, 2010.

117. RITTO, Antonio Carlos de Azevedo; Carvalho, Marinilza Bruno de.; Avaliação Transdisciplinar – Gestão e acompanhamento de intervenções, in, Ritto, Antonio Carlos de Azevedo; Carvalho, Marinilza Bruno de.; Avaliação em Ambientes Complexos, ISBN 978-85-62331-23-7 Editora POD, Rio de Janeiro, 2010.

118. RITTO, Antonio Carlos de Azevedo; Transdisciplinaridade – as várias verdades as diferentes lógicas, in, Neffa, Elza; Ritto, Antonio Carlos de Azevedo.; Percepção Transdisciplinar – uma construção coletiva, ISBN 978-85-7511-179-6 - Editora EdUERJ, Rio de Janeiro, 2010.

119. RITTO, Antonio Carlos de Azevedo; CARVALHO, Marinilza Bruno de. - Consciência, Ciência e Espiritualidade, in, Ritto, Antonio Carlos de Azevedo; Salles, Ines Cristi- na Di Mare; O Estudo da Consciência – A Consciência Segundo Diferentes Linhas de Pensamento, ISBN 978-85-399-0907- Editora Ciência Moderna, Rio de Janeiro, 2016.

120. RITTO, Antonio Carlos de Azevedo; CARVALHO, Marinilza Bruno de. Tecnologias Inovadoras e Expansão da Consciência. ISBN: 978-85-399-0930-8. Editora Ciência Moderna, Rio de Janeiro, 2017.

121. RITTO, Antonio Carlos de Azevedo; Avaliação Transdisciplinar – Gestão e Acompanhamento de Intervenções in, Ritto, Antonio Carlos de Azevedo; Carvalho; Marinilza Bruno de; Governança: Estratégias de Inovação na Gestão, ISBN 978-85-85085-00-1 – Editora IBEC, Rio de Janeiro, 2018.

122. RITTO, Antonio Carlos de Azevedo; Inovações Sociais de Base Endógena com Avaliação Permanente de Progresso e de Pertinência in, Ritto, Antonio Carlos de Azevedo; Carvalho; Marinilza Bruno de; Governança: Estratégias de Inovação na Gestão, ISBN 978-85-85085-00-1 – Editora IBEC, Rio de Janeiro, 2018.

123. RITTO, Antonio Carlos de Azevedo; Uma Visão da Nova Organização da Produção – 4 Modelos Concomitantes in, Ritto, Antonio Carlos de Azevedo; Carvalho, Marinilza Bruno de.; Empreendedorismo e Tecnologias Inovadoras: Avaliando para Transformar, ISBN 978-85-399-1017-5 – Editora Ciência Moderna, Rio de Janeiro, 2018.

124. RITTO, Antonio Carlos de Azevedo; CARVALHO, Marinilza Bruno de. Compliance e Ética – uma nova consciência em tempos de trabalho em redes. ISBN: 978-85-399-1036-6. Editora Ciência Moderna, Rio de Janeiro, 2019.

125. RITTO, Antonio Carlos de Azevedo; CARVALHO, Marinilza Bruno de. Inovação Pessoal e Redes Sociais. ISBN: 978-85-399-1088-5. Editora Ciência Moderna, Rio de Janeiro, 2020.

126. RITTO, Antonio Carlos de Azevedo; CARVALHO, Marinilza Bruno de. Empreendedorism e Inovação, ISBN: 978-85-399-1099- 1. Editora Ciência Moderna, Rio de Janeiro, 2020.

127. RITTO, Antonio Carlos de Azevedo; CARVALHO, Marinilza Bruno de. A Inovação em novos tempos, realidades e transformações. ISBN: 978-65-5842-039-2. Editora Ciência Moderna, Rio de Janeiro, 2021.

128. ROCHA, Alessandro. Experiência e discernimento: Recepção da palavra numa cultura pós-moderna. São Paulo: Fonte Editorial, 2010.

129. RODRIGUEZ, M. R.; Ferrante, A. J., Tecnologia da Informação e Gestão Empresarial, Tradução de Washington Luiz Salles e Louise Anne N. Bonitz, Editora e-papers, Rio de Janeiro, 2000.

130. ROSENBERG; Martin E.; O RIZOMA do Xadrez e o Espaço de Fases: Mapeando a Teoria da Metáfora na Teoria do Hipertexto, in Sommerman, Américo, Mello, Maria F., Barros, Vitória Mendonça (Coordenadores) Educação e Transdisciplinaridade II,

Editora Triom, São Paulo, 2002.

131. ROXO, Hilda, Astros e Homens (Esgotado), Editora Pongetti, Rio de Janeiro, 1967.

132. ROXO, Hilda, O que se aprende em Estrela D' Alva (Esgotado), Editora Moderna, Rio de Janeiro, 1947.

133. RUSSEL, Bretand; Introdução à filosofia matemática, (Original em 1981) Jorge Zahar Editor, Rio de Janeiro, 2007.

134. RUSSELL, B., História do Pensamento Ocidental, Editora Ediouro, Rio de Janeiro, 2001.

135. SANTOS, Boaventura de Sousa, Para uma sociologia das ausências e uma sociologia das emergências, Texto integrante do Projeto de Pesquisa "À reinvenção da emancipação social" envolveu África do Sul, Brasil, Colômbia, Índia e Portugal. (www.ces.fe.uc.pt/emancipa), visitado em maio de 2008.

136. SANTOS, Boaventura de Sousa, Um Discurso sobre as Ciências, 2ª edição, EDITORA CORTEZ, São Paulo, 2004.

137. SANTOS, Boaventura de Sousa; A Universidade no Século XXI: Para uma reforma democrática e emancipatória da Universidade, 2ª edição, Editora Cortez, São Paulo, 2004.

138. SANTOS, Boaventura de Souza; Poderá o direito ser emancipatório, Editora Fundação Boiotex, Vitória, 2007.

139. SANTOS, Boaventura de Souza. A crítica da razão indolente: contra o desperdício da experiência, Editora Cortez, 2005, Original em 1995.

140. SANTOS, Milton Por uma outra Globalização - do pensamento único à consciência universal, 13ª edição, Editora Record, Rio de Janeiro, 2006.

141. SAPTREN. Sri Aurobindo ou a Aventura da Consciência, tradução de Sandra Mafra Amora, Editora Perspectiva, São Paulo, 2011.

142. SCOPINHO, Sávio Carlos Desan. Filosofia e sociedade pós-moderna: crítica filosófica de G. Vattimo ao pensamento moderno. Porto Alegre: EDIPICRS, 2004.

143. SHELDRAKE, Rupert; A Presença do Passado: Ressonância Mórfica, Instituto Piaget, Lisboa. 1996.

144. SHELDRAKE, Rupert; A Sensação de Estar Sendo Observado. Cultrix, São Paulo, 2004.

145. SHELDRAKE, Rupert; Cães Sabem Quando Seus Donos Estão Chegando. Objetiva, Rio de Janeiro. 1999.

146. SHELDRAKE, Rupert; Ciência Sem Dogmas: A Nova Revolução Científica e o Fim do Paradigma Materialista. Cultrix, São Paulo, 2014.

147. SHELDRAKE, Rupert; McKenna, Terence; Abraham, Ralf, Caos, criatividade e o retorno ao sagrado – Triálogos nas fronteiras do ocidente, Editora Cultrix, São Paulo, 1992.

148. SHELDRAKE, Rupert; O Renascimento da Natureza: O Reflorescimento da Ciência e de Deus, Cultrix, São Paulo. 1993. ISBN 8531604338 - 2ª edição 2011.

149. SHELDRAKE, Rupert; Sete Experimentos Que Podem Mudar O Mundo. Cultrix, São Paulo. 1999.

150. SHELDRAKE, Rupert; Uma nova ciência da vida; a hipótese da causação formativa e os problemas não resolvidos da biologia; Tradução Marcello Borges; Editora Cultrix, São Paulo, 2013.

151. SINGH Sheojee, Exploring Self In Digital Age -The Perspective of Shrimad-Bhagavad Gita Philosophy, Govt. College of Education, Chandigarh, November 25-27, 2017.

152. SIQUEIRA, D. E. O labirinto religioso ocidental. Da religião à espiritualidade. Do institucional ao não convencional. Sociedade e Estado, v. 23, p. 425-462, 2008.

153. SIQUEIRA, D.; Sociologia das adesões: novas religiosidades e a busca místico-esotérica na capital do Brasil. rio de Janeiro: Garamond; Goiânia: Vieira, 2003.

154. SIVANANDA, Sri Swami. Concentração e Meditação. Tradução – Zilda Hutchinson Schild. Editora Pensamento, São Paulo 1979.

155. SMITH, Huston; Forgotten Truth - The Common Vision of the world´s Religions, Harper Collins Publishers, New York, 1992.

156. SCHRODINGER, Erwin. O que é Vida? (original em 1944), Editora Unesp, 1977.

157. STEWART. Ian; COHEN, Jack. Figments of reality: the evolution of the curious mind. Cambridge University Press, New York, 1997

158. THARNAS, Richard, Epopéia do Pensamento Universal, Editora Bertrand Brasil, Rio de Janeiro, 1999.

159. TOLLE, Eckhart; O Poder do Agora - Um Guia para a Iluminação Espiritual, Editora sextante, Rio de janeiro, 2002.

160. TOURAINE, Alan; Um Novo Paradigma – para compreender o mundo de hoje, Tradução de Gentil Avelino Titton, Editora Vozes, Petrópolis, 2006.

161. UBALDI, Pietro; A Grande Síntese – Síntese e solução de problemas da ciência do espírito. 23ª Edição, Pietro Ubaldi Editora – Campos dos Goytacazes, RJ, 2010.

162. VATTIMO, Gianni. O fim da modernidade: niilismo e hermenêutica na cultura pós-moderna. Trad. de Eduardo Brandão. São Paulo: Martins Fontes, 2002.

163. VAZ E DIAS, Jose Carlos; Ritto, Antonio Carlos de A.; Carvalho, B.M; Macedo, SC; Pessanha, L.V; Priscila Maria Janarella Arante, Ester Leane da Silva Ramos - Modelo e Estratégia de Inovação. 1 ed. – ISBN 978-85-8225-024-2 -. Rio de Janeiro: PoD Editora, 2013. v. 1. 202p.

164. VEITH, Ilza. "Huang Ti Nei Ching Su Wen; The Yellow Emperor's Classic of Internal Medicine". University of Califórnia Press. 1966.

165. VIEIRA, Carlos Alberto PInheiro. A proposta de Gianni Vattimo para uma espiritualidade pós-metafísica. Paralellus – Revista Eletrônica em Ciências da Religião. PARALELLUS, Recife, Ano 3, n. 6, jul./dez. 2012, p. 189-204. ISSN: 2178-8162.

166. VIEIRA, Euripedes Falcão; VIEIRA, Marcelo Milano Falcão; A dialética da Pós-Modernidade – A sociedade em transformação, Editora FGV, Rio de Janeiro, 2004.

167. VIEIRA, Jorge de A. Semiótica, Sistema e Sinais. Tese de doutoramento apresentada no Programa de Comunicação e Semiótica de PUCSP, 1994.

168. VIERA, Jorge de A. Teoria do Conhecimento e Arte: Formas de conhecimento – Arte e Ciência uma visão a partir da Complexidade. Fortaleza: Expressão Gráfica e Editora, 2006.

169. VIVEKANANDA Swami; Quatro Yogas da Auto Realização; Tradução de Nair Lacerda; Editora Pensamento, São Paulo, 1972.

170. WEBER, M. Metodologia das ciências sociais. v. 2. Campinas: Unicamp; São Paulo: Cortez, 1992.

171. WEIL, Pierre. A Consciência Cósmica. 4ª Edição. Editora Vozes. Petrópolis, 1990.

172. WILBER, Ken; A Visão Integral – uma introdução à revolucionária abordagem da vida, de Deus, do universo e de tudo mais, Editora Pensamento – Cultrix, São Paulo, 2008, Reimpressão 2012.

173. WILBER, Ken; Trilogia Kosmos - Excertos do Volume 2, Tradução de Ari Raynsford (www.ariray.com.br) em novembro de 2003, Revisão em dezembro de 2007, Revisão ortográfica em setembro de 2009.

174. WILBER, Ken; Uma teoria de tudo - Uma visão integral para os negócios, a política, a ciência e a espiritualidade, Tradução de Denise de C. Rocha Delela e Rogério Tadeu Corrêa de Leão Lima, Editora Cultrix - São Paulo, 2000.

175. WILBER, Ken. Física, Misticismo e o Novo Paradigma Holográfico. Uma avaliação crítica. In: Ken Wilber (org.) O paradigma holográfico e outros paradoxos. Explorando o flanco dianteiro da ciência. São Paulo: Cultrix, 1995.

176. WILBER, Ken. Psicologia integral: consciência, espirito, psicologia, terapia. Trad. Newton Roberval Eichemberg. Editora Cultrix, São Paulo, 2002.

177. YOGANANDA, Paramahansa; Autobiografia de um Yogue, Self-Realization Fellowship editora, Rio de Janeiro, 1999.

178. ZOHAR Danah e Ian Marshall; QS Inteligência Espiritual; Tradução de Ruy Jungmann 1ª edição; Editora Viva Livros, São Paulo, 2012.

179. ZOHAR, Danah. Sociedade Quântica – A Promessa Revolucionária de uma Liberdade Verdadeira; Editora Best Seller, São Paulo, 2000.

# Anexo - Abordando as Questões que animaram a Pesquisa

*Eu lhe considero desafortunado porque você nunca viveu um infortúnio.*
*Você passou pela vida sem um oponente — ninguém pode saber*
*do que você é capaz, nem mesmo você.*

(Sêneca)

Começamos este trabalho colocando algumas questões que animaram a Pesquisa:

- Qual o Objetivo da Pessoa? É evolutivo? Se sim, o que favorece a evolução? O que prejudica? Que comportamentos são preconizados? Quais são condenados? Que níveis de necessidades além de Maslow? Quais necessidades? Quais os valores éticos, materiais, espirituais? Como se relacionam os conhecimentos técnico, filosófico, científico e espiritual na satisfação de necessidades além das materiais? Qual a importância do conhecimento do senso comum e do conhecimento mitológico? Que tipo de conhecimento sustenta a vida comum, cotidiana, das pessoas? Como se relaciona com o conhecimento científico e com a espiritualidade? Qual o lugar da consciência? Qual a sua relevância? Como é tratada? Quais diferentes níveis de ser e de consciência? Como a vida é explicada por Sistemas Espiritualistas, sobretudo orientais, desde o surgimento da vida, seu desenvolvimento e seus fins? O que é um conhecimento pessoalmente relevante? Como pode ser entendida a evolução humana?

<u>O objetivo da pessoa é a evolução</u>. Os estudos e resultados na neurociência revelam esta evolução, do simples para o complexo, no nível da matéria nos últimos 100 mil anos. Damasio[41] coloca no desenvolvimento da consciência o grande salto no desenvolvimento da pessoa; não havia consciência na sopa primordial.

O surgimento da consciência humana está associado a mudanças evolucionárias no cérebro. Os místicos já haviam se antecipado a isso, mas a neurociência pode hoje esta-

[41] Capítulo 5.

belecer o processo em termos da matéria.

- Se o objetivo da pessoa é a evolução, o que a favorece? O que prejudica? Que comportamentos são preconizados? Quais são condenados? Que níveis de necessidades além de Maslow? Quais necessidades? Quais os valores éticos, materiais, espirituais?

A pessoa, num dado momento da evolução, produziu a subjetividade e a partir daí todo um conjunto de possibilidades e necessidades de envolvimento com todo tipo de arte, de relacionamento com experiências que afetassem a sensibilidade, e logo relações e necessidades de conhecimentos de ordem espiritual, a princípio tratados no campo da metafísica.

Não bastam apenas sobrevivência, alimentação, descanso, sono e reprodução. Precisamos de segurança, participação social, estima, auto realização, amar e ser amado, ser reconhecido, dentre outras. As relações sociais precisam se dar sob a égide do respeito mútuo, de princípios éticos e morais elevados, de desenvolvimento espiritual. Desde os primórdios da história humana a espiritualidade esteve presente e com força de condução de grandes quantidades de pessoas, sempre que decidiam viver juntas.

Místicos alcançaram dimensões, com bases metafísicas, e desenharam os níveis de ser[42] que, ao longo do tempo, com a evolução do conhecimento, sobretudo nas áreas da psicologia e da filosofia, com destaque para aqueles voltados para o estudo da consciência, foram sendo confirmados.

- Como se relacionam os conhecimentos técnico, filosófico, científico e espiritual na satisfação de necessidades além das materiais? Qual a importância do conhecimento do senso comum e do conhecimento mitológico? Que tipo de conhecimento sustenta a vida comum, cotidiana, das pessoas? Como se relaciona com o conhecimento científico e com a espiritualidade?

A pessoa nos dias de hoje trata com um complexo de conhecimentos. Para sobreviver se utiliza dos conhecimentos do senso comum, conhecimentos técnicos, na medida do possível, conhecimentos científicos. Se utiliza de conhecimentos científicos, mas cada

[42] Capítulo 9.

vez mais consciente das propostas de Kant[43] que constata que o mundo em que vivemos é uma construção arbitrária da nossa percepção.

Conhece suas responsabilidades na construção de espaços de convivência de qualidade, tanto através da ética como também nas suas responsabilidades com a formação de campos morfogenéticos que influenciam nos cotidianos e influenciarão as pessoas nos seus comportamentos, sobretudo de ordem social[44].

Porém, uma quantidade superlativa de pessoas se sustenta também e fortemente em conhecimentos mitológicos, espirituais. Atualmente, as pessoas se apoiam em instituições tradicionais, mas também produzem seus próprios caminhos se apoiando em diversas manifestações espirituais neste tempo de pós-metafísica[45].

Nos dias atuais os instrumentos da tecnologia, com destaque para redes, influenciam as pessoas em praticamente todas as suas atividades[46]. As redes de computadores estão presentes, de alguma forma, em praticamente todas as atividades eliminando tarefas, modificando comportamentos, ao mesmo tempo em que criam coisas novas determinando novas formas de pensar, sentir e agir no cotidiano.

- Qual o lugar da consciência? Qual a sua relevância? Como é tratada? Quais diferentes níveis de ser e de consciência?

A questão da consciência ocupa hoje um lugar privilegiado porque a biologia em geral, e a neurociência em particular, alcançaram notável êxito em decifrar segredos da vida. Damásio inclui-se entre os que confiam numa explicação sólida para o surgimento da mente a partir do cérebro.

Nada é mais familiar que a mente, mas o peregrino em busca das fontes e dos mecanismos por trás dela enfrenta sérios problemas[47]. A consciência é a base de todo o ser. A matéria consiste de possibilidades da própria consciência.

[43] Capítulos 3, 4 e 5.
[44] Capítulo 6.
[45] Capítulos 9 e 10.
[46] Capítulo 7.
[47] Capítulo 8.

- Como a vida é explicada por Sistemas Espiritualistas, sobretudo orientais, desde o surgimento da vida, seu desenvolvimento e seus fins?

A espiritualidade se refere não apenas à reestruturação do campo religioso, mas remete a campos como a psicologia e a medicina. Novos significados, autoridades, competências se encontram em processo de legitimação.

A espiritualidade manifesta sua racionalidade através dos símbolos que utiliza. Decifrar um símbolo é buscar sua racionalidade, encontrar uma ordem em outro nível de percepção que, de outro ponto de vista, é caos, desordem, contradição.

O percurso científico sustenta-se na crença de que a racionalidade mecânica é capaz de decifrar a ordem existente na complexidade da experiência do mundo. Tanto na ciência como na espiritualidade há experimentação. Na ciência o centro é o objeto, no espiritualismo o centro é o sujeito; o observador ou experimentador e o objeto de estudo são os mesmos[48].

A mônada é o verdadeiro "átomo", não com relação à matéria, mas sim em relação ao Espírito. É a "chispa divina" que evolui através da sua relação com os planos de existência.

As mônadas são os peregrinos que por milhões de anos descendem e ascendem pelos Planos de Desenvolvimento ganhando consciência e autoconsciência.

A Doutrina Secreta expõe em suas proposições que existe uma "identidade" entre a Alma Humana e a "Super Alma Universal", e que a peregrinação pelos Planos de Existência é uma Lei Cósmica.

- O que é um conhecimento pessoalmente relevante? Como pode ser entendida a evolução humana?

A sociedade humana se assemelha a um organismo vivo – só pode ser entendido quando se olha para as complexas interações de suas partes individuais (Ormerod, 2000). A

[48] Capítulo 10.

Pessoa olha o mundo de forma complexa, plural, e busca a verdade a partir de vários critérios e modelos, dentre outros:

- Através do mito, da religião, da fé, do dogmatismo, da experiência pessoal onde a revelação do Sagrado se manifesta de forma sobrenatural;

- Através do senso comum, da cultura, da ética e da moral vigentes nos lugares, das relações interpessoais;

- Através da ciência, da experimentação, da comprovação de hipóteses de modo objetivo, de relações impessoais, já que a isenção do cientista diante da pesquisa é um aspecto fundamental.

Impressão e acabamento
Gráfica da Editora Ciência Moderna Ltda.
Tel: (21) 2201-6662